U0872668

全国高等院校旅游专业规划教材

新编本科旅游大类

旅游规划

王丽华　俞金国　主编

北京·旅游教育出版社

图书在版编目（CIP）数据

旅游规划 / 王丽华 ， 俞金国主编. -- 北京 ：旅游教育出版社，2021.8（2025.1 重印）
全国高等院校旅游专业规划教材
ISBN 978-7-5637-4295-0

Ⅰ. ①旅… Ⅱ. ①王… ②俞… Ⅲ. ①旅游规划－高等学校－教材 Ⅳ. ①F590.1

中国版本图书馆CIP数据核字(2021)第174420号

全国高等院校旅游专业规划教材
旅游规划
王丽华　俞金国　主编

责任编辑	巨瑛梅
出版单位	旅游教育出版社
地　　址	北京市朝阳区定福庄南里 1 号
邮　　编	100024
发行电话	（010）65778403　65728372　65767462（传真）
本社网址	www.tepcb.com
E - mail	tepfx@163.com
排版单位	北京旅教文化传播有限公司
印刷单位	唐山玺诚印务有限公司
经销单位	新华书店
开　　本	787 毫米 × 1092 毫米　1/16
印　　张	15.125
字　　数	256 千字
版　　次	2021 年 8 月第 1 版
印　　次	2025 年 1 月第 2 次印刷
定　　价	58.00 元

（图书如有装订差错请与发行部联系）

辽宁省教育厅2019年度科学研究经费项目（WJ2019004）、国家旅游局旅游业青年专家培养计划课题（TYEPT201413）共同资助。

‖前　言‖

旅游业的蓬勃发展，一方面促进了旅游地社会经济和文化的发展，另一方面扩大了区域发展差异，加剧了环境损耗和地方特色消失。旅游带动区域发展及旅游可持续发展越发为人们所重视，旅游规划必然成为区域旅游协调统筹、科学发展的重要途径与有效手段。基于大量社会需求，各级各类旅游规划不断涌现并发挥重要积极作用，这也极大地推动了旅游规划理论研究和旅游发展实践的跨越式发展。兼顾理论与实践、经验与技术、科学与艺术是旅游规划工作的特点。面对新媒体时代及市场需求的不断变化，未来发展将会对旅游规划不断提出更高要求。

另一方面，2012 年教育部《普通高等学校本科专业目录》将旅游管理专业列为管理学科门类之下独立专业类，下设旅游管理、酒店管理、会展经济与管理 3 个专业。2018 年教育部发布《普通高等学校本科专业类教学质量国家标准》，规定旅游管理专业“4+3”核心课程体系，其中“旅游规划与开发”为旅游管理专业 7 门核心课程之一。“旅游规划”已成为我国旅游高等教育重要的核心课程。

在新形势与时代背景下，我们以培养优秀本科旅游专业人才为导向，结合多年实践及教学经验，编写了《旅游规划》一书。本书分为十二章，其中前四章为旅游规划编制与管理应具备的理论基础，包括概念体系，发展与研究，理论与技术，编制、实施与管理；第五章至第十一章为旅游规划编制、实施与管理的具体内容；第十二章为旅游规划图件及编制。全书由辽宁师范大学历史文化旅游学院王丽华负责策划、统稿和定稿，编写人员有：王丽华、俞金国、李蝶、王品舒、陈芳姝、朱玉鑫、王冠群、李姗姗。

本书注重理论性与应用性、系统性和综合性相结合，体例严谨清晰，内容简洁，语言通俗易懂。本书可供高等院校旅游管理及相关专业学生和旅游相关从业人员使用与参考。

在本书编写过程中，笔者参考借鉴了许多国内外研究成果，并列于书后主要参考文献中，在此衷心表示感谢！

非常感谢旅游教育出版社的大力支持！

由于能力水平及资料收集等原因，本书难免有不足或疏漏之处，敬请批评指正。

作者

2021年4月于大连

‖目　录‖

第一章　旅游规划的概念体系

第一节　旅游系统

一、旅游系统的概念

最早提出旅游系统这一概念的是尼尔·雷珀（Neil Leiper），他在结构功能和空间结构两个层面讨论旅游系统，认为旅游系统包括旅游者、旅游业、客源地、旅游通道和目的地五个要素，重点突出客源地、旅游通道和目的地三个空间要素。尼尔·雷珀把旅游系统描述为由旅游通道连接的客源地和目的地的组合，而旅游者是旅游系统的主体，在客源地和目的地的推拉作用下，旅游者在空间上进行流动，旅游业则是通过其产品满足旅游者的旅游需求。

学术界对旅游系统的概念一直存在着争议。国外学者对旅游系统的定义主要持五要素或者四环节的观点。五要素支持者认为，旅游系统由旅游者、客源地、交通线路、目的地和旅游业五大要素相互作用形成；四环节支持者认为，旅游系统由客源市场、旅行、目的地和市场营销四个环节相互作用形成。国内学者中，吴必虎（2010）认为，旅游系统由客源市场、目的地、支持系统和出游系统组成；刘峰（1999）认为，旅游系统是以目的地系统为核心，由直接参与旅游活动的各个因子相互依托、相互制约形成的开放的有机系统；也有学者认为，旅游系统是旅游客源地与旅游目的地通过旅游媒介相互作用的一个开放系统，其中旅游媒介既包括出游系统中的交通、信息，也包括支持系统中的政策、管理等，还包括客源市场需求系统、旅游目的地供给系统、支持系统和出游系统。

综合来说，旅游系统是以目的地为核心，由旅游者、客源地、交通线路、目的地和旅游业等与旅游活动相关的各个因子相互作用形成的一个开放的有机系统。

二、旅游系统的结构

旅游系统结构包括四个部分，即客源市场系统、出行系统、目的地系统和支持系统。这四个子系统内又包括诸多要素，这些要素相互关联、彼此制约，构成一个有机的旅游系统。

客源市场系统主要是指位于旅游活动范围内每个部分的旅游者及其形成、活动背景等其他因素构成的子系统，包括本地市场、国内市场和国外市场。出行系统则保障了旅游者从旅游起始地到旅游目的地的几个基本机制性因素，其中包括便利旅游者转移旅游目的地的铁路、飞机、缆车、索道等交通设施，由旅行社提供的旅游咨询、旅行预订和旅行服务等，由政府、旅游目的地或旅游销售商向旅游者提供的信息服务，以及旅游目的地规划和主办的意在激发潜在游客出行动机的旅游宣传、营销等子系统。目的地系统主要是指为在旅游目的地的旅游者提供游览、娱乐、经历体验、食宿、购物、享受或某些特殊服务等旅游需求的多种因素的综合体，它是旅游系统中与旅游者联系最密切的子系统。支持系统包括政策法规、生态环境、基础设施和营销系统等一系列保障旅游系统正常运营的外部系统。

三、旅游系统规划

旅游系统理论是旅游业发展规划的依据。早在 20 世纪 80 年代初，我国著名旅游地理学家郭来喜教授就指出，旅游规划的基本内容应包括客源组织规划、旅游资源开发规划、旅游点布局与建设规划、旅游路线设计规划、旅游人才培养规划等，实质上已经开始把旅游作为一个系统来规划了。

旅游系统规划以旅游系统为规划对象，基于对旅游目的地与客源市场之间的供求关系以及与两者密切相关的支持系统和出游系统因素的调查研究和评估，制定一系列全面、高度适应、可操作的旅游业发展战略及其详细规则，以实现旅游系统的良性运作，实现总体上最佳和可持续的经济、社会和环境效益，并通过一系列具有反馈的动态监测系统规划调整机制以确保目标的顺利实现。简单来说，旅游系统规划就是把旅游系统的客源市场系统、目的地系统、出游系统和支持系统四个子系统分别进行规划和描述，密切关注四个子系统之间互相影响的关系，以客源市场为导向，以旅游目的地系统规划为主体，以出游系统为媒介，以支持系统为保障，具有整体性、协调性、层次性和可控性的特点。

第二节 旅游规划、策划与设计

一、旅游规划

（一）旅游规划的概念

由于出发点和侧重点各不相同，国内外学者对旅游规划作了大量的定义。

国外学者主要从内容、技术方法和性质等方面对旅游规划进行定义。有学者从旅游规划的内容上进行定义：彼得·墨菲（Peter E. Murphy）提出，旅游规划是预测与调节系统内的变化，以促进有序的开发，从而扩大开发过程的社会、经济与环境效益。爱德华·因斯凯普（Edward Inskeep）认为，旅游规划应该从供需两方面来系统分析，并提出了整体的、可持续发展的、可控的规划方法。也有学者从旅游规划的技术方法上进行定义：克莱尔 A. 冈恩（Clare A. Gunn）指出，旅游规划是经一系列选择来决定合适未来行动的、动态的、反馈的过程。亚太旅游协会（PATA）副总裁罗斯·K. 格里芬（Rors K. Griffin）关注作为规划两翼的客源和市场，主张创造市场营销和旅游规划的统一，并构造出旅游地管理系统（DMS）作为未来旅游发展规划的一种有效手段。还有学者从旅游规划的目的上进行定义：唐纳德·盖茨（Donald Getz）提出，旅游规划是在调查研究与评价的基础上来寻求旅游业对人类福利和环境质量的最优贡献的过程。旅游规划应实现四大目标，即提高游客满意度、提高经济效益、可持续利用资源以及社区整合。从国外学者的定义中可以看出，旅游规划承担着发展旅游业、促进社会经济发展的使命，其对旅游业未来作出不同情景的设想，以促进社会的有序开发，因此规划的重点是对各种政策可能造成的后果进行描述。据此评价这些政策，选择最优政策并指导实施（马耀峰，2011）。

我国学者也从不同角度对旅游规划进行定义。《旅游规划通则》（GB/T 18971—2003）中将旅游规划分为旅游发展规划和旅游区规划。其中，旅游发展规划是根据旅游业的历史、现状和市场要素的变化所制定的目标体系，以及为实现目标体系在特定的发展条件下对旅游发展的要素所做的安排；而旅游区规划则是指为了保护、开发、利用和经营管理旅游区，使其发挥多种功能作用而进行的各项旅游要素的统筹部署和具体安排。田定湘（2006）认为，旅游规划是在对旅游资源调查评价的基础上，针对旅游资源的属性、特色和旅游地的发展规律，根据社会、经济和文化发展趋势，对旅游资源进行总体布局、项目技术方案实施设计和具体实施。其中，经济、技术是规划开展的先决条件，正确处理旅游业发展同环境、同旅游资源保护之间的关系是前提条件。黎兴强（2011）认为，旅游规划的实质就是根据市场环境的变化情况和永续发展的时代要求，对与区域旅游业发展有关的空间资源进行优化配置，如土地、人力、资金、景观等，具体包括对旅游投资的正确引导、对旅游经济要素的合理配置和对影响公共利益、公共安全的主要空间资源进行有效地控制以及相关部门的分工协作等。龚绍芳（2007）认为，旅游规划是在旅游地及其旅游资源调查评价的基础上，针对旅游地及其旅游资源的属性、特色和旅游供需市场的发展规律，根据社会、经济和文化发展趋势特别是旅游市场的需求，对旅游资源进行科学保护和开发利用，并寻求旅游业对经济效益、社会效益和环境效益的最优贡献的统筹部署和具体安排。吴必虎认为，旅游规划是指对未来某个地区旅游业的发展方向、产品开发、宣传促销及环境保护等一系列重要事项的总体安排，它对该地区旅游业的发展具有宏观指导和动态调控作用。

旅游规划是旅游发展的未来计划、指导纲领和设计蓝图，是一个国家、地区国民经济和社会发展规划的组成部分，旨在确定一国或区域或旅游景点旅游发展的方向、规模、目标、速度和类型。综上所述，本书将旅游规划定义为：在旅游系统发展现状调查评价的基础上，为实现旅游业及区域发展，对与区域旅游发展有关的资源要素（如土地、人力、资金、景观等）进行优化配置，对旅游系统发展目标和实现方式进行战略设计和实施的动态过程。

（二）旅游规划的类型

1. 根据旅游规划的空间维度分类

最常见的是以行政区域作为分类标准。我国学者根据中国的实际情况，将旅游规划分为以下类型。

（1）国际旅游规划

旅游规划的区域包含两个及以上的国家和地区，即规划目的在于联合进行旅游市场营销，强化地区旅游的整体形象，协调旅游业的发展。例如，琼·S. 霍尔德（Jean S. Holder）以新的世界秩序为背景，编制加勒比海地区的旅游规划（Harrison et al., 2004）。

（2）国家旅游规划

由国家旅游主管部门组织编制，对个别国家旅游业未来的发展蓝图进行绘制。国家旅游规划是国家经济社会发展总体规划的一个有机组成部分，对国家旅游业的发展起着宏观调控的作用。国家旅游规划主要对全国未来的旅游接待人数、旅游收入、旅游增长速度等发展指标进行设置，对旅游基础设施建设、宣传促销、旅游政策等进行相应的规划。我国从 1986 年开始，先后编制的旅游业发展“七五”“八五”“九五”“十五”“十一五”“十二五”规划（计划）均属于此类。

（3）省级旅游规划

省（自治区、直辖市）的旅游发展规划是在省级旅游主管部门的组织下编制的，它根据国家级旅游规划和本地区实际情况进行，不仅具有地方特点，而且与全国旅游发展规划相衔接，是国家旅游规划的延伸。省级旅游规划的重点在于本省（自治区、直辖市）旅游发展战略和产业政策的制订。

（4）县（市）旅游规划

在上一级旅游规划的指导下，对县（市）的旅游发展作出规划。

2. 根据旅游规划的时间维度分类

（1）远期旅游规划

规划期限在 10 年以上，是具有战略性、预见性和纲领性的旅游规划，对中短期旅游规划具有指导作用。由于规划时间长，不确定的因素比较多。

（2）中期旅游规划

规划期限为6~10年，比远期旅游规划内容更具体、更详细。主要任务是解决旅游发展中的一些重大问题，如发展战略、发展速度、旅游布局、发展目标等。

（3）近期旅游规划

规划期限为1~5年，是中期旅游规划的具体化。近期旅游规划的不确定因素比较少，可以比较准确地预测规划期各种因素的变动及影响。近期旅游规划需要对中远期旅游规划的各项任务予以具体的数量表现，并对实现规划目标的各项措施作出具体的安排。

有时候又将规划期限为一年的旅游规划称为年度旅游计划，规划内容更加详细和准确，是实现近期旅游规划目标的具体执行计划。

3. 根据旅游规划的性质分类

（1）旅游发展战略规划

旅游发展战略规划从更加宏观的视角来指导旅游的发展，综合考虑整体利益，解决旅游业发展的方向性问题，如战略目标、发展速度、发展规模、客源市场、人才培养、基础设施建设、重点旅游资源的开发、旅游资源和环境的保护、旅游服务、旅游管理等。

（2）概念性旅游规划

"概念性"一词，源于英文"Conceptual"，英文中含有"理想化、理论化"之意，着重于概念思想的形成。"概念性规划"是指注重于构思、研讨或理论化、理想化的规划设计。概念性规划最早出现于建筑规划中，是指不以实际建造为目的，不受或较少受到实际建造的客观条件限制，不受原则或纲领约束的纯理论研究或探讨性的规划设计。

概念性规划在近些年也逐渐被运用到旅游规划中，出现了概念性旅游规划。对于概念性旅游规划的定义，学术界有不同的侧重和释义。王建军（2001）认为，概念性旅游规划是编制旅游规划早期的一种研讨性规划手段，是一种在理想状态下对旅游开发地旅游业发展未来的前瞻性把握和创造性构思，内容以结构上、整体上的概要性谋划为主。所谓"理想状态"，是指旅游规划编制较少受到规划具体实施的主观条件（如学术分歧、本位原则、既定方针、习惯意识等）及客观条件（如交通条件、资金条件、技术条件、资料条件、时间条件等）的限制。所谓"结构上、整体上的概要性谋划"，是指该类规划仅包含旅游规划所应有的主要结构和关键性规划内容，仅要求从整体上把握核心项目的创意策划，以及这些项目的时空布局与景观环境的统一和整合过程，即只需概要说明，不需要细节。刘德谦（2003）认为，概念性规划是从未来学的高度，根据对被开发地资源、环境、经济和社会条件的优势、劣势、机遇、挑战等要素分析，而提出的旅游业发展的前瞻性规划。策划的要点，首先在于理念，在于机制、结构及土地上旅游核心项目的时空安排。因而它实际上是一种在理想状态下对目的地开发的概念性、创新性构思，以作为下一步规划制定和建筑设计的思想指导和参照。张述林等（2009）认为，概念性旅游规划是在结合规划地各项规划以及《旅游总体规划》的前提下，通过综合分析规划地的资源、环境、市场、社会等层面的优劣势等基础要素，以一种超前的眼光、创造性的思维，对规划地的旅游业发展模式、发展方向、发展战略、发展目标、市场定位，以及总体布局与功能分区的整体把握基础上的创新性、纲领性、概念性的策划。史本林（2006）认为，旅游概念规划是在编制旅游规划早期，以未来学和发展观为基础，根据旅游地资源、社会、经济、文化等旅游业发展条件，对旅游地未来发展的宏观目标和长远问题作出的概要性谋划和创造性构思，是旅游规划的一种新的规划编制手段。

总结上述观点，概念性旅游规划应具有以下内涵：①是一个区域早期编制的旅游规划，是编制其他类型旅游规划的基础；②仅解决旅游发展中的重点问题，规划内容不需要面面俱到；③规划具有创造性，要有新的创意。

概念性旅游规划强调的是创新性、前瞻性和指导性这几大特性，在实践中表现出较大的优越性：①更具想象空间和创造性思维，更具前瞻性和生命力；②讲究结构上、整体上的谋划，抓主要矛盾；③运用模糊论证，允许存在偏差；④少数旅游规划人员即可完成，不需要复杂的技术流程；⑤快速灵活，低成本，高效率，便于及时编制，及时修订，及时更新资料，适应现代旅游市场竞争的需要，应用范围广。

（3）旅游建设规划

旅游建设规划是指导具体旅游建设活动的规划，基本不考虑旅游发展的战略性问题。这类规划的重点是旅游设施的场址选择和规划设计，包括项目设计和建筑设计等具体规划内容。

4. 根据旅游发展的阶段性分类

郭康（1993）提出，旅游区的建设规划可以分为三种类型：开发性规划、发展性规划、调整性规划。

（1）开发性旅游规划

主要针对还没有开发旅游资源的地区，是旅游发展初期的规划。所要解决的问题是如何开发旅游资源，涉及的内容较多，前期的投资较多，考虑的问题较为全面。

（2）发展性旅游规划

旅游发展过程中所进行的旅游规划，主要解决旅游发展的战略、发展的协调和发展的保障等问题。

（3）调整性旅游规划

旅游发展中期的规划，是在旅游发展具有一定规模和基础的前提下所进行的旅游规划。此类旅游规划主要是对过去的旅游开发进行调整和扩大，以适应新的旅游发展需要。

5. 时–空二维体系分类

吴必虎等（2010）从空间和时间相结合的角度出发，将旅游规划归纳为时–空二维体系。从空间维度看，可以分为区域旅游规划、目的地旅游规划（城市和社区）和旅游区规划三种基本类型，三者的空间范围从大到小；从时间维度来看，都可以分为初期的开发规划和成熟期的管理规划（如表 1–1 所示）。

表 1–1 旅游规划的时–空二维体系分类

分 类	区域旅游规划	目的地旅游规划	旅游区规划
发展初期	区域旅游发展（开发）规划	城市旅游发展规划	旅游区（点）开发规划
发展后期	区域旅游管理规划或营销规划	城市旅游管理规划	旅游区（点）管理规划

（1）区域旅游规划

区域旅游规划是在全国、省、地区等大尺度地域范围内编制的旅游业发展总体规划。相比目的地尺度和旅游区尺度的规划，区域旅游规划更为复杂和全面，一般会涉及更多的资源区域、更多的管理权限，规划时间周期更长。区域旅游发展规划是在资源与市场分析的基础上，对空间结构加以控制，对区域内的旅游产品与线路、项目与服务等加以引导或政策控制；以旅游经济产业为主，特别重视旅游开发项目、客源市场营销等的规划。

区域旅游规划按照详细程度和当地旅游业的成熟程度可进一步划分为区域旅游发展战略规划、区域旅游发展（开发）总体规划、区域旅游活动管理总体规划等类型。区域旅游发展战略规划一般由各级政府发展部门和旅游部门单独或联合编制，以简洁、扼要的篇幅提出当地旅游业发展的目标、指标、要素计划和政策支持等内容，具有战略指导意义，如我国各级政府编制的旅游业“五年规划”。区域旅游发展（开发）总体规划通常由政府有关部门委托专业机构编制，规划年限较长，一般为 10~20 年，涉及的规划内容比较复杂。区域旅游活动管理总体规划一般针对旅游业开发较成熟的地区。这类地区游客数量集中甚至“超载”，导致环境质量下降，旅游资源遭到一定程度的破坏。在此背景下应专门编制旅游活动管理总体规划，重点从旅游资源利用管理与服务质量管理等方面展开规划。

（2）目的地旅游规划

目的地旅游规划是为了游客和当地居民的共同需求制订的产品开发和服务设施规划。目的地旅游规划以区域旅游规划为基础，对旅游开发项目和设施建设进行安排设计，是旅游发展规划的进一步落实与细化。目的地旅游规划包括旅游市场与目的地之间的交通可达性、目的地的公共设施和管理措施、旅游吸引物组合、吸引物之间的交通联系。与区域旅游规划相比，目的地旅游规划与旅游产品的具体形式和旅游区功能有具体的联系。从空间和功能两个角度观察，目的地旅游规划的用地面积较小，且土地利用以旅游功能为主要功能指向；同时规划年限一般较短，为5年或5年以下，属于一种近期规划。目的地旅游规划一般会落实到具体的空间范围内，属于较为详细的规划，与高层次的国际级、国家级、区域级旅游规划相比，具有较强的物质规划属性。

（3）旅游区规划

与区域旅游规划和目的地旅游规划相比，旅游区规划设计的空间范围更小，规划的内容更加细致具体，物质性规划的比例更重。旅游区规划应在上述两个层次规划的基础上编制，并遵循上层规划的规定和政策。旅游区规划的内容包括：可行性分析、环境和社会文化影响评估，开发阶段和开发计划，住宿设施，零售商店和其他服务设施、娱乐场所、公园和保护区、交通系统、步行系统等设施区位，供水、供电、垃圾处理和电信等基础设施设置，具体建筑、景观和工程设计标准，游客流向和流量分析及控制，确保规划实施的组织和财务保障（Inskeep，1991）。

在美国，一些主要的国家公园都编制了详细的旅游区规划。如美国大峡谷国家公园的管理总体规划（Grand Canyon National Park General Management Plan），主要包括引论部分（简要阐述公园的前景展望、公园目的、意义、管理目标等内容）、总体管理规划部分（规划纵览、总体行动、土地保护、自然资源管理、文化资源管理、旅游解说的主题、残障人士的通行便利、游人集中区域的游客体验、未来环境分析、可持续发展）以及若干处重点地段的管理行动（包括行动概述、游客体验、地段行动等内容）（NPSDSC，1995）。它为公园的资源管理、游客对资源的利用以及其他事业发展提供了10~15年的规划指导。编制规划的目的一方面是要在保护资源的基础上为游客提供满意的旅游经历；另一方面希望鼓励周边地区开展旅游活动，从而减轻公园本身的旅游压力。

6. 国家标准分类方案

《旅游规划通则》有关旅游规划的分类对我国旅游规划的编制与管理具有很强的现实指导意义。2003年，国家旅游局制定的《旅游规划通则》（GB/T 18971—2003）将我国现阶段的旅游规划分为两大类：旅游发展规划和旅游区规划（如图1-1所示）。

（1）旅游发展规划

按规划范围和政府管理层次分为全国旅游业发展规划、区域旅游业发展规划和地方旅游业发展规划。地方旅游业发展规划又可分为省级旅游业发展规划、地（市）级旅游业发展规划和县（市）级旅游业发展规划等。

（2）旅游区规划

按规划层次分为旅游区总体规划、旅游区控制性详细规划、旅游区修建性详细规划。旅游区规划的这种分类是由宏观到微观、由浅到深、由粗到细、由抽象到具体、由概念到表象的过程。不同层次的旅游规划要解决的问题不一样，不可能期望一个旅游规划解决旅游开发的所有问题。例如，对于景区游客中心的规划，在总体规划中，只是用文字简要描述游客中心的风格、大概位置等，没有游客中心的图纸；在控制性详细规划中，具体说明游客中心的位置、高度、容积率、后退红线位置、道路开口等，并制作游客中心轮廓示意图；在修建性详细规划中，游客中心的细节，如平面、立面、剖面等都要涉及。

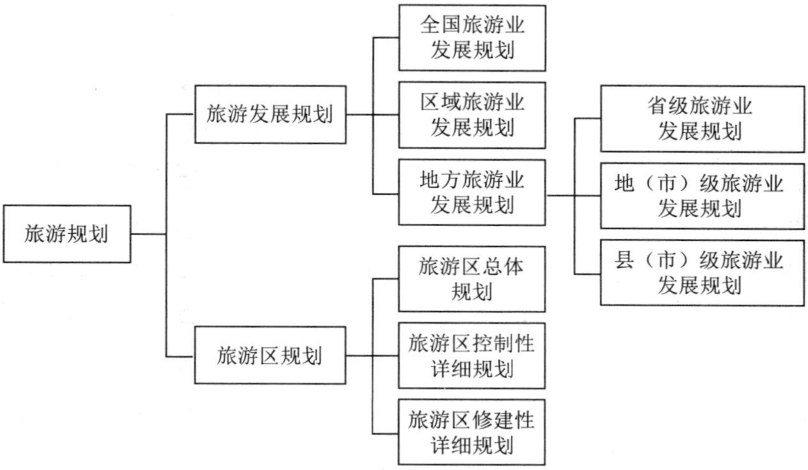

图 1–1　旅游规划国家分类标准

7. 旅游反规划

传统的旅游规划是"正规划"，侧重于经济发展，而现在的旅游规划和发展愈发注重环境的影响。"反规划"理论目前主要集中在城市、森林、湿地旅游、乡村旅游规划中的研究。俞孔坚（2009）认为，所谓反规划不是反对规划或者不规划，而是一种景观规划的途径，是优先对旅游发展中不建设区域进行控制的规划方式；现有的旅游规划大多数是从资源评价出发，通过对旅游市场的分析，寻找到旅游开发区域的战略发展方向，最终为其设计相关旅游产品和设施。梁振然（2008）认为，目前的旅游规划采取的是先开发、再保护，或者一边开发，一边保护的模式，这种开发模式使得旅游地生态文化环境面临冲击，同时旅游景区景点的商业化趋势十分明显。

不少学者建议将反规划的思想引入旅游规划中，即首先针对发展旅游地区的实际情况研究旅游地的承载力，然后优先对不建设区域进行划定，并对不建设区域的发展进行控制。唐建兵（2014）通过介绍、分析反规划理论在森林公园旅游规划中的应用，结合自贡市飞龙峡森林公园具体应用反规划理论的实践，提出将反规划理论引入森林公园的旅游规划中，提高森林公园的生态空间规划和土地利用规划的合理性，从而推动旅游业的可持续发展。那守海等（2018）将反规划方法应用于湿地旅游规划中，运用德尔菲法和层次分析法对湿地旅游生态规划控制指标体系进行筛选和构建，建立有利于湿地旅游规划可持续发展的控制指标体系。可以看出，旅游反规划理论逐渐被应用，诸多学者通过反规划这种方式实现旅游环境的保护与旅游开发的可持续发展。

（三）旅游规划的内容

1.《旅游规划通则》（GB/T 18971—2003）的内容规定

（1）旅游发展规划

全面分析规划区旅游业发展历史与现状、优势与制约因素及相关规划的衔接；分析规划区的客源市场需求总量、地域结构、消费结构及其他结构，预测规划期内客源市场需求总量、地域结构、消费结构及其他结构；提出规划区的旅游主题形象和发展战略；提出旅游业发展目标及其依据；明确旅游产品开发的方向、特色与主要内容；提出旅游发展重点项目，对其空间及时序作出安排；提出要素结构、空间布局及供给要素的原则和办法；按可持续发展原则，注重保护、开发、利用的关系，提出合理措施；提出规划实施的保障措施；对规划实施的总体投资进行分析，主要包括旅游设施建设、配套基础设施建设、旅游市场开发、人力资源开发等方面的投入与产出分析。

（2）旅游区总体规划

旅游区总体规划包含13项内容：对旅游区的客源市场的需求总量、地域结构、消费结构等进行全面分析与预测；界定旅游区范围，进行现状调查和分析，对旅游资源进行科学评价；确定旅游区的性质和主题形象；确定规划区的功能分区和土地利用，提出规划期内的旅游容量；规划旅游区的对外交通系统的布局和主要交通设施的规模、位置，规划旅游区内部的其他道路系统的走向、断面和交叉形式；规划旅游区的景观系统和绿地系统的总体布局；规划旅游区其他基础设施、服务设施和附属设施的总体布局；规划旅游区的防灾系统和安全系统的总体布局；研究并确定旅游区资源的保护范围和保护措施；规划旅游区的环境卫生系统布局，提出防止和治理污染的措施；提出旅游区近期建设规划，进行重点项目策划；提出总体规划的实施步骤、措施和方法，以及规划、建设、运营中的管理意见；对旅游区开发建设进行总体投资分析。

2. 北京大学的“1231”模式

北京大学城市与环境学院旅游研究与规划中心吴必虎教授将旅游规划的工作内容形象地概括为“1231”工程，即确定一个发展目标，进行两个基本分析，设计三个发展板块及构建一个支持系统。

（1）确定一个发展目标。区域旅游规划的编制，主要用来指导、规范今后相当长一段时间内政府对旅游事业发展的宏观管理和科学决策，以实现规划时段和规划期末的具体目标。这一目标的确定，将决定旅游产业的产业定位和发展速度，是整个规划的核心，是旅游发展的纲领性指标体系。确定旅游发展的目标和指标就是针对旅游产业发展的总体趋势，从构建旅游产业体系的目标出发，观察目前旅游业对区域经济的贡献率，预测规划期内旅游产业的经济地位，以及旅游业对某些行业的重要性和联动效应，估计旅游产业的乘数效应和就业乘数效应。区域旅游规划的目标包括总体目标和分目标两个部分。总体目标提出规划期未来希望实现的综合目标。分目标则分别就旅游活动的经济、社会和环境影响，提出需要实现的范围；在区域范围较小，特别是旅游社区的发展规划中，其目标的确定可能会随着社会性质的不同而有所差异。

（2）进行两个基本分析。在确定了发展的目标后，应该针对实现目标提出操作性的法案和行动计划。要做到这一点，首先应该对旅游市场和旅游资源进行仔细地调查研究，这是一项十分必要的基础工作。无论是市场还是资源，其调查分析都分为表层和里层两个方面。市场的里层研究通俗地称为"定调子"，即通过对区域地方性和游客对区域的感知的调查，设计区域旅游发展的主旋律；市场的表层分析可以简单地理解为"识需求"，即对国际、国内（本地）客源市场的数量和特征进行回顾、现状分析和未来预测。而对资源的里层分析可以称为"定盘子"，即从空间角度确定资源的利用和布局规划，重点资源开发与保护地段的选择以及旅游线路的设计；资源的表层分析可以理解为"找供给"，即根据某种分类方案和评价指标，对区域旅游资源进行调查和评价，特别是资源转化为产品的适宜性评价。

（3）设计三个发展板块。在分别对市场和资源进行分析评价的基础上，接下来要做的工作就是提出今后旅游发展的各种规划方案或政策。其中主要包括三个板块的内容：第一板块为前位板块，指直接吸引旅游者前来参与旅游活动的旅游吸引物，即狭义的旅游产品和开发项目；第二板块为中间板块，是指为前来的旅游者提供各种旅游服务，包括交通、住宿、餐饮、娱乐、购物等服务的旅游相关行业、设施和服务；第三板块为后位板块，是指旅游区内外的物质环境和社会环境。以上三个板块层层紧扣、相互依存，构成区域旅游发展的主要支撑。

（4）构建一个支持系统。上述板块的规划方案能否得到有效的实施，有赖于规划的管理和支持保障措施的落实。规划方案以及政策的施行将会对规划期的社会、经济及环境等各方面带来影响，采取何种政策和措施控制这些影响，也是需要加以监测和管理的问题。在规划文本中，需要考虑如何从政府管理角度对上述旅游发展规划方案及其影响进行有效管理，提供相应的政策保障。这些支持系统的内容包括政府管理与政策、法规，人力资源，投资、金融，社会支持及科学保障等。

3. 旅游规划的一般内容

（1）确定规划区性质。确定规划区性质是旅游规划的重要内容之一，是决定其利用功能、开发方向，吸引不同类型游客的基本因素。确定规划区性质对确定旅游设施项目和内容有重要影响。

（2）确定规划范围。范围包括规划区的占地面积和边界等。规划范围的大小多由委托方提出，必要时受托方可以与委托方协商并提出合理的规划范围。划定规划区的范围时，要特别注意保护自然和人文风景面貌的完整性，其范围一般不受行政区的限制，这样既满足旅游要求，又有利于保护和管理。

（3）分析规划区的自然社会状况。自然状况包括规划区的自然条件、环境质量、自然灾害、气候、植被等，社会状况包括历史沿革、民族成分、社会经济、民风民俗等。在规划中应对最主要的特征部分加以详细地阐述，甚至在某些方面提供具体的材料。

（4）分析行业发展状况。应考虑本地区正在兴建或已经建成的项目经营状况，包括基础设施的档次、规模、安全性、方便性、服务水平的高低，便于分析将来可能出现的竞争状况。

（5）旅游资源调查评价。旅游资源是发展旅游业的物质基础。在旅游规划之前，要对规划区所覆盖的旅游资源进行全方位地考察，包括旅游资源的质量水平、层次结构、规模容量、艺术价值、科学价值、文化价值以及开发条件，分析评估旅游资源的种类、数量、分布和组合等，从而确定当地旅游资源的优势和开发方向。

（6）市场调查分析。市场调查分析主要是指客源市场分析和产品市场分析。客源市场分析主要是研究客源市场结构。现代旅游开发必须以旅游资源为基础，以市场为导向。客源市场结构决定了旅游开发的主题和方向。由于旅游产品具有可替代性，因此旅游规划中还必须进行产品市场分析，对产品市场进行竞争分析以找出其优势市场。

（7）确定主题形象。在充分进行资源调查与评价、市场分析和社会经济条件分析的基础上，确定区域旅游发展的主题形象。主题形象是旅游者对旅游目的地的总体认知评价，是当今商业与信息传播时代地区旅游业发展新的重要显性因子。旅游主题形象可使旅游地政府和公众对本地旅游的资源核心、产品定位和发展目标有更明确、直观的认识，使旅游地以鲜明的姿态呈现在旅游者面前。主题形象应在充分分析当地自然资源和人文资源及区位市场状况后提出。

（8）确定区域发展战略。区域旅游发展战略包括旅游发展的区域战略、规划指导思想、市场定位、产业战略、旅游发展的规模和速度等。

（9）实体布局。实体布局是旅游规划的核心内容，是旅游规划可操作性的重要表现。旅游规划要“虚实结合”。虚是指针对该区域提出的一系列总体发展战略表现思路，“实”是指围绕战略目标设计的具体可见的项目。只有二者紧密结合，才能使规划成为政府的决策指南和企业的投资指南。实体布局主要针对区域进行功能分区，即旅游要素吃、住、行、游、购、娱等的布局及策划，具体包括总体功能划分、旅游产业要素规划、旅游产品设计、项目策划、时空布局、旅游形象设计与推广、投入与产出分析以及旅游保障体系规划等。

（10）旅游项目创意。旅游项目创意是旅游规划的灵魂，好的创意直接影响旅游项目的生存与发展，对产品有决定性的影响。首先，根据本地旅游资源状况、客源市场预测、旅游业竞争态势、规划原则和规划目标，明确旅游规划方向，突出地区旅游特色，避免重复建设。然后，对能够充分发挥资源优势的旅游项目进行重点规划，使得旅游项目集观赏性、参与性、娱乐性于一体，提高其文化品位。

（11）规划图件。规划图件一般包括地理区位及客源市场分析图、土地利用现状图、旅游资源分布图、旅游景点分布图、综合规划图、交通规划图、绿化规划图和景观效果图等（马耀峰，2011）。

（四）旅游规划的功能

1. 优化国土开发空间格局

旅游规划在分析资源供给的空间分布及其相似性、客流活动规律、服务区等级的基础上，明确各自的功能角色和发展内容，划定旅游发展的空间结构，明确旅游发展的点、轴和功能区。党的十九大报告指出，要“建立以国家公园为主体的自然保护地体系”。国家公园分区规划理念在中国的推广和应用，使得旅游发展规划逐渐吸收了主体功能区划和国家公园开发强度分区的思想，致力于推进旅游空间组织的功能、结构与开发强度统一协调。旅游规划中的区域旅游共生发展理念，均强调将旅游活动、旅游设施和企业等要素有序配置在外围空间，而在重点地段内实行严格的保护和分流措施，有利于促进旅游地的均衡发展。

2. 在市场中合理配置旅游资源

资源是旅游发展地的基础，市场是现代旅游发展的手段，综合效益是旅游发展的目的。旅游规划借助科学的规划管理手段和技术方法，通过资源评价、区位分析、市场调查、发展形象政策保障体系的构建等步骤，将旅游经济资源有效地进行配置，从而为旅游发展中的相关利益方提供最大利益。

3. 制定区域旅游发展的战略目标

制定区域旅游发展战略目标是旅游规划的重要功能之一。战略目标具有区域发展指南针的作用。旅游规划中战略目标的设定，实质上就是将区域旅游发展前景明确地展现出来。设定区域旅游发展核心指标，能够为区域旅游的发展及其管理提供更为清晰的指引。

4. 推进区域相关部门的协作

旅游产业具有较强的产业关联性，因此，区域旅游系统的发展与提升需要相关部门的紧密合作。但是，在实际工作中，不同行业部门之间存在着或多或少的利益冲突。因此，研究设计跨部门的利益合作机制是旅游规划编制的重要内容之一。具体表现为：土地利用调整、旅游交通与道路规划、公共服务设施安排、基础设施协调规划、劳动教育与科技安排、产业政策与管理机制六个专项内容。

5. 保障区域旅游可持续发展

旅游系统的动态发展是一种稳态向另一种稳态的缓慢过渡。实践表明，绝大多数旅游地在现实的社会经济环境条件下，均会出现不同程度的内部稳态失调，面临外部环境变化的压力较大。旅游规划能在遵循旅游自身系统规律的前提下，通过预先的谋划，及时调整旅游系统的耦合结构，抵御环境变化所带来的风险，保证区域旅游发展的持续性。

二、旅游策划与设计

（一）旅游策划

旅游项目投资、规划越来越重视旅游策划，这是旅游业发展的必由之路。旅游策划是旅游规划的灵魂，它可以救活一个景区、一个企业，可以为政府旅游开发项目的立项提供科学的可行性研究方案，以它全面的创新和科学严密的论证为旅游目的地注入新的血液，使旅游目的地成为人们关注的焦点。杨振之（2016）教授认为："旅游策划是指通过整合各种资源，利用系统的分析方法和手段，把握变化无穷的市场及各种相关要素，设计出能解决实际问题的、具有科学的系统分析和论证的可行性方案和计划，并使这种方案和计划达到最优化，使效益和价值达到最大化的过程。"

旅游策划与其他策划相比，具有自身的特殊性，具体表现在：第一，认识、评价和把握旅游资源自身是旅游策划的基础。旅游资源的调查和评价是一个科学的系统，专业性很强，几乎涉及自然、人文学科的方方面面，需要对旅游资源进行整合性评价。第二，旅游策划产品体系是旅游策划的难点。再好的旅游资源也不一定能转化为旅游产品。价值再高的旅游资源开发为旅游产品后，也不一定能得到市场的认可。旅游资源的科学价值并不一定等同于旅游产品的市场价值。因此，若只关注旅游资源的科学价值，则难以将旅游策划做好。旅游产品的策划需要熟悉旅游市场，通过对市场需求的判断来确认将哪些有市场价值的旅游资源转化为旅游产品，以及该旅游产品的表现形式如何。旅游产品的表现形式也是一个十分重要的方面，必须能够使游客亲近，便于购买，能使游客感受到旅游资源的独特魅力，享受一种与众不同的特殊经历。第三，研究旅游市场是旅游策划成功的关键。旅游市场不同于其他类型的市场，其可变性很大。游客购买的是特殊的经历，许多旅游产品具有无形的特性，同时对旅游经历的感受又受到游客心理因素的影响。市场特征虽有规律可循，但相比于其他行业市场，旅游市场更难以完全准确认识与掌握。

旅游规划中涉及的旅游策划一般包括如下几个方面。

1. 旅游形象策划

旅游形象策划是指在分析旅游地现实形象和旅游者感知形象的基础上，根据旅游地现实水平和发展态势，针对旅游目标市场设计期望形象并将其传递给旅游者的互动过程。旅游形象策划就是通过各种手段和媒介使旅游地被大众认可、识别并选择的营销过程。其主要内容包括四个方面：旅游形象调查、旅游形象定位与口号设计、旅游形象设计与塑造，以及旅游形象传播与推广。其中，旅游形象调查是旅游形象策划的基础，旅游形象定位与口号设计及旅游形象设计与塑造是策划的核心，旅游形象传播与推广是策划的最终目的，即把旅游形象传递给公众（市场）并让其接受和认可。

2. 旅游产品策划

旅游产品策划是一种理性的思维活动，是指对旅游产品的开发、生产、经营等一系列活动进行谋划，以满足旅游者消费需要的动态过程。旅游产品策划是旅游策划的核心与基础，是旅游产品开发的先导，其好坏决定着旅游策划的成败，对旅游地或旅游企业的生存与发展具有极其重要的意义。旅游产品策划的主要内容包括：寻找产品策划的切入点、市场定位、深挖旅游产品特色、产品组合规划、设计旅游产品的功能、产品质量策划、旅游产品的命名、方案甄选、产品实验、产品推广、产品营销策略的选择等。

3. 旅游项目策划

旅游项目策划是指在深入调查的基础上，经过挖掘、分析、筛选、对比，借鉴经验教训，运用智力为旅游地开发提出发展主题及整体运筹规划概念的过程。旅游项目策划是一项系统工程，力求通过策划活动实现旅游地或旅游企业总体发展目标，涉及的项目之间互相依存、互相关联、互相影响。旅游项目策划的主要内容包括：旅游项目环境分析、项目优劣势分析、项目目标策划、项目主题策划、项目市场策划、项目功能策划、项目创意策划、项目可行性分析、方案选择和重点项目的确定、融资策划、项目的不确定性分析、项目管理策划、项目经营策划、效果评估等。

除了以上经常见到的几种旅游策划，旅游策划还包括旅游品牌策划、旅游节庆策划、旅游商品策划、旅游企业策划、旅游营销策划等（马耀峰，2011）。

（二）旅游设计

旅游设计是面对旅游活动中所涉及的主体、客体、介体的全系统策划、结构、导演、筹谋，它涉及旅游活动的方方面面，具有前置性、技术性和创意性的特征，是旅游产业中“产品研发”的专业实现。旅游设计是对离家之外、工作之余的这一生活方式所涉及的概念、态度、场所、用品及服务的综合创作，是旅游产品制造“出产”的技术支撑。旅游设计因需求而产生，并快速成长。旅游业作为国民经济的战略性支柱产业将发挥越来越大的作用，而旅游设计是连接旅游主体、客体和介体的桥梁，引导着旅游产业的发展和方向。如今中国的旅游业已经逐渐开始意识到旅游设计的重要性。

旅游设计的行业服务包括规划、设计、策划、研究、咨询等。旅游设计的服务对象是人，所以必须贯彻“亲善”的原则，要求亲近人性、善待自然。旅游设计是对旅游产业空间、业态、方式、行为、产品、文化、服务等方面进行全方位的综合考虑，是“按某一需求进行侧重化的方案解决”。从这个概念分析旅游设计的性质，可以得出以下结论：第一，旅游设计的目的是取得旅游产品与人之间的最佳匹配，这种匹配是指与人的生理、心理等各方面需求相吻合的、恰到好处的匹配；第二，旅游设计必须是一种创造性的文化工程的活动，具备跨界的应用性特征。

旅游设计的类别主要如下。

1. 旅游形象设计

袁健（2014）认为，旅游系统中游览对象的组合与所在构成了“目的地”，目的地在空间尺度和行政概念上可大可小，大到几个国家、一个区域，小到一个城市、一个景区。目的地因任务的提出或问题的选定而“界定”了范围，一旦有了明确的范围，范围内所包含的地域大小则成为明确的参数。如“世界屋脊青藏高原的旅游设计”，命题的选定为“世界屋脊青藏高原”，范围自然就指向了青藏高原这一地理单元所涵及的西藏自治区、青海省、四川省西部高原以及邻国尼泊尔、不丹等地；又如“普陀山的旅游设计”，则将规划对象范围缩小到十分具体的一个岛屿的山岳。

2. 出游定制设计

旅游系统中的主体是游客，即待要践行旅游生活的芸芸众生。人的国籍、年龄、性别、受教育程度、经济收入等均不同，因之对旅游生活的“消费行为的组合要求”又各有殊异。随着个性、小众时代的来临，特别是网络技术的普及，可把零散的“小众”组成小群体。新媒体时代背景下，针对特定人群或已明确的旅游目的所进行的游程及游览产品的选择、排列、组合、服务安排等的设计，则是出游定制设计。如残疾人游北京旅游设计、×× 中学初三师生课外观察学习团的旅游设计等。

3. 旅游辅助设计

在日常工作实践中，把不能归为上述目的地设计和出游定制设计的，但又明确与旅游现象关联的设计事项归入旅游辅助设计。如旅游交通设计、旅游服务设计、景区的营销策划、市场推广设计等。

4. 旅游微设计

旅游微设计是既有针对旅游全系统的一面，又不完整、分等级地针对到主体、客体、媒介各子系统中的某一要素的设计。如“旅游导示系统设计”，它是全系统的，涉及主体、客体、媒介，但同时又只能算作这个子系统中的一小部分（袁健，2014）。

第三节　旅游开发

一、旅游开发的含义及内容

（一）旅游开发的含义

旅游开发对应人类旅游活动而展开，为人类旅游活动提供产品和服务，即旅游消费对象。在现代旅游学理论研究和旅游产业发展实践中，人们把旅游作为“离开自己的常住地，前往异地做暂时停留或访问所经历的特殊生活过程”。旅游活动具有广泛性和扩散性，涉及人类社会生活的几乎所有领域。从社会发展的角度看，旅游者是一个不断增长的变量，许多国家、地方政府都把旅游者作为一个能够对接待地产生巨大经济贡献的“市场”，因此都极力推动、促进地方旅游产业的发展。但从根本上说，旅游者对目的地的选择取决于“旅游吸引力”。

旅游开发是为满足旅游者和当地居民旅游休闲活动需求而进行的旅游休闲设施建设、旅游休闲环境培育等综合性的社会和技术经济活动。

其含义包括以下几个方面：

第一，旅游开发的直接目的是为吸引和招徕旅游者，并以此来增加经营者、社区和地方收入，促进地方经济和社会的发展。

第二，旅游设施建设是旅游开发的主要内容。要吸引和招徕旅游者，就必须以一定的旅游吸引物和相应的服务设施建设为前提。在旅游学中，旅游设施是指能够适应和满足外来旅游者行、游、住、吃、购、娱等需求的各种设施。这些设施和相应服务的规模和质量代表着一个国家或地区旅游业的接待能力和旅游开发的水平。旅游设施主要包括旅游吸引设施（景区、景物、场所等）、游憩设施、娱乐设施、食宿接待设施、交通设施、购物设施等。

第三,一般认为，旅游是指外来旅游者在旅游目的地的活动，而休闲是指当地居民当地的消遣娱乐活动。但在现代旅游业发展过程中，二者的界限越来越模糊，从产品、服务供给的角度，则越来越融合化、一体化。因此，现代旅游开发已经越来越将二者作整体考虑。

第四，除了进行旅游设施建设的技术经济活动外，旅游开发还包括培育、建设和谐、友好的社会人文环境。社会人文环境虽然不像功能性的旅游景观、服务设施那样能够可游、可居、可食、可娱乐等供旅游者消费，但社会环境的好坏、当地居民的文化修养和风俗习惯，特别是对外来旅游者的宽容程度和态度，同样能够对旅游者产生吸引或排斥作用。社会人文环境是一种无形的吸引力或排斥力。因此，旅游开发不仅是一种建设旅游设施——硬件开发的技术经济活动，同时也是培育和优化社会环境——软件建设的社会活动。

第五，旅游开发既包括旅游地内部的开发与建设，也包括对外的市场开发与营销，是一种内外结合的综合性开发活动。

（二）旅游开发的内容

从旅游产业发展的角度出发，旅游开发的主要内容包括以下几个方面。

1. 景区（点）等旅游吸引要素的开发与建设

旅游开发的直接目的是，通过旅游地吸引力的提高来吸引更多的到访游客。而这一目标的实现，则要靠旅游景区、景点或其他类型旅游吸引要素的开发、建设与营造。因此，旅游景区、景点等吸引要素的开发、建设往往成为旅游地开发的核心内容，并以此为基础进行相应地配套设施建设。

旅游吸引要素的开发、建设，从内容和形式上说，既可以是对尚未被利用的旅游资源的初次开发，也可以是对已经利用了的景观或旅游吸引物的深度开发，或进一步地功能发掘；既可以是对现实存在的旅游资源的整理与加工，也可以是从无到有、一个新景点的创造。例如，九寨沟的旅游开发属于对现实存在的旅游资源的整理与加工，使原已现实存在的自然、人文资源和物质条件更加符合人类的旅游需要。而诸如“迪斯尼”“锦绣中华”“世界之窗”“方特”“欢乐谷”“东方神话”等则属于从无到有地创造，是新景物或新产品的“生产”，其目的就是为了提高旅游地的吸引力，让更多的游客到访。

2. 构建系统的旅游服务体系

旅游服务体系实际上是旅游产品开发的一部分。从旅游供给的角度讲，旅游服务既包括以市场为主体的商业性旅游服务，也包括公益性的非商业旅游服务。以市场为主体的商业性旅游服务，多指当地旅行社企业的旅游产品设计与导游、翻译等服务，交通部门的客运服务，饭店企业的食宿、餐饮、娱乐服务，商业部门的购物服务，以及其他部门向旅游者提供的营业性接待服务等，它们以赢利为目的，是地方旅游产业发展的主体。公益性的非商业旅游服务，主要指当地政府、社区、社会组织等为旅游者提供的公益性服务，如由政府投资建设的城市游客中心向游客提供的旅游咨询服务、出入境管理，以及当地社区、居民为旅游者提供的其他义务服务。这些服务大多是免费的，少部分象征性地收取一定费用。

在旅游开发活动中，必须注意服务体系的完善，不能为追求商业利润而只进行商业性服务的建设，而忽视非商业性服务的完善。实际上，非商业性服务在很大程度上反映着当地政府的旅游产业政策导向和管理、服务理念，也反映着当地居民对外来旅游者的友善态度和愿意为其服务的好客精神，对旅游者具有同样的吸引力和感召力。

3. 提高旅游地的可进入性

可进入性是指交通条件，即旅游六要素中的“行”。“行”是旅游六要素（食、住、行、游、购、娱）中最关键的要素之一，它本身既是旅游的过程，又是旅游实现的必要条件。在旅游学理论中，界定是否是旅游活动的基本条件之一就是旅游者是否发生了身体的位移，即旅游具有异地性的特征，只有当一个人从其常住地到达另一地时才属于旅游，而要实现这种身体的位移则必须借助于交通条件。可以这样认为，没有一定的交通设施和交通条件，旅游活动就不可能实现。特别是在现代旅游业中，旅游地都把吸引远距离或境外游客作为主要目标，如没有方便的空中、海上和陆上交通设施和工具，远距离旅游是根本不可能实现的，开拓远距离市场或国际客源市场也不可能实现。

因此，在旅游开发问题上，交通的重要性并不亚于旅游景点和旅游接待设施的建设。如果某地的旅游资源十分丰富和突出，但交通状况恶劣，游客难以进入，即旅游者接近、抵达目的地的可能性小，那么它的旅游价值将大大降低，所以旅游开发必须包括提高旅游地的可进入性。可进入性不单纯指旅游者由外界抵达旅游目的地的过程，它实际上包括两个方面的内容：一是客源地与目的地之间的交通条件，二是旅游地内部的交通条件。即要“进得来，散得开，出得去”，让旅游者既来得顺利，玩得开心，又去得方便。因此，提高旅游地的可进入性，不仅包括发展旅游地同外界的交通联系，而且要改善旅游地内部的交通、通信条件；不仅包括交通线路的建设，而且包括交通工具的配备与改进；不仅包括硬件设施配置，而且包括管理、安全保障、服务等软件的加强与完善等。

4. 建立完善的旅游休闲公共服务体系

旅游与休闲公共服务，是旅游活动开展和旅游产业发展的重要保障性条件。主要包括三个方面：一是主要为当地居民使用，但也必须向旅游者提供服务或旅游者也必须依赖的基础设施，包括一般的公用事业设施（如供水系统、排污系统、供电系统、通信系统、道路系统，以及机场、车站、码头等），满足现代社会生活所需要的基本设施或条件（如医院、银行、食品店、公园等）；二是主要为外来旅游者使用，同时也供当地居民消费的服务设施，如宾馆饭店、旅游咨询中心、旅游商店、某些娱乐场所等；三是当地居民与外来旅游者共同使用的公共休闲、娱乐场所和设施，包括城市公园、文化休闲步行街、旅游休闲商业街区、博物馆、艺术馆、体育场馆等。这些场所和设施往往免费开放，为旅游目的地城市营造宜居、宜游的环境。

5. 环境与资源保护

任何旅游资源都是存在、生存于一定的环境之中的，其存在环境的好坏对于资源本身的安全非常重要，而那些被自然的或人为因素破坏或损害的旅游资源，若不及时加以保护、整治和修复，就会继续衰败，甚至会完全消失。所以，旅游资源也需要科学利用与有效保护，也需要像厂房设备那样定期检查和维修。对旅游资源进行有效地保护，及时进行检查和维修，是旅游开发的重要内容。资源保护的内容主要包括：建立完善旅游资源开发保护的法律法规与政策体系；划定资源保护区保护的范围和等级，进行分类分级保护；积极培育、优化资源区生态环境和旅游资源的生存环境；制定有力措施，防止旅游污染和破坏行为；对已经受到破坏的旅游资源、环境进行及时有效地维护、整修和修复，恢复其原貌。

6. 培育优良的人文社会环境

旅游地的人文社会环境也是吸引旅游者的重要因素。一个国家或地区的旅游政策、出入境管理措施、政治动态或社会安定状况、社会治安、风俗习惯，以及当地居民的文化修养、思想观念、好客程度等，都能够直接或间接地对旅游者产生吸引或排斥等作用，从而影响旅游开发活动的效益。因此，培育、塑造一个和谐友好的、有利于吸引旅游者的人文社会环境，也是旅游开发的重要内容。

人文社会环境的培育应包括：（1）制定有利于旅游开发和旅游业发展的旅游促进政策；（2）制定方便外来旅游者出入境和往来的相应管理措施；（3）有稳定的政治环境和安定的社会秩序；（4）提高当地居民的文化修养，培养开放意识、包容意识和共享理念，树立正确、积极的旅游发展观，养成文明礼貌、热情好客的习惯。

7. 积极营销，开拓和扩大客源市场

旅游开发实际上是从两个方面进行：一是旅游地有关设施建设和环境营造，二是客源市场的开拓，两者缺一不可。

旅游开发实际上就是产品生产，而市场开发则是把产品卖出去。如果仅仅只是进行旅游地的有关建设，而不进行市场开发，扩大到访游客的规模，就会造成产品滞销，使开发活动有劳无功；而如果只是一味地进行市场宣传，甚至进行虚假宣传、欺骗促销，则更可能因小失大，贪一时之功而失长远利益。因此，旅游开发，必须将旅游地建设和市场开拓结合起来，双管齐下，互动发展。

8. 构建高效、有力的支持保障体系

任何目标的实现，都需要特定的支持保障措施。旅游开发和旅游业发展更是一个涉及面广、关系错综复杂的综合性工程，需要有力和高绩效的支持保障。对于旅游产业发展来说，旅游开发的支持保障体系主要包括五个方面：①法律、法规与规范；②旅游管理体系建设；③政策保障体系；④财政支持；⑤旅游人力资源开发（王德刚，2017）。

二、旅游规划与旅游开发的关系

（一）旅游规划与旅游开发的联系

一般来说，旅游开发隶属于旅游规划，旅游规划是为旅游开发服务的技术方案。任何的旅游开发行为都是在旅游规划的指导下进行的，对旅游开发进行深入细致地了解是进行科学规划的基础。无论是旅游规划还是旅游开发，其目的都是为了更好地发展旅游业，为旅游区带来经济、社会和生态等效益。

（二）旅游规划与旅游开发的区别

旅游开发与旅游规划是两个不同的概念。旅游开发是以利益的获取为导向，且是一个不断延续的过程。在内容上，旅游开发不仅包括开发前期的可行性研究、规划、开发建设，还包括开发后期的经营管理与调整优化。通常情况下，旅游开发行为一旦开始便不会结束，除非开发者彻底放弃旅游资源的开发。

1. 概念区别

旅游规划是对旅游系统发展目标和实现方式进行战略设计和实施的动态过程。旅游规划经相关政府审批后，是该区各类部门进行旅游开发、建设的法律依据。旅游规划要求从系统全局和整体出发，着眼于旅游规划对象的综合整体优化，正确处理旅游系统的复杂结构，从发展和立体的视角来考虑和处理问题。因此，旅游规划必然要站在高屋建瓴的角度统筹全局，为旅游实现提供指导性的方针。

旅游开发是指人们为了发掘、改善和提高旅游资源的吸引力，使得潜在的旅游资源优势转化成为现实的经济效益，并使旅游活动得以实现的技术经济行为。旅游开发是一个综合性的、涉及社会领域的广泛的系统工程，与旅游地的社会、经济、文化、生态等许多部门和领域都有千丝万缕的联系。

2. 理念区别

旅游规划是一套法定的规范程序，是对目的地或景区长期发展的综合平衡、战略指引与保护控制，从而使其实现有序发展的目标。规划是为旅游的发展设计的一个框架，所以这个框架必须是长期的、稳定的、必要的。

旅游开发的实质是以旅游资源为“原材料”，并通过一定形式的挖掘、加工，达到满足旅游者的各种需求，实现生态环境、经济和社会等方面良性发展的目标。

3. 任务差异

旅游规划的任务是通过确定发展目标，提高吸引力，综合平衡游历体系、支持体系和保障体系的关系，拓展旅游内容的广度与深度，优化旅游产品的结构，保护旅游赖以发展的生态环境，保证旅游地获得良好的效益并促进地方社会经济的发展。

旅游开发的任务因开发主体、开发对象的不同及时空背景不同，差别很大，但都不外乎经济效益、社会效益和生态效益（有的以经济效益为主，有的以社会效益为主，有的以生态效益为主）。从科学发展观的角度看，应该追求三大效益的综合极大化。

本章小结

旅游业发展具有很强的地域性和综合性，涉及地理条件、社会经济、文化、心理等多方面因素，因而旅游规划必须建立在详细的实地考察的基础上，全面分析规划区的自然、经济、社会及文化特点对旅游业发展的作用，分析规划区存在的问题和潜力，提出规划方案。

本章主要介绍了旅游系统、旅游规划、旅游策划与设计、旅游开发等相关概念，这些概念是旅游规划中较为基础的理论内容。了解掌握旅游规划相关的基本概念，是做好旅游规划的基础。旅游规划与开发涉及农业、林业、渔业、制造业、餐饮业、文化产业、社会产业、环境保护等多个部门，旅游规划与开发促使多层次、多部门、多分散运营的各类部门加速实现整合，这就要求在旅游发展规划中全面协调，寻求最优规划方案，以达到社会、经济、生态三大效益并收的目的。

思考讨论题

1. 简述旅游规划的概念、类型及功能。
2. 简述旅游规划与旅游策划的区别与联系。
3. 哪些情况下旅游地、旅游区需要编制概念性旅游规划？
4. 区域旅游规划、目的地旅游规划和旅游区规划在哪些维度上存在差异？
5. 简述旅游规划与旅游开发的区别与联系。

第二章　旅游规划的发展与研究

第一节　旅游规划的发展

旅游作为人类一种特殊的生活方式，已成为必不可少的娱乐、休闲活动。而在整个旅游业发展的历史长河中，每个时期对于旅游的需求各不相同，其旅游规划形式也多种多样。本节通过研究国内外旅游规划的发展过程，发现旅游规划中存在的问题，并探索旅游规划未来的发展趋势。

一、国外旅游规划的发展

国外旅游规划的起源可追溯到产业革命结束以后的英国、法国和爱尔兰等欧洲国家。随着旅游业的发展，旅游规划不断地从欧洲各国延伸到美洲、亚洲、非洲等地。在不到 100 年的历程中，旅游规划发展经历萌芽起步阶段（20 世纪 20~50 年代末）、过渡发展阶段（20 世纪 60~70 年代后期）、快速发展阶段（20 世纪 80~90 年代）和深入发展阶段（20 世纪 90 年代至今）。

（一）萌芽起步阶段（20 世纪 20~50 年代末）

旅游规划源于城市规划设计、公园规划设计、园林景观规划设计、游憩地规划设计、酒店选址规划设计等。早在 3000 多年前，人们就已经开始有了造园的意识，但对于公园的规划与设计也仅仅出现于 200 多年前。1843 年，英国利物浦博肯海德公园的建立，标志着第一座城市公园的诞生。弗雷德里克·奥姆斯特德（Frederich L. Olmstead）等人在 19 世纪末 20 世纪初共同设计纽约市的中央公园，使之为城市提供大面积的绿地与休憩空间，开创了现代景观设计的先河。

随着旅游业的发展，旅游规划逐步开始萌芽。20 世纪 30 年代，英国、法国、爱尔兰等欧洲国家开始对一些旅游项目、饭店和旅馆的基础设施进行简单地市场评估和场景设计，如对饭店或旅馆的选址。但以严谨的态度来看，还不能称为旅游规划。1959 年，美国编制的《夏威夷州发展总体规划》被视为现代旅游规划的起始标志。该规划中，首次将旅游规划的内容作为区域规划的重要组成部分，形式已经比较规范，从成果的具体内容到基本体系已经接近现代的旅游规划。

这一时期规划的特征表现为规划理念、方法等仍处于简单、浅显的状态，通过发现其他类型的规划雏形，以形成旅游规划的基本雏形，并逐步开始发展。

（二）过渡发展阶段（20 世纪 60~70 年代后期）

随着第二次世界大战的结束，经济开始复苏，世界旅游业也开始进入恢复发展阶段，旅游规划也随之不断发展。20 世纪 60 年代，正式的旅游规划也相继在英国、法国等国家开始出现。随后在加拿大、澳大利亚、马来西亚、斐济等也掀起了编制旅游规划的热潮。例如，法国的朗格多克－鲁西永海岸、澳大利亚中部等。在 1963 年的联合国大会上强调旅游规划具有重大的意义。

这一时期旅游规划的规模不断扩大，在世界范围内产生了一定的影响。旅游规划发生了从情感主义到功能主义的转变。旅游规划也彰显了它的社会作用。

（三）快速发展阶段（20 世纪 80~90 年代）

20 世纪 80 年代旅游业在世界上已经处于高速发展的阶段，旅游规划随之普及到一些欠发达国家，同时在发达国家中进一步深化。旅游规划在类型、方法、指导方针等多方面不断发展。

旅游规划不再仅仅是政府规划和景区规划，还产生了许多新的规划类型。其中生态旅游、乡村旅游等使得旅游规划类型不断更新扩大。20 世纪 80 年代末期，娱乐休闲度假旅游成为越来越受欢迎的旅游形式，因此，对于娱乐、休闲度假的旅游规划越来越重视。20 世纪末，随着乡村旅游地位的不断提升，乡村旅游规划也越来越重要。

旅游规划设计过程中开始考虑环境、社会、经济等多种影响因素。许多国家开始采用整体规划方式，以求全面和综合的规划，以避免发生潜在的问题。社区旅游的概念被提出，开始强调好的旅游规划要把社会人文环境等问题作为必不可少的关键要素。

（四）深入发展阶段（20 世纪 90 年代至今）

旅游规划经过长期的发展逐步走向成熟，建立了旅游规划的标准框架，旅游规划的监控与管理得到了加强，开始重视旅游规划市场要素等。

20 世纪 90 年代旅游规划形成了一定的规划标准与程序，出现了专门从事规划的旅游规划师。随着科技信息时代的到来，计算机技术和信息系统为旅游规划提供了新手段，同时也推动了旅游规划理论和实践的发展，为旅游规划增添了新的元素。1955 年，在西班牙由联合国教科文组织、环境计划署和世界旅游组织共同召开、由 75 个国家和地区组成的“可持续旅游发展世界会议”，进而确立了旅游规划中可持续发展思想在旅游资源保护、开发中的地位，并明确了在旅游规划中的执行行动。旅游规划已经从注重规划转向为注重如何实施规划，促使旅游规划的内容、程序等日趋规范、科学和完善。

这一时期作为旅游规划者应当考虑经济、社会、文化等多方面的因素。例如，旅游市场与资源的限制、国家政策、社会文化状况、利益相关者、规划实施和可持续发展等。另外，更加强调旅游规划过程中的公平、有效、舒适、全面发展等原则。

二、国内旅游规划的发展

自20世纪70年代末起，伴随改革开放，我国愈加重视经济建设，对旅游活动的创汇也开始重视起来，进而旅游规划从其他规划类型中独立出来。虽然我国旅游规划起步相对较晚，但随着旅游业的快速发展，旅游规划呈现出良好的发展态势。我国近40年的旅游规划发展，大致可分为萌芽探索阶段（20世纪70~80年代初期）、积累发展阶段（20世纪80年代中期~90年代初期）、快速发展阶段（20世纪90年代~20世纪末期）、规范化发展阶段（21世纪初期至今）。

（一）萌芽探索阶段（20世纪70~80年代初期）

1979年7月，邓小平同志到黄山视察时指出，发展黄山旅游"省里要有个规划"，这是我国领导人首次提出编制旅游规划。1979年，中国旅行游览事业管理总局（中华人民共和国国家旅游局的前身）编制完成了《关于1980年至1985年旅游事业发展规划（草案）》，这是新中国的第一个国家级旅游规划，它的诞生在我国旅游规划史上具有里程碑意义。但这一阶段的旅游规划编制和实施大多仍然是由政府部门直接参与，此时的旅游规划还属于城市建设规划的范畴之中。

20世纪80年代，我国全面开展国土资源调查和规划，地理学者在调查与规划的同时，还对一些区域旅游资源进行评价和规划，就此我国产生了区域旅游规划。此时国家对风景名胜区的重视推动了风景名胜区的规划建设工作。1982年国务院要求"抓紧编制国家风景名胜区的规划"，主要针对第一批审定的44处国家风景名胜区。

这一阶段我国旅游规划主要依托于旅游资源，通过对旅游资源的规划，建立起初级的规划内容体系和基本范式，并形成相应的评价体系。

（二）积累发展阶段（20世纪80年代中期~90年代初期）

随着旅游市场需求的变化，1986年我国将旅游业确立为正式的产业部门，也就意味着旅游规划也进入一个以市场为导向的发展时期，更加关注市场需求。这一时期旅游规划以旅游者为核心、以旅游资源和市场为基础。

1985年末，国务院常务会议决定将旅游业纳入我国国民经济和社会发展计划，确定了旅游业在国民经济中的产业地位，旅游业进入一个加速发展的阶段。与此同时，我国旅游规划与开发催生出了一系列标志性与典型性的旅游规划成果。例如，1985年《华北海滨风景区昌黎段开发研究》，1985年《秦皇岛旅游资源的开发战略》，1986年《广东省陆丰县的海滨旅游资源开发层次结构》《厦门旅游总体规划》等规划成果。

20世纪90年代之后，各地政府纷纷将旅游产业作为支柱性产业，各类主题乐园、旅游度假区、出境旅游等不断出现，旅游规划出现了以资源为基础、以市场为导向、国际国内旅游并重的局面。例如，1992 年国务院发出《关于试办国家旅游度假区有关问题的通知》，表明随着旅游度假区的发展，旅游度假区的规划不断得到重视。

（三）快速发展阶段（20 世纪 90 年代 ~20 世纪末期）

这一时期，国内旅游业的快速发展对旅游规划开发提出了越来越高的标准。1999 年，中央经济工作会议决定将旅游业作为国民经济新兴的经济增长点，旅游业在国民经济中的地位进一步加强。于是全国各地开始出现编制旅游规划的热潮。当时，规划编制人员不仅有旅游专家，还包括地理学家、心理学家、社会学家等多个领域的专家。

虽然这一时期旅游规划的快速发展对旅游业起到了明显的推动作用，但是也存在诸多问题。比如，规划的施工质量问题，规划形式单一，抄袭问题严重，后期缺乏管理等。因此，需要建立相应的保护机制，以保护规划的原创性，以及保障施工质量的安全性等。

（四）规范化发展阶段（21 世纪初期至今）

进入 21 世纪后，旅游规划整体编制更加规范化。2000 年，国家旅游局制定了《旅游发展规划管理办法》（国家旅游局令第 12 号），整体上对旅游规划工作作出了综合性的规范，使得旅游规划管理办法更加完善、旅游规划市场更加开放。同年制定了《旅游规划设计单位资质等级认定管理办法》《中华人民共和国旅游法》等标准制度、管理办法、法律法规，使我国旅游规划逐渐向标准化、规范化、品质化方向发展。2003 年，由国家质量监督检验检疫总局发布的国家标准《旅游规划通则》，为我国旅游规划水平的提升提供了依据。2003 年 10 月实施首个旅游资源认定国家标准《旅游资源分类、调查与评价》（GB/T 18972—2003），2007 年国家旅游局制定了《旅游资源保护暂行办法》。经过多年发展与变化，近年又陆续出台相关办法与规范：2017 年修订《旅游资源分类、调查与评价》（GB/T 18972—2017），主要对旅游资源分类部分进行完善；2019 年修订《旅游规划设计单位等级划分与评定条件》（LB/T 076—2019）；2019 年文化和旅游部颁布《文化和旅游规划管理办法》。从中可以看出，国家对旅游规划工作的认可与重视，促使旅游规划的编制、实施和管理不断向规范化方向发展。

另一方面，我国旅游规划更加开放化，与其他国家交流密切。例如，四川省、云南省等委托世界旅游组织编制整体规划，并获得很好反响。2016 年，《“十三五”全国旅游业发展规划》首次被纳入国家重点专项规划当中，旅游规划工作被提高到前所未有的战略高度。自此开始不断发展全域旅游，全国已有上百个全域旅游示范区创建单位依托全域旅游新思维，进一步编制全域旅游创建实施方案与全域旅游发展总体规划。

在这一阶段，我国旅游规划已从微观的个体景区、个体产业规划转向全面整合一体的发展规划，一些规划过程中出现的难题也得以被正视与不断解决。

三、旅游规划发展存在的问题

（一）理论体系不够成熟

目前我国有关旅游规划理论的研究相对较少，多数旅游规划者主要是借鉴国外已有的部分理论，进而将其应用到相应的城市或旅游景区建设之中。整个旅游规划理论体系尚不成熟，缺乏系统性的理论体系，旅游规划理论不够科学。每个旅游规划者在具体规划中会有独特的见解，以其自身擅长的方式建构自己的理论体系，进而进行旅游规划。例如，最开始的旅游城市建设规划，往往来源于城市规划理论等。理论体系属于旅游规划的基石，然而理论研究的滞后导致旅游规划并不能把旅游景区的最佳优势发挥出来，致使旅游景区得不到更好地利用与保护。

（二）无法充分指导开发实践

近些年，旅游已成为人们生活中的一部分，越来越多的景区开始进行旅游规划，践行“发展旅游，规划先行”的道理。但是实际上一些景区只是将旅游规划作为摆设，并未严格落实旅游规划。由于政府官员的意志、投资商的喜好等，许多旅游规划编制出来以后，有的甚至会沦为一张空纸。还有部分旅游规划的可操作性不强，无法应用到实际的旅游建设当中。旅游规划的核心是对未来旅游业的发展有一个准确的判断，具有前瞻性。一些旅游规划中的建设项目根本不存在；还有部分旅游规划中涵盖大量的专业术语，很难积极有效地指导开发实践。

（三）缺乏专业人才队伍

目前，旅游规划相对缺乏专业的人才队伍。旅游规划是一个综合性的规划，会涉及许多部门。因此，作为旅游规划者更应该拥有极强的综合素质、丰富的专业知识。旅游规划“需要战略家的高瞻远瞩，建筑师的艺术设计，旅游专家的博大精深，营销专家的市场睿智，当地居民的热情支持”（徐德宽，2004）。旅游规划不是几个人或者一个单位就可以完成的工作，它需要对旅游规划的核心及整个旅游景区有清晰的认识与了解，它需要旅游规划者拥有地理学、人文社会学、历史学、文化学、经济学、建筑学、美学等多方面的知识。为此应当系统地培养旅游规划者的基础专业知识，并通过规划者自身的学习与实践不断提升。

（四）创新不足

创意是旅游规划的核心亮点，好的创意可以吸引众多旅游者，甚至成为一个城市或者旅游景区的标志。但如今的旅游规划设计者普遍会选择以往的相似的旅游规划，或者盲目跟从政策导向等，造成旅游规划相似度极高。旅游规划相互抄袭，项目大同小异，缺乏对旅游地的景区特色、景区文化等方面的研究，导致整个旅游地景区似曾相识。

（五）管理保障机制有待完善

旅游规划虽然经过了评审和通报，但会因为种种因素导致最后旅游规划不能完全落实甚至停止。例如，在政府主要官员换届后，现任官员会按照自己的思路又进行规划操作，导致前期的规划废止，造成资源损耗以及浪费。因此，应加强法规效力以及监管的力度，全程跟踪整个旅游规划项目，保障项目得以科学落实。

虽然我国对于旅游规划的评价已经制定了相应的标准，但对于旅游规划项目的评价仍然存在一定异议。目前主要以设计制胜、营销制胜等单一的规划内容作为旅游规划的大众化评价标准。对于一个旅游规划的评价，不仅仅需要有良好的设计、营销策略，更需要在质量、线路设计等方面进行全面地评价。

整个旅游行业，在知识产权方面存在着十分严重的问题，旅游规划者的权益尚未受到充分而合理地保护。

四、旅游规划的发展趋势

（一）全球化发展趋势

随着全球经济一体化的不断发展，旅游产业的全球化进程不断加快，旅游规划也将朝着全球化的趋势不断发展。目前国际旅游者越来越多，这些旅游者对于旅游规划的要求较高，势必进一步地推动旅游规划的进步与发展。

在全球化的推动下，旅游规划的发展越来越趋向全球化，因此我国的旅游规划市场也面临着一些未知的挑战，需要随着全球化进程的加快不断发展。一些大型的区域旅游项目及部分省市的旅游规划均获得了一些外国专家学者的支持，不断地推动旅游规划向全球化方向迈进。

据 2017 年国家旅游业统计公报显示，国内旅游人数 50.01 亿人次，入境旅游人数 1.39 亿人次，其中国际旅游收入达 1234 亿美元。虽然近两年受全球新冠肺炎病毒疫情的影响，旅游业全球化放缓。但随着国内疫情形势稳步向好，旅游业再次彰显生机。由此可见，全球化背景下，旅游业面临各种各样的挑战。旅游规划不仅要提高随机应变的能力，还应在规划过程中考虑旅游发展的民族化、特色化和国际化等。旅游规划也应当在全球化的形势下不断改进并提升，顺应旅游业的全球化发展趋势。

（二）市场化发展趋势

旅游规划的发展不断从政府主导转为市场主导，旅游规划开发转向市场化发展。

1. 旅游规划产品的市场化开发

随着国内旅游业的发展，旅游规划逐步走向市场化发展阶段。以市场为主导，主要从旅游消费者的视角进行旅游规划。人民物质生活越来越丰富，已不像以前一样追求“走马观花”的旅游体验，需要为旅游消费者提供精神上的满足，所以对旅游规划提出新的要求。

但是一味地迎合旅游市场也并不能完全达到满意的规划效果。在其市场有需求之前，提前抓住旅游市场方向，并对其实施精准规划，将被动化为主动才能够引导市场，最终在旅游产品规划上产生出产品引导市场的效果。

2. 旅游规划管理的市场化运作

旅游规划管理即为旅游规划完成后的经营与管理。其目的是为了让旅游规划的整体更加规范化，最终确保旅游规划的质量。只有市场机制透明，才能进行旅游规划的管理。

（三）智慧化发展趋势

2000 年，智慧旅游的概念首次由戈登·菲利普（Gordon Philip）提出。他认为，智慧旅游是指一种可以对旅游产品进行持续规划、开发、经营的业务。随着学者研究的深入，他们普遍认为智慧旅游是云计算、物联网、人工智能在旅游业当中的应用，旨在实现旅游过程当中人与物的互动，满足游客体验需求，使得旅游业变得更加趋于动态化的发展，进一步形成旅游动态系统，同时能够以科技的形式在旅游规划中进行创新。

旅游过程中新的旅游产品更能吸引到旅游者的目光。旅游规划应当不断地创新发展，可以从项目创新、科学技术创新、设计创新等多方面进行突破。项目创新是指在原有的旅游规划设计上进行创新，而不是一成不变。例如，长白山冬季主要推出“冰雪旅游”，2020 年推出“冰屋火锅”以吸引旅游消费者的眼球。科学技术创新可利用 5G、人工智能、大数据等越来越发达的科学技术并将之融入规划设计当中，利用相关设备为旅游者提供更好的体验。设计创新主要是针对一些场馆类的景区进行独创性设计。例如，苏州博物馆、红砖美术馆、临夏民族大剧院、哈尔滨大剧院等。

同时科技的不断发展，催生了全新智慧景区、智慧社区等，并运用自媒体的营销手段进行营销。科技的高速发展使得旅游规划中增加了更多的科技元素，并创新旅游景区规划。例如，全息投影、无人飞机、虚拟现实技术（VR）、人工智能技术（AI）等。新技术的应用让人们在旅游活动中获得更好的旅游体验。

（四）生态化发展趋势

近年来，全球气候变暖、大气污染严重，让人们深刻地意识到生态环境的重要性。因此，人们在旅游中越来越注重环境保护的重要性，人们更愿意回归自然，感受良好的生态环境。“生态旅游”“绿色旅游”“人与自然和谐共处”等旅游观念的提出，正是人们对于原始生态环境强烈需求的反映，旅游规划也就呈现出生态化的发展趋势。旅游规划生态化可从资源依托型和资源脱离型两方面进行设计。资源依托型旅游规划设计要尽可能地原汁原味，不对其生态环境进行破坏，以自然生态的一面展示给旅游者，使得旅游者能够直接接触自然、感受自然，处于大自然之中。资源脱离型旅游规划以增强游客对大自然的保护意识为主，让旅游者学习和了解自然的结构与奥秘，以教育旅游者为主进行旅游设计。

旅游项目在整体规划中的布局和建设，不仅关系到旅游地的空间使用率，也影响着旅游者对景区的整体游览感受。在旅游规划日趋生态化的发展背景下，整体旅游规划的布局也应不断进行调整与改进。例如，在进行规划设计时对旅游景区进行区域分层规划，以圈层的结构进行设计，这些空间布局便于旅游者充分地游览景区，同时构建人与自然和谐共处的生态环境。

（五）文旅融合发展趋势

2018 年 4 月 8 日，文化和旅游部正式挂牌。从文化和旅游部独立出台以及联合出台的相关政策文件可以明显看出，文化和旅游在各个方面融合发展的趋势，“宜融则融、能融尽融、以文促旅、以旅彰文”正在不断地体现。《“十四五”文化旅游发展规划》中指出，文化旅游产业的融合发展将在我国国民经济和结构转型中发挥重大作用。文化旅游产业的发展同时也推动着旅游规划的发展方向，使得旅游规划朝着实现文化与旅游一体化方向进行发展与融合。

在文旅融合 IP 体系当中，通过在旅游规划中 IP 的建立，进而展现出旅游规划的特色，体现旅游地文化，展现文化与旅游的高度融合。在整个体系当中，IP 的提升不仅依靠文化的发展与内涵，同时需要在旅游规划过程中将 IP 积极应用其中，并发挥关键性作用。

第二节　旅游规划的研究

随着旅游规划的发展，众多学者也纷纷对旅游规划进行研究，并提出相应的政策、理论、方法等。其中，城市旅游规划、生态旅游规划、扶贫旅游规划、研学旅游规划等，成为旅游规划研究的热点领域。

一、旅游规划的研究历程

（一）国外旅游规划的研究历程

1. 综合性研究

美国学者克莱尔·A. 冈恩（Clare A. Gunn）1960 年参与密歇根州的北部半岛研究，形成了有关旅游发展规划的基本概念，因此被尊称为编制旅游规划的鼻祖。1979 年，冈恩出版了《旅游规划》，该书系统地总结了他早期的旅游规划思想。

20 世纪 70 年代末，世界旅游组织（WTO）出版了《综合规划》（*Integrated Planning*）和《旅游开发规划明细录》（*Inventory of Tourism Development Plans*）。《综合规划》是一本专门为发展中国家提供的技术指导手册，汇集了对 118 个国家和地区旅游管理机构和旅游规划的调查，并编写了《旅游开发规划明细录》。

20 世纪 80 年代末，随着娱乐休闲旅游呈现上升态势，冈恩出版了《度假景观：旅游区设计》，该书是比较成熟的度假地设计指导手册。

20世纪90年代末，世界旅游组织出版了《可持续旅游开发：地方规划师指南》和《旅游度假区的综合模式》，进一步完善了旅游规划的内容、方法和程序等。这一时期世界旅游组织就旅游规划方向出版了许多著作，表明了世界旅游组织对旅游规划的指导性和操作性的重视。

2. 规划理论研究

20世纪70年代末，旅游规划者意识到参与性方法在旅游规划中的重要性。例如，冈恩主张让多个利益主体参与到旅游规划当中，卡特（Kadt，1979）建议考虑非营利性的成本及其收益对旅游规划的影响。

墨菲（Murphy，1985）出版了《旅游：社区方法》，盖茨（Getz，1986）出版了《理论与实践相结合的旅游规划模型》，道格拉斯·皮尔斯（Douglas Pearce，1983）出版了《旅游开发》。这些著作普遍认为旅游规划是一门综合性的交叉学科，任意一门单一学科的规划都不能替代它，并揭示了旅游规划的内涵。随着大量旅游规划的相继产生，标志着旅游规划体系基本形成。

旅游营销专家普洛格（Stanley Plog）最早提出旅游地生命周期理论。随后加拿大地理学家巴特勒（R. W. Butler）提出S形旅游地生命周期演化模型。旅游地生命周期理论为旅游地发展前途提供了依据，并为旅游规划提供了指导。

1995年，澳大利亚学者道林（Rors K. Dowling）提出了"从环境适应性来探讨旅游发展规划"，表明旅游发展规划应当秉持可持续发展的思想（刘伟强，1993）。

3. 期刊文献发表

西方主要旅游期刊如《旅游研究记事》（*Annals of Tourism Research*）、《旅游研究杂志》（*Journal of Tourism Studies*）、《旅行研究杂志》（*Journal of Travel Research*）、《旅游管理》（*Tourism Management*）、《旅游娱乐》（*Tourism Recreation*）、《休闲科学》（*Leisure Science*）等都发表了大量有关旅游开发和旅游规划的研究论文。这些研究使旅游规划的体系得到了进一步的完善提升。

（二）国内旅游规划的研究历程

1. 综合性研究

20世纪70年代在我国旅游事业刚刚起步时期，主要是由国家规划建设部门对城市和景区进行规划设计，出现了风景区旅游城市规划、旅游风景名胜区规划等多种类型。这一时期编制人员并没有专业的旅游规划学者，一般政府主导进行景区的规划设计。

1979年，国家旅游行政管理部门出台了以国家层面规划旅游业发展的正式文本——《关于1980年至1985年旅游事业发展规划（草案）》，这标志着我国正式的旅游规划的产生，且政府部门直接参与了城市建设规划。

1982年举办的慕田峪长城开发规划研讨会，是国内首次涉及景区开发规划的专家会议。

1985 年，国务院发布了《风景名胜区管理暂行条例》，其中对景区规划作出明确要求。随后国内学者更加侧重对旅游地区评价方法的研究。例如，余孔坚（1987）论述了风景评价的认知模型，保继刚（1986）利用层次分析法来确定旅游资源评价体系中各指标的权重等。

1993 年，中国科学院地理研究所和国家旅游资源开发司共同编制《中国旅游资源普查规范（试行稿）》，该规范为旅游规划提供了科学的依据。

1995 年，国家旅游局发布《关于开展创建和评选中国优秀旅游城市活动通知》，将旅游规划列入评优的重要指标当中。

2000 年，国家旅游局颁布《旅游发展规划管理办法》，确定旅游规划的总体规范。

21 世纪以来，国内学者学习借鉴先进的国际规划技术和方法，如系统论、遥感技术等，并将之应用到我国的旅游规划研究当中。2017 年文化和旅游部人事司对全国旅游教育培训进行统计，发现高职院校中开设景区开发与管理专业的院校共 38 所，全国招生 983 人。可见，我国在旅游规划专业人才培养上也在不断提高。2019 年文化和旅游部发布了《旅游规划设计单位等级划分与评定条件》，对目前旅游规划设计单位的资质和要求作出明确规定。

2. 著作研究

1981 年，北京旅游学院筹备处将相关旅游研究论著汇编成《旅游资源的开发与观赏》。1982 年，中国科学院地理研究所将前期研究成果汇编成《旅游地理文集》。郭来喜的《旅游规划问题初探》《中国旅游业发展的十个问题及其解决途径》是我国最早的有关旅游规划基础理论的研究著作。卢云亭（1988）的《现代旅游地理学》，邹统钎（1996）的《旅游度假区发展规划》，陆林（2005）的《旅游规划原理》，马勇、李玺（2002）的《旅游规划与开发》，吴国清（2010）的《旅游规划原理》等，国内出版了众多的相关著作，越来越多的旅游专家学者在旅游规划研究与实践领域不断探索与深化。

3. 相关文献研究

我国旅游规划相关文献研究主要内容包含旅游规划理论、旅游规划方法、旅游规划实践与操作等。

（1）旅游规划理论研究

1994 年，吴承照指出旅游规划具有动态性、方向性、综合性、依赖性、三维层次性和软硬性等特征。2003 年，顾朝林等阐述了旅游规划基本理论和主要内容，内容包括规划前期组织、编制程序、旅游资源评价和开发分区、旅游市场分析、景区概念规划和旅游设施规划等。2007 年，阚如良等人对旅游产业理论体系中的“水桶效应”理论、产业集群理论、核心竞争力理论进行了实证分析。2013 年，张捷等针对旅游规划传统理论与更新中出现的问题，从旅游发展、旅游资源、旅游者等多方面进行了深入探讨。

（2）旅游规划方法研究

2003 年，张序强等人借用生态学中的阻力面理论，创建了符合旅游规划需要的旅游地阻力面理论模型，并以国家级风景名胜区五大连池为例展示了旅游地阻力面理论的规划指导作用。2009 年，叶俊通过应用社区参与三位体系、差距分析模型等分析方式，推进了社区旅游规划发展的研究。2011 年，刘琴论述了 SWOT 分析法、市场资源导向法、公众参与法等七种方法，阐述了旅游规划方法的研究进展。2018 年，李鹏等认为空间规划是支持旅游规划的核心，并提出了旅游资源单体采集、旅游资源格网化及其空间分析方法。

（3）旅游规划实践研究

郑群明等（2003）指出，中国大多数旅游规划的水平不高，缺乏系统性和地方性的特色，在编制规划过程中又缺乏协调性，导致可操作性不强。刘家明（2006）认为，旅游资源的评价离不开旅游规划的实践，同时正确认识旅游资源也是规划实践的基础。陆林（2014）对旅游规划进行了思考，表明旅游规划是一项综合性系统工程，是对规划区域各层面地理空间长期发展的战略指引、保护、控制和综合平衡。

二、旅游规划的研究热点

随着旅游业的发展，涌现出众多的旅游规划热点话题。

（一）城市旅游规划

1. 城市旅游规划的概念

近年来，关于城市旅游规划的概念主要有两种说法：一种是由保继刚（2005）提出的，他认为城市旅游规划是一种针对特定场所的区域性旅游规划，当中包含旅游产品开发、生产与经营的总体发展规划。而另一种是由吴承照（2005）提出的从城市的物质层面构建旅游规划的特色与内涵，其中旅游、购物、娱乐、体验是核心内容，而餐饮、住宿、行为是基础内容。不同的视角对城市旅游规划的概念理解各不相同，因此可将城市旅游规划概括为旅游者受城市的文化、经济等因素的影响，以探亲访友、商务会议、观光休闲为目的的旅游活动。

2. 城市旅游规划的主要内容

在进行城市旅游规划时，应当更加关注城市资源、功能等各要素与旅游规划的协调关系，将其资源、功能等均与旅游规划有机结合起来。城市旅游规划主要考虑旅游景区规划开发、旅游服务系统规划开发、旅游环境规划开发等。

（1）旅游景区规划开发

旅游景区内包含着各种设施设备、产品资源等吸引物，因此旅游规划过程中应当平衡利用土地资源、完善设施设备建设。对于建设时间较长的景观可以进行二次开发、修复，以旅游城市人民需要作为出发点进行完善。对于城市边缘化的景区规划主要以休闲度假的理念进行规划设计并展现城市旅游特色。

（2）旅游服务系统规划开发

旅游服务系统是城市旅游规划中必不可少的组成部分，涵盖交通、通信、购物、酒店等。因此，进行城市旅游规划时，需要及时调整交通、购物服务等多项旅游服务系统，其中包含着旅游城市内的线路规划与设计，以便于更好地吸引旅游者。

（3）旅游环境规划开发

由于城市空气污染、噪声污染问题不断严重，为此城市旅游规划设计过程中应将保护环境、改善城市生态环境作为重点去建设。随着城市的高速发展，现已从工业发展为主转向以生态化发展为主。建立生态旅游城市，维护旅游城市形象。

（二）生态旅游规划

1. 生态旅游的概念

随着旅游可持续发展的提出，对于生态旅游愈加地重视，也不断地进行发展与规划。近些年随着旅游人数的增加，旅游业并没有成为真正意义上的“无烟产业”，还是会对自然生态环境造成强烈的冲击。

对于生态旅游的界定有两种：其一是指以自然资源为基础，进而满足人们回归大自然的目的的相关旅游产品；其二是指通过利用生态旅游创造新的生产与就业，进而实现经济的再生产。而通过整个旅游过程，使人们进一步了解自然，达到保护自然的效果，为生态环境作出一定贡献。

2. 生态旅游规划开发的内容

生态旅游规划开发的主要内容有：制定相应资源的保护措施，计算旅游容量，对景区按照不同的功能设计不同的设施，对相应的配套设施进行部署与完善。贯彻景区一体化原则、可持续发展的原则，从而进行合理地旅游规划与设计，完善生态旅游的安全性、可靠性。

（三）扶贫旅游规划

2014 年国务院下发《关于促进旅游产业改革的若干意见》（国发〔2014〕31 号），其中强调在扶贫产业中旅游业应当发挥重要的作用，并提出大力发展旅游业推进我国旅游扶贫工作。

1. 扶贫旅游的概念

一些专家学者对“扶贫旅游”与“旅游扶贫”两个概念进行了区分与界定。“扶贫旅游”的核心在于旅游，而“旅游扶贫”的核心在于扶贫。关于扶贫旅游的概念，李佳（2010）指出，“扶贫旅游以贫困人口的持续获益和发展为目标，以可持续旅游为基石，以机制构建为核心，是一种旅游可持续发展的新理念和使用工具”。曾本祥、克里斯·瑞恩（Benxiang Zeng & Chris Ryan，2012）指出，“在中国对扶贫旅游的理解有多种，最主要有两种解释：一是，一种具体的减贫战略，即通过旅游发展增加收入和提高贫困人口的能力；二是，一种将减贫作为主要目标的旅游发展模式”。可见，扶贫旅游（Pro-Poor Tourism，PPT）是一种以乡村文化、乡村生活作为旅游吸引物进行的旅游活动，具有多样性、体验性和综合性。

2. 扶贫旅游规划的主要内容

为了保证扶贫旅游开展的持续性、公平性，应当关注旅游规划中的环境保护机制、社区参与的公平性、多元化的旅游项目、旅游配套设施的完善。

（1）环境保护机制

扶贫旅游的开发，主要以原始生态及淳朴的民风作为旅游规划核心。因此，在整个旅游规划开发过程中，应当保护当地的生态文化环境，不应一味地进行开发，并在生态环境较为脆弱的地方进行限流，防止由于旅游开发造成生态资源的植被破坏。

（2）社区参与的公平性

旅游规划所在地（相应的社区、村镇）为利益的直接相关群体，因为扶贫旅游的开发目的就是通过旅游发展帮助人们摆脱贫困。社区的参与是扶贫旅游规划的重要组成部分，社区以独特文化魅力作为吸引物，既可带动社区民众的积极性同时拉动旅游经济的再生产。保证社区居民参与的公平性才能在最后利益分配时避免冲突的发生。

（3）多元化的旅游项目

在扶贫旅游规划中，应注重旅游规划的本土性，发展本土特色。通过节庆活动展示旅游地的本土特色，运用体验以及旅游者与当地居民的互动，深度挖掘本土内涵，进行资源与功能的合理化设计。

（4）旅游配套设施的完善

旅游的发展离不开相关配套设施的建设，扶贫旅游区经济发展相对落后，部分配套设施不足以支撑旅游业的长期发展，因此需要不断地加以完善和填充。当然首先要解决当地居民的相关设施问题，如供水系统、通信系统、交通系统等。在整体设施规划上应以安全舒适为主，而不是追求高档奢华的设计搭配。

3. 旅游精准扶贫

《关于促进旅游产业改革的若干意见》（国发〔2014〕31 号），第七条为“加强乡村旅游精准扶贫”。这一发展思路的提出，将精准扶贫和旅游扶贫二者有机结合起来，具有极强的现实指导意义。

旅游精准扶贫是精准扶贫理念在旅游扶贫领域的具体应用，即针对贫困地区的旅游扶贫具体开发条件、贫困人口具体状况，运用科学有效的程序和方法，对旅游扶贫目标对象进行精准识别、精准帮扶和精准管理，以实现旅游扶贫的一种有效扶贫方式。

（四）研学旅游规划

从 2004 年开始，教育部等相关部委陆续发布研学旅游的相关政策。同年国务院下发《关于进一步加强和改进未成年人思想道德建设的若干意见》，要求通过发展夏令营、红色旅游等活动开展对未成年人的素质教育。2018 年，教育部发布《关于公布 2018 年全国中小学生研学实践教育基地、营地名单的通知》，其中已命名 377 个单位为“全国中小学生研学实践教育基地”、26 个单位为“全国中小学生研学实践教育营地”。

1. 研学旅游的概念

研学旅游又称“修学旅游”或“研学旅行”，狭义上指由学校组织、学生参与的，以学习知识、了解社会、培养人格为主要目的的校外考察活动；广义上是指以研究性、探究性学习为目的的专项旅游，是旅游者出于文化求知的需要开展的旅游活动。

2. 研学旅游规划的主要内容

研学旅游主要面向的是未成年人，学生的生命安全必须要有保障。研学旅游的目的是让学生在旅游期间获得科学文化知识。因此，研学旅游主要关注旅游规划的安全性、资源的科学性开发、旅游服务细致化。

（1）旅游规划的安全性

在旅游活动中，中小学生是较为特殊的旅游群体，他们的人身安全与权益保障尤其值得被重视。中小学生在研学旅游中应得到安全上的保障，对相应的需求予以关注，并实施具体化的措施与管理。

（2）资源的科学性开发

研学旅游的主要目的是为了旅游者在旅游活动当中获取知识，它不同于一般的旅游活动，其开发应主要凸显教育价值，应结合教育学、心理学、管理学等学科对旅游资源进行科学地合理开发。

（3）旅游服务细致化

在研学旅游过程中，导游的讲解、景区标识等应当与旅游者的年龄、受教育程度等匹配，应当将课程融入整个研学过程当中。在旅游配套设施，如酒店、餐饮等方面要做到精细化，以便于提升旅游者对研学旅游的整体价值感知。

（五）义工旅游规划

义工旅游也称为志愿者旅游（Voluntourism）。随着旅游业大众化和个性化快速发展的双重趋势，适应不同需求的旅游产品也不断出现，义工旅游就是其中一种。义工旅游从 20 世纪 70 年代开始，之后得到了快速发展。有研究表明，全球每年参与志愿者旅游的人数有 1600 万左右。目前，义工旅游在国内外均呈现出良好的发展态势。

Zunigo（2007）认为，志愿者旅游是传统朝圣的延续，可以看作人道主义旅游（Humanitarian Tourism）的一种。高艳利（2011）等人认为，义工旅游是指在旅游过程中旅游者参与各种公益服务活动，或者在进行志愿者服务工作的时候也进行了部分旅游活动，这些活动能够给旅游目的地带去一些实质性帮助，同时旅游者本身也可以在这一过程中获得自我提升和心灵满足。由以上可知，义工旅游的旅游者对于旅游活动具有自发性，对旅游目的地产生一定公益价值；义工旅游的主要目的并不是旅游，而在于进行社会公益活动并为之作出贡献。大学生成为义工旅游的主要参与群体。

义工旅游的类型也是多种多样的，以不同的视角进行划分（李玺，2017）。按照思想倾向划分，可分为深度义工旅游、大众义工旅游；按照义工活动目的划分，可分为扶贫救助类、教育培训类、生态保护类、文化保护类、节事服务类；按照旅游目的地划分，可分为国际义工旅游和国内义工旅游；按照义工旅游产品提供者的类型划分，可分为非营利组织开发、政府部门开发、旅游企业开发、高校组织开发等。

义工旅游主要影响因素为闲暇时间、经济能力和旅游活动的吸引力等。为此在整个旅游规划中对于旅游产品的设计、旅游活动的策划十分关键，找出具有潜力的旅游产品开发方向，目标是在整个旅游活动中可以让义工旅游者获得优质体验。

（六）康养旅游规划

2016 年《“健康中国 2030”规划纲要》的出台，进一步强化了健康产业向“防—治—养”观念的转变。2020 年 5 月，中共中央国务院发布了《关于新时代推进西部大开发形成新格局的指导意见》和《关于新时代加快完善社会主义市场经济体制的意见》，均明确指出，需“大力发展旅游休闲、健康养生等服务业，打造区域重要支柱产业”。可见，我国近年来对于康养旅游规划也是十分关注。

1. 康养旅游的概念

2015 年，四川省社科院李后强撰写的《生态康养》归纳了康养产业的理论与内核。该报告提出“温度、湿度、高度、洁净度、优产度、绿化度”“六度”理论，并提出“以人为本、康养为业”的生态康养产业基本内核。2017 年 12 月，我国第一本《康养蓝皮书：中国康养产业发展报告》指出：康养即为健康和养生，并涵盖养生、养老、医疗、文化、体育、旅游等诸多业态的融合，其核心诉求和功能目的在于“尽量提高人的生命长度、丰度和自由度”。可见，康养旅游是指人们以身心健康和精神愉悦为目的，在进行休闲度假的旅游过程中感受养生、健康的生活方式的一种旅游活动。

2. 康养旅游规划的主要内容

人们在旅游度假中，对健康养生的追求越来越强烈，因此康养旅游市场越来越大。康养旅游的类型主要有森林康养、温泉康养、滨水康养、乡村田园康养等。

（1）森林康养

主要是依托森林资源，将其融入医学知识并配合相应的养生、休闲疗养设备，以丰富旅游体验。可规划为改善身心健康、保健养老的森林康养旅游度假区。

（2）温泉康养

温泉本身具有保健和疗养的功能，是传统的康养旅游资源。可规划为温泉度假、温泉养生等系列旅游活动。

（3）滨水康养

滨海河湖等近水地区一般具有净化空气、调节气候等价值。以水资源作为依托，搭配科技产业、疗养产业，可规划为滨水康养旅游胜地。

（5）乡村田园康养

以乡村田园资源为依托，帮助旅游者感受自然、回归生命、休养身心。田园养生的开发需要注重田园、自然、乡村的融合发展，而不是简简单单的“农家乐”。可规划为富有文化内涵的多功能旅游度假区。

（七）自驾车旅游规划

伴随旅游快速发展及私家车的普及，我国自驾车旅游已呈现出蓬勃发展的态势。2015 年，国家标准委发布《休闲露营地建设与服务规范》等一系列国家标准，同年国家旅游局发布《自驾游管理服务规范》，自驾车旅游备受关注。

1. 自驾车旅游的特点

（1）旅游活动的灵活性

在旅游活动中，自驾车主要会选择一些景色颇佳，但通达性欠佳的旅游地。旅游者在出行过程中可以灵活地安排饮食、住宿等，因此旅游者更加注重整个旅游活动中的体验。

（2）设施设备的依赖性

自驾游对导航、地图及路面标识具有强烈的依赖性，需要完善的配套设施支持才能完成旅游活动。但也有小部分自驾游客为了追求独特体验，在恶劣艰险的道路上进行自驾旅游活动。

（3）出行条件的限制性

收入水平是自驾车旅游活动最重要的影响因素，其次就是交通便利性。普通人自驾游经常受闲暇时间、家庭收入、旅游交通三方面的影响，追求超我的旅游者主要受到闲暇时间的影响。

2. 自驾车旅游规划的主要内容

自驾车旅游规划首先要考虑提供完善的汽车配套服务，其次是汽车营地建设以及通信系统建设。

（1）完善的汽车配套服务

在进行旅游地周围配套设施的建设时，要充分考虑自驾车旅游的独特性及其具体需求，如在停车场附近设立保养检修服务、设置停车转乘区域等，为自驾旅游者提供人性化服务。

（2）汽车营地建设

自驾车出行时住宿、餐饮等选择会更加多样，可建立汽车旅馆、自驾车营地等提供多种选择。汽车旅馆是最为普遍的一种方式，以其围合空间的方式将中庭作为汽车停车地；自驾车营地多以旅游者自己的车辆为夜宿空间。

（3）通信系统建设

自驾车旅游规划中，道路指引、智慧出行等信息通信系统是重要的组成部分。自驾游旅游者对整体旅游体验要求较高，交通通信的便捷有利于提升游客体验感。具体可采用在高速服务站设立景区服务节点、自驾游服务中心等多种方式，以满足自驾游旅游者的需求。

本章小结

通过国内外旅游规划发展及研究脉络的梳理，能够对旅游规划有较为全面的了解，这也是旅游规划学习必须具备的基础知识。国外旅游规划发展经历了萌芽起步、过渡发展、快速发展和深入发展阶段；国内旅游规划发展可划分为萌芽探索、积累发展阶段、快速发展、规范化发展阶段。从时间段来看，我国旅游规划发展具有鲜明的时代性及后发优势，但发展至今仍存在诸多不足：主要表现在理论体系不够成熟、不能充分指导开发实践、缺乏专业人才队伍、创新性弱、管理保障机制有待完善等。伴随时代发展，未来旅游规划具有全球化、市场化、智慧化、生态化、文旅融合等趋势。

旅游规划方面，随着国内外学者研究的不断深入，旅游规划的方法、理论、指导实践等方面均取得突出成就，体现在学术著作及学术论文等方面，这为学者进一步研究提供大量理论支撑，为旅游规划实践提供有力保障。目前国内旅游规划存在一些热点领域，主要包括城市旅游规划、生态旅游规划、扶贫旅游规划、研学旅游规划、义工旅游规划、康养旅游规划和自驾车旅游规划等。对旅游规划热点的系统深入研究，将有助于提升旅游规划的质量，进而推动旅游业及区域经济协调发展。

思考讨论题

1. 简述国外旅游规划发展阶段。
2. 简述国内旅游规划发展阶段，并对现状进行评价。
3. 旅游规划发展中存在哪些问题？从哪些方面加以解决？
4. 简述旅游规划的发展趋势。
5. 旅游规划热点有哪些？主要内容是什么？

第三章　旅游规划的理论与技术

第一节　旅游规划的理论基础与基础理论

一、旅游规划的理论基础

（一）旅游社会学与人类学理论

旅游社会学（Tourism Sociology）是社会学的分支学科，主要研究旅游的动机、角色、制度和人际关系，以及上述因素对旅游者和被访地的影响。

旅游人类学（Tourism Anthropology）是文化人类学的研究领域。旅游人类学即借用人类学的理论、方法和手段对旅游活动进行调查和研究。旅游人类学的研究对象是旅游地居民、旅游开发者、旅游者和旅游地社会团体在旅游开发或旅游活动过程中产生的各种临时互动关系。这种互动关系表现在上述人或团体之间的经济相互影响和文化相互协调上。

旅游社会学与旅游人类学理论都是着重研究人的活动，二者均以人类活动为中心，但其主要差别在于：旅游社会学更加关注旅游者的动机和行为及旅游地居民与旅游者之间的相互关系，旅游人类学则更关注人与人之间文化碰撞的结果及文化矛盾的解决等。

借鉴旅游社会学和人类学的观点，旅游规划集中体现了“以人为本”的理念，即根据游客的需要及对旅游地的影响进行规划设计。近年来人本主义在旅游规划中的应用普遍受到认可，如从旅游者视角对旅游资源进行评价，在规划线路、设施服务时更多地从旅游者角度进行考虑。学者普遍认为应将旅游规划能否满足旅游者（包括潜在旅游者）需求作为制定规划的主要依据。总之，要在充分关注和研究旅游相关主体及相互影响的基础上进行旅游规划。

（二）旅游心理学和行为学理论

旅游心理学（Traveling Psychology）探究旅游活动过程中人的心理活动规律，研究范围主要包括：旅游者心理、旅游服务心理、旅游企业管理心理、旅游动机、旅游需求、旅游态度、旅游决策等。旅游心理学的许多理论都可以为旅游规划提供依据，如晕轮效应、近因效应、游客认知等。董亮（2006）将格式塔心理学相关理论应用到旅游规划实践中，为旅游规划提供了新思路和方向。

旅游行为学理论（Tourism Behavior）源于旅游者在个人心理活动支配的前提下，所作出的探亲访友、休闲度假等旅游行为，也就是旅游心理的外在表现。旅游者年龄、性别、性格、兴趣爱好、消费行为均影响旅游动机，同时不同地区存在文化差异及不同的生活习惯。旅游规划中可以根据旅游者不同的行为学特征细分旅游市场，有针对性地进行旅游产品的设计和旅游形象塑造及宣传。如颜敏（2016）基于旅游行为意象图对南京夫子庙景区进行研究调查，相应结论对景区规划开发具有借鉴价值。

（三）旅游经济学与市场学理论

旅游经济学（Tourism Economics）是研究旅游经济活动过程中的各种经济关系和旅游业发展规律的学科。旅游经济学理论中旅游产品的生产、消费、运营不仅具有经济商品的共性规律，还具有自身独特的特点，因此旅游经济学被视为一门独立的学科。国外对于旅游经济学理论的研究已有百余年历史。早在20世纪70年代，国外学者认识到旅游经济现象、经济关系和经济规律对旅游规划具有重要指导意义，旅游规划作为旅游经济评价的重要手段，并随之逐步成为研究热点。80年代以后，宏观经济领域不断兴起，产生了区域经济比较理论、产业分布理论等，并均得到普遍应用，后期关于政治经济、福利经济的研究视角也逐渐引起关注。

旅游市场学（Tourism Marketing）研究如何在满足旅游者利益基础上，刺激与调控旅游者的需求，并根据社会和企业的具体条件，有计划地进行企业的整体市场营销活动，提供满足旅游者需要的服务，并从中获得企业和社会的长期效益。市场营销学是市场学的一个分支，其理论主要核心概念是4P，分别指产品（Product）、价格（Price）、营销渠道（Place）、促销（Promotion）。市场营销学在理论上指导各个企业单位的市场预测、市场组合、市场营销方式、市场竞争策略等。旅游市场学理论就是基于市场学理论产生的，研究重点在于旅游产品特征——季节性、无形性、不可储存性、潜在性，以此来策划旅游产品营销手段。例如，旅游规划中目标市场的定位、旅游者内在需求和潜在需求、旅游线路设计、商业合作等。旅游市场学理论主要作用是平衡旅游者、旅游目的地、旅游企业三者之间的利益关系，因此该理论对旅游规划有重要指导价值。

（四）旅游地理学理论

旅游地理学（Tourism Geography）是研究人类旅行游览与地理环境关系的学科。1964年，国外学者沃尔夫（R. I. Wolff）提出将旅游地理学作为独立学科的重要条件。我国古代，旅游地理的研究已出现辉煌的成果——《徐霞客游记》。但国内系统的旅游地理学研究始于20世纪70年代。在几十年的研究当中，学者们不断构建新的系统体系，提出了量化研究、应用研究、数字化技术研究等多种创新方法，研究内容从土地资源利用、资源评价分析到地理经济分析，又不断引入多种新的交叉研究，如旅游者休闲行为与地理学的关系、区域旅游规划与开发、旅游地理文化研究等。

旅游地理学的许多理论对旅游规划具有重要指导意义，具体体现在旅游功能区划分、空间布局及线路规划等方面，涉及理论如区位论、空间结构理论，以及一些典型空间组织模式（同心圆、环核式、社区吸引物式、条带状等）。

（五）旅游生态学理论

旅游生态学（Recreation Ecology）是运用生态学的基本原理和方法，研究人类旅游活动过程与其环境相互作用、相互影响的内在规律及其调控的一门生态学分支学科，也称为游憩生态学。旅游生态学主要研究人类的旅游活动对旅游景区周边生态环境和生物多样性的相互影响及对旅游资源的开发保护、生态旅游规划、生态旅游管理及其可持续利用等。生态环境是一个庞大而复杂的体系，变化多样，想要达到科学的水平还有待提升。自 1983 年“生态旅游”提出起，旅游就已不是简单的一种活动形式，而是将生态环境作为其开发的一种战略，以达到保护生态、实现人与自然和谐共处的目的。

旅游规划应按照生态学基础理论对旅游地进行合理布局与规划，充分考虑旅游资源环境条件、当地居民生活与文化背景、当地生物物种等，要以尊重和维护基础生态环境为原则，有效调控旅游生态系统的承载力，利用旅游规划将旅游活动控制在生态系统承载力范围内，以达到人与自然和谐共处。

二、旅游规划的基础理论

（一）区位理论

区位理论始创于 19 世纪初期，普鲁士经济学家约翰·冯·杜能（Johan Heinrich von Thunnen，1826）首先以农业建构了“孤立国”的农业区域模式。区位理论我国最早是由北京大学杨吾扬（1997）引入经济地理学的研究之中的。区位理论通过“资源研究—区域规划—研究旅游空间的联系”的不断发展，也逐步应用到我国的旅游规划相关理论研究当中。

区位理论主要研究人类在空间活动内的选择以及关于空间组织的优化，它主要包含产业布局的优化、区域空间的优化、城镇村落的优化等。因此，区位理论在农业、工业、经济等多个领域均有应用。

旅游区位理论是指旅游业中旅游景区、旅游交通与其客源地之间的相互作用及旅游地位置与经济效益关系的理论，主要可划分为认知区位、资源区位、交通区位、市场需求、生态环境等。因此，旅游区位理论成为旅游规划的基础理论之一，它在旅游规划中的应用主要表现在以下几个方面：

首先，依据旅游资源区位，制定旅游规划发展策略。旅游资源区位影响着旅游者的可进入性，并决定来访游客的数量和旅游开发建设规模，以及设施设备配套数量，最终决定旅游景区投资成本与经济收益的大小。为此在制定旅游规划的过程中，需要分析旅游资源、旅游交通、旅游市场、旅游地经济等特征，从宏观角度分析旅游资源，避免盲目规划。

其次，确定旅游空间层次。根据旅游区位理论，其核心地带往往大于周围层次的场强，所以在旅游规划中旅游吸引物的规划十分重要，同时整个旅游活动空间的设计及景区内线路设计均会对旅游景区的整体经济效益有影响。在旅游规划中，将景区按功能分区，如核心景区、商业区、休闲区等。

最后，整体空间布局规划。即在旅游景区与旅游地之间在整体空间布局完善、合理。比如，为到达旅游景区修建单一公路，这会造成严重浪费；可以使多个景区之间串联在一起，空间布局合理，进而来修建公路，这样既能增加旅游容量并能提升经济收益。

（二）消费者行为理论

消费者行为理论是研究消费者在整个消费活动中的消费心理、消费模式的理论。对于消费者行为的探究最早可追溯到 18 世纪的英国，近年来国内外消费者行为理论研究不断丰富，主要包括消费者空间行为模式、消费行为模式、消费心理模式等。

旅游者消费行为理论是消费者行为理论的一个重要分支。由于旅游活动是一种特殊的消费活动，其生产与消费的同时性使旅游者在进行消费活动时产生多种行为模式，主要包括旅游消费者空间行为模式、旅游消费者行为模式、旅游消费者心理模式。旅游者空间行为模式是指旅游者对于旅游目的地的选择以及旅游空间位置的指向，旅游消费者行为模式是指旅游者在旅游目的地所进行的消费活动，旅游消费者心理模式是指通过消费者的行为等外在表现对其旅游心理活动的解读。

消费者行为理论在旅游规划中的应用，主要体现在旅游产品设计以及旅游市场营销规划方面。在旅游产品设计过程中，规划者应当根据当前旅游者消费行为特点及未来行为趋势作为导向进行产品设计，并随着对旅游者行为的观察，以不断适应其旅游需求。例如，迪斯尼乐园在进行规划设计之初并没有规划出游客步行道，让旅游者自行在草坪上任意穿梭，最后将人们行走出的一条道设计成为步行道。在旅游市场营销规划中，不仅需要迎合旅游消费者的需求，更应该以新的消费模式来引导旅游市场。根据旅游消费者行为的引导，在旅游规划中可以根据目标市场有针对性地进行规划市场营销战略，进一步引导旅游消费市场。

（三）竞争力理论

竞争力是一个十分复杂的概念，目前国际上关于竞争力的概念有十余种。关于竞争力的理论研究主要包括：古典贸易理论中的亚当·斯密（Adam Smith）的绝对比较优势理论、赫克谢尔-奥林（Heckscher-Ohlin）要素禀赋理论和雷蒙得·弗农（Raymond Vernon）的产品生命周期理论，克鲁格曼（P. Krugman）新贸易理论，迈克尔·波特（Michael Porter）“钻石模型”和“竞争优势”理论，GEM 企业集群竞争力模型，世界经济论坛（WEF）和瑞士国际管理开发研究院（IMD）关于国际竞争力评价的研究。

其中，影响较大的是世界经济论坛和瑞士国际管理开发研究院以及美国著名学者迈克尔·波特提出的理论模型。世纪经济论坛和瑞士国际管理开发研究院是较早对竞争力研究的机构，其设计的国际竞争力评价原则、方法和指标体系受到广泛关注，出版的《世界竞争力报告》在国际社会产生很大影响。著名竞争力理论专家迈克尔·波特认为，一国的国内竞争力市场对企业自身开发有重大的影响，具体体现在六个方面：要素条件，需求条件，相关及支持产业，企业策略、结构与竞争状态，机遇以及政府，进而通过六要素构建了“国家钻石”竞争力模型（如图 3-1 所示）。

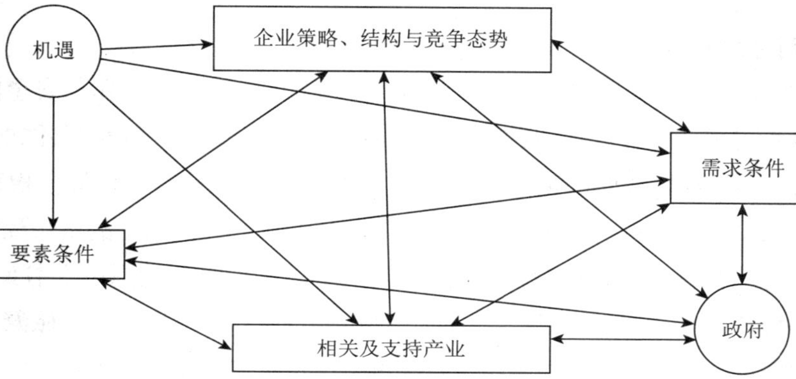

图 3-1　波特的竞争力“国家钻石”模型

伴随快速发展，旅游业也进入竞争时代，学者们开始关注旅游地或旅游企业在旅游市场中的竞争力提升。将竞争力理论引入旅游规划中，通过竞争力的科学分析，能够强化市场核心竞争力在旅游规划中的作用，确保旅游规划的正确方向。例如，在《福州市旅游发展总体规划》中，运用竞争力理论确定竞争力评价指标体系，能够科学分析福州旅游的竞争力。

（四）利益相关者理论

研究发现，韦氏大学英语词典最早出现“利益相关者”（Stakeholder）一词，它表示人们在某一项活动或某企业“下注”（Have a Stake），在活动进行或企业运营中获得抽成或赔本。利益相关者理论（Stakeholder Theory）主要源于管理学，是 1960 年欧美发达国家研究得出的一种企业管理理论。该理论是对当时欧美国家面临的一些社会责任、环境问题、企业管理问题以及奉行“股东至上”主义的挑战。

20 世纪 60 年代，斯坦福研究所对“利益相关者”进一步定义：“利益相关者是那些失去其支持，企业就无法生存的个人或团体”（Freeman，1984）。该定义体现出企业生存不仅依靠股东，还有许多影响企业利益的群体或个人。近年来随着旅游业的不断发展，利益相关者理论不断地应用到旅游规划中，并为其提供一个新的思路。

旅游利益相关者理论是指从旅游企业角度来看，一个旅游企业的经营状况不单单是由企业投资者决定的，还包括旅游地居民、旅游团体等共同决定的。旅游利益相关者理论在旅游规划中主要表现在旅游景区设计及景区规划管理上。按照该理论，旅游景区利益相关者不应只追求景区经济效益，还应重视整个旅游景区的社会责任、管理状况，追求长久利益，进而从维护旅游景区长远发展的角度进行规划设计。只有利益相关者得到合理分配的相关利益，才能维持旅游地平衡发展，因而旅游规划中要建立公平的利益分配机制。旅游业是一个综合性的产业，与各个行业部门都有联系，各个方面的利益诉求不同，难免出现矛盾，因此，只有通过规划协调好旅游相关者利益，才能使得旅游业及区域经济良性发展。

（五）可持续发展理论

20 世纪 80 年代，世界出现了南北问题、环境与发展问题、裁军与安全问题。为解决这三大热点问题，联合国成立的三个专家委员会分别发表了《我们共同的危机》《我们共同的安全》《我们共同的未来》三个纲领性文件，同时专家委员会指出“持续发展”是各个国家面临人口、资源、生态环境等危机时所必须采用的战略。我国国务院于 1994 年发布了《中国 21 世纪议程——中国 21 世纪人口、环境发展白皮书》。白皮书中对旅游业的可持续发展作出重要指示——加强旅游资源保护、发展绿色旅游、解决景区污染治理问题等，充分展现了我国对于旅游可持续发展的高度重视。

由于旅游业涉及面广，旅游可持续发展也涉及各个方面，包含生态旅游可持续发展、社会文化可持续发展、旅游经济可持续发展等。旅游可持续发展主要表现在以下两个方面：一是满足旅游者当前需求及未来发展需要；二是旅游业的发展可以充分维持旅游目的地的完整性，避免旅游资源遭受破坏。

旅游可持续发展是指导旅游规划的理论依据，主要体现在旅游资源分配的公平性、旅游可持续性发展的原则。旅游资源分配的公平性是指人类在旅游开发中享受需求的机会是均等的。地球上每个人都享有对有限资源的使用权，但分配到每个人手中的却不是一样的，通过旅游开发摆脱贫困使得人们都能满足使用基本需求的权利。旅游可持续发展的原则是指地球上的资源是有限的，采用合理的规划设计才能使得子孙后代享有资源的使用权，同时在资源的规划上要求人们放弃传统的高消耗的生产消费活动。资源和环境是我们人类赖以生存的基础，在旅游规划中要保持发展的可持续性，这才是人类社会赖以生存的前提。

旅游规划要注重经济效益、社会效益、生态效益的结合，对其开发规模应有严格的控制，以免造成过度开发和滥用资源的局面，可采用阶段性开发和局部性开发的策略。

（六）旅游地生命周期理论

生命周期最早出现在生物学领域中，用来描述生物由出生到消亡的演变过程。随后该词被应用到市场营销学、管理学等学科当中。目前普遍认为将生命周期理论应用到旅游学中的是沃尔特·克里斯泰勒（Walter Christaller）发表的论文《对欧洲旅游地的一些思考：外围地区–欠发展的乡村–娱乐地》，文中提出了关于旅游地生命周期的概念。

1980 年，巴特勒（R. W. Butler）对旅游地生命周期进行了系统地阐述，即为巴特勒模型。他将旅游地整个生命周期分为六个阶段：探索阶段、起步阶段、发展阶段、稳固阶段、停滞阶段、衰落或复兴阶段（如图 3-2 所示）。

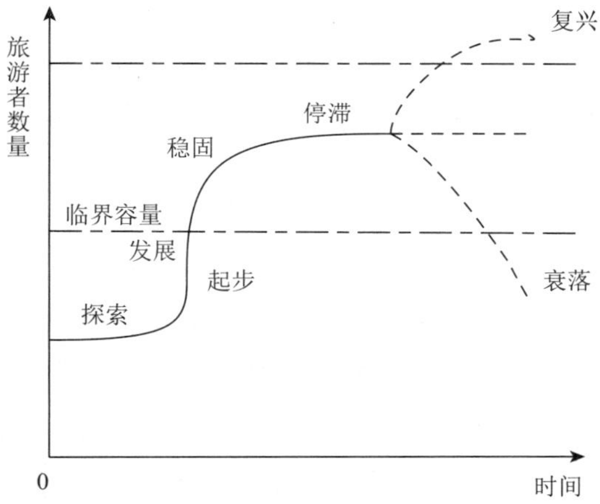

图 3-2　巴特勒旅游地生命周期示意图

旅游地探索阶段：旅游地发展的初级阶段。此时旅游者以一些零散的、自发的为主，还有部分当地居民。当地的旅游资源较为完整，没有得到充分的开发或者是只有小部分的开发，附有一定的旅游吸引物，自然资源没有被破坏。

旅游地起步阶段：该阶段旅游者数量开始增加，旅游目的地开始建设基础的服务设施设备，逐渐形成旅游客源市场，相关部门也开始关注当地旅游业的发展。

旅游地发展阶段：旅游者数量开始大幅增长，旅游市场已初步形成规模，同时有大量的投资商开始关注旅游项目并进行投资建设，整体旅游基础设施已经大大优化。当地居民融入旅游业的发展当中，带动当地居民就业。

旅游地稳固阶段：旅游地发展已经逐步放缓，但游客数量并没有减少，旅游规模已经形成。当地居民已充分认识到旅游业的发展对其生活的影响。

旅游地停滞阶段：旅游者的数量已经超出旅游地容量，开始出现一系列的旅游问题，如环境压力、景区宰客、文化差异等。旅游业的发展遇到了一定的阻力。

旅游地衰落与复苏阶段：表明旅游地已经开始进入衰落的阶段。客源市场在不断缩小，旅游业的投资者开始纷纷撤资，旅游基础设施变得陈旧。但旅游地也可能复苏。若想复苏必须进行新的规划创新，以适应旅游者的需求，进而才有可能出现复苏。

在进行旅游规划时，必然要考虑旅游生命周期理论。生命周期理论直观展示了各个时期旅游地发展特征，能够把握并预测未来旅游发展趋势。在旅游规划实施一段时间后，可以有针对性地对旅游规划作出调整，以确保旅游地长远发展。旅游生命周期理论充分地表明了每一个具有创新性的旅游产品都可能引领旅游业进入下一个快速发展阶段。

第二节　旅游规划的技术支撑

随着旅游规划的发展及相关研究的深入，不断有新的技术方法应用到旅游规划当中。本节主要介绍文本编制技术、空间分析技术及实施管理技术。

一、文本编制技术

（一）SWOT 分析法

SWOT 分析法又称为态势分析法，1982 年旧金山大学管理学教授韦里克（Heinz Weihrich）提出。SWOT 分析法可以客观分析实际情况，是战略规划研究中一种典型的分析技术。最初主要应用于企业管理、市场营销等相关领域，之后由于其分析客观而清晰，逐渐发展到国土资源规划、城市发展规划等领域，同时在旅游规划分析中也应用广泛。

SWOT 分析的四个字母分别代表优势（Strength）、劣势（Weakness）、机遇（Opportunity）和挑战（Threat）（或称威胁）。SWOT 分析实际上是对分析主体内部要素和外部要素进行罗列和分析，进而归纳出核心因素，并形成战略体系的。其中，某些因素的出现可能既是机遇，又是挑战。如修建高速公路有助于旅游消费市场进入，但由于部分旅游者可实现当日往返，缩短了其在目的地停留的时间并减少了消费。同时优劣势也存在相应的问题。因此，将旅游构成要素进行分类交叉组合分析，如市场、产品、交通、设施、管理等，可进一步加强 SWOT 分析的客观性，科学指导旅游规划。详见图 3-3、表 3-1 所示。

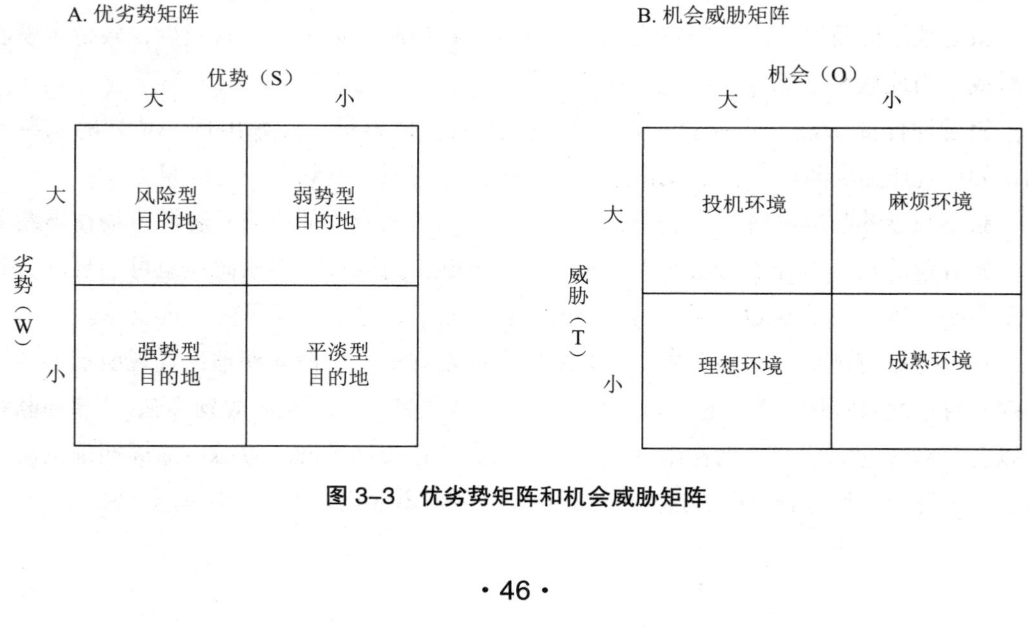

图 3-3　优劣势矩阵和机会威胁矩阵

表 3-1　旅游目的地 SWOT 类型及发展战略

目的地类型		基本战略	旅　游　发　展　战　略
Ⅰ	SO 型	利用机会 发挥优势	既面临众多的机会，又具有明显的优势；应积极开发新产品，拓展经营领域，获得更大的旅游市场空间
Ⅱ	ST 型	发挥优势 克服威胁	面临强大的威胁，又具有明显的优势；应利用自己的优势，分析威胁的来源，变被动为主动
Ⅲ	WO 型	利用机会 克服劣势	虽然面临众多机会，但旅游区域存在明显的劣势；应设法弥补不足，扬长避短
Ⅳ	WT 型	规避威胁 减轻劣势	面临强大的威胁，又存在明显的劣势；只能调整业务，改善自身条件，回避威胁，寻找新的市场机遇

资料来源：吴必虎，2010。

（二）“1231”旅游规划模式

北京大学城市与环境学院旅游研究与规划中心通过多年研究与实践，总结出“1231”旅游规划模式，即“确定一个发展目标、进行两个基本分析、做好三个发展板块计划、构建一个支持系统”（如图 3-4 所示）。这一模式高度概括了旅游规划的核心内容与框架，其在《北京市旅游发展总体规划》中得到很好运用。

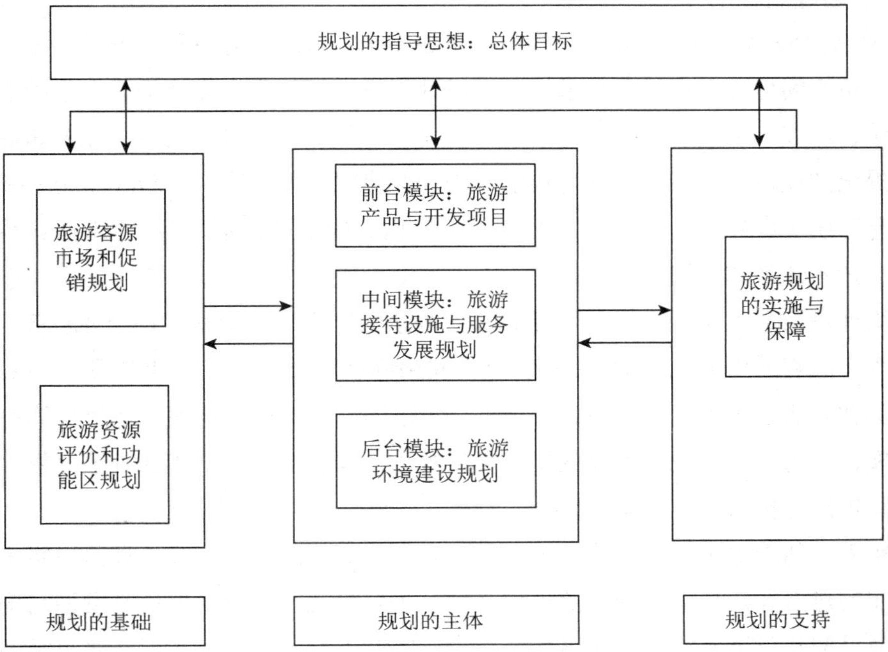

图 3-4　北京市“1231”旅游规划模式

资料来源：吴必虎，2010。

制定总体目标。主要作用在于指导和规范旅游发展决策，进而逐步实现具体目标。制定总体目标的基础是准确把握总体形势，通过观察和预测以达到预期规划目标。

市场与资源分析。以市场需求为导向进行发展规划的编制，针对客源市场对其旅游项目进行策划分析，把握未来市场走向趋势；对整体资源进行评价与分析，研究资源本身优势，进一步确立旅游资源规划发展方向。

以产品为中心的方案设计，主要包括三个板块：①前台模块，直接吸引旅游者前来参与旅游活动的旅游吸引物，即狭义的旅游产品和开发项目；②中间模块，为前来的旅游者提供各种旅游服务，包括食住行游购娱等服务的旅游相关行业、设施和服务；③后台模块，规划区内外的物质环境和社会环境。上述三个板块相互依存，构成了旅游规划的核心内容。

旅游规划的实施与保障。规划方案及政策的施行，将会对规划区的社会、经济、环境等各方面带来影响。采取何种政策控制这些影响，以实现旅游的可持续发展，有必要加以监测和管理。这些支持系统的内容包括政府管理与政策法规、土地供给、资金保障、人力资源等。

二、空间分析技术

（一）地理信息系统

地理信息系统（Geography Information System，GIS）是一种采集、存储、管理、描述和分析空间地理数据的信息系统。它以计算机软硬件作为支持手段，采用地理模型分析方法，组成一个图形数据库。1963 年，加拿大测量学家汤姆林森（R. F. Tomlinson）第一个提出“地理信息系统”这一科学术语，并建成世界上第一个 GIS 系统——加拿大地理信息系统（CGIS）。20 世纪 80 年代，陈述彭提出在我国“发展地理信息系统的理论方法、技术体系和应用工程”。

三维地理信息系统，是指在二维 GIS 所表达的二维平面空间（x，y）的基础上再增加一个表示高程的维度 z，这样一个三维空间坐标就需要三个独立的参数（x，y，z）来表示，其数学表达式为：$F=f(x, y, z)$。利用（x，y，z）来对现实空间实体对象进行几何建模，就可以实现现实世界的真三维可视化，并且能够进行诸如日照分析、淹没分析、空间扩散分析等三维空间分析。

近年来，随着地理信息系统的推广与互联网的高速发展，三维地理信息系统已成为广泛关注的热点并逐步应用到旅游规划之中。主要表现在旅游规划信息发掘与构建导游系统。通过构建三维旅游地理信息系统并进行实时更新与维护，获得一些直观的区域数据；同时地理信息系统中蕴含着丰富的声音、图像资源，利用计算机的外设产品，为旅游者提供查询景点、线路以及其他个性化服务。

（二）遥感技术

遥感（Remote Sense）是指以装载于飞机、卫星等平台的传感器，对地球表面数据及其变化信息进行采集，进而识别出物体的技术手段。随着空间技术、传感器技术、数字图像处理技术、数据通信技术的高速发展，遥感技术已经能够实时、动态、快速、准确、多手段地提供观测数据。因此，遥感技术已在国内外国土资源管理等方面得到了广泛的应用。

在旅游规划方面，遥感技术主要应用于勘察旅游资源、描述制图基础以及动态规划。利用遥感技术可以从遥感图像上辨别出土地资源信息，如水体（湖泊、河流、水库等）、植被（森林、果园、农作物等）、土地（农田、居民区、盐碱地等）、山地（高山、丘陵、雪山）等，有助于对旅游资源的开发与探索。由于遥感技术的精准、快速的特性，因此遥感图像经常被作为旅游规划的底图。由于遥感图像具有实时、动态的特性，有助于在旅游规划实施中进行监控与及时调整。

（三）卫星导航定位系统

全球卫星导航系统也叫全球导航卫星系统（Global Navigation Satellite System，GNSS），是能在地球表面或近地空间的任何地点为用户提供全天候的三维坐标和速度以及时间信息的空间无线电导航定位系统。该系统包括一个或多个卫星星座及其支持特定工作所需的增强系统。

全球卫星导航系统国际委员会公布的全球四大卫星导航系统供应商，包括美国的全球定位系统 GPS、俄罗斯的格洛纳斯卫星导航系统（GLONASS）、欧盟的伽利略卫星导航系统（GALILEO）和中国的北斗卫星导航系统（BDS）。其中，GPS 是世界上第一个建立并用于导航定位的全球系统，GLONASS 经历快速复苏后已成为全球第二大卫星导航系统，二者目前正处于现代化的更新进程中；GALILEO 是第一个完全民用的卫星导航系统；BDS 已经具备了全球范围导航定位、授时服务功能。下面主要介绍 GPS 和 BDS 两大导航系统。

1. 全球定位系统

全球定位系统（Global Positioning System，GPS）是美国国防部和美国国家航空航天局共同研制的卫星无线电定位系统，它属于圆形中距离的轨道系统，包含导航星座、地面台站、用户定位三个部分。GPS 系统导航星座一共有 24 颗，环绕在地球周围 6 条不同轨道上，轨道高度约 2 万千米，倾斜角 55° ，运行周期为 12 小时。

2. 北斗卫星导航系统

北斗卫星导航系统（BeiDou Navigation Satellite System，BDS）是中国自行研制的全球卫星导航系统。系统由空间段、地面段和用户段三部分组成，可在全球范围内全天候、全天时为各类用户提供高精度、高可靠定位、导航、授时服务，并具有短报文通信能力。2020 年 7 月 31 日，北斗三号全球卫星导航系统正式开通。

该系统有四个重要的特色：精密授时、精准定位、短报文通信、用户容纳量。随着全球化一体化进程的不断加快，卫星导航设备在全球范围内得到普及与应用，在导航、定位、探测等领域被广泛使用。相关产品已广泛应用于交通运输、海洋渔业、水文监测、气象预报、测绘地理信息、森林防火、通信系统、电力调度、救灾减灾、应急搜救等领域，逐步渗透到人类社会生产和人们生活的方方面面。它可以不限数量地为用户提供精准的时间、坐标、路况等。

卫星导航定位系统在旅游规划开发中的作用，主要表现为线路设计、确定景点、计算面积。根据系统导航定位功能可以为规划者设计线路提供指导；通过互联网将旅游区导航定位信息发送给旅游者，为旅游者游览景区提供便利；其精准定位的功能，能在前期规划中发挥重要作用，如根据相应数据精准计算出规划范围的面积。

三、实施管理技术

（一）系统动力学研究技术

系统动力学是麻省理工学院（MIT）的杰伊·福雷斯特（Jay W. Forrester）为分析生产管理及库存管理等企业问题而提出的系统仿真方法。以反馈控制理论作为基础，运用计算机仿真技术，进而研究社会系统的方法。系统动力学主要的观点就是，在任何现象背后都隐藏着一个复杂的互动关系，通过要素建立并模拟虚拟环境或企业，为决策者提供模拟多种场景进行决策练习的场所。该技术受到众多学者的广泛关注。保继刚等（2003）在桂林旅游规划中应用了系统动力学的方法；程乙昕（2003）将该方法应用到重庆走马镇旅游规划当中，同时构建出旅游发展的动力机制模型。

在旅游规划领域中，由于传统方法在整个管理中存在一定问题，可通过该技术建立一个统一的模拟系统，并考虑各个工作之间的相互关系、时间进度、资源分配等多种因素。通过分析关系建立系统动力学的关系图和流程图，模拟不同场景探索管理影响因素，最后提出建议和措施，完善管理体制。

（二）系统规划

旅游规划是一个复杂性的规划活动，旅游规划的实质就是考虑整个旅游系统的运行，从旅游系统整体出发，并从整体上进行优化，进而完善整个旅游规划。旅游规划的主要目的在于科学实施，因此有必要在整个旅游规划系统中建立一个旅游反馈机制，便于修正达到目标所采用的策略与行动，也有助于发现新问题并及时拿出对策进行分析，充分发挥旅游系统的重要功能，保证旅游规划能够按照预期实施。

旅游规划的实施涉及经济、政治、文化等多方面，任何外部环境的变化都会影响旅游业发展及旅游规划的实施。规划编制时，要充分考虑政策法规、土地资源分配、人力资源等因素，并进行系统规划设计；规划实施时，在各方面加以监测与管理。

（三）监测管理技术

监测管理技术是整个规划活动设计中包含的各个技术之间进行监测管理的集合，如环境监测管理技术、工程安全监测管理技术、网络信息监测技术等多个方面的集合。环境监测管理技术主要以环境作为监测对象，并运用生物学、物理学、化学等相关技术方法，对其环境影响因素进行测量，并对其综合分析，进而确定环境变化状况。工程安全检测技术不仅仅包含基础的工程建设的安全，也包含水利工程等多项工程的整体安全监测，应用工程安全的监测管理系统有助于及时、准确地掌握工程质量情况，以保障整体质量达标并正常运行。网络信息监测管理对整体资源信息进行全方位地了解，进而使管理人员充分了解景区。由于旅游规划中涉及各个领域，在进行旅游规划的管理过程中应当对所涉及的相关领域进行专业监测与管理，以保证旅游规划科学、有效地实施。

随着计算机技术在旅游业的建设、服务、管理等方面的广泛应用，新型技术也不断地应用到监测管理上面，如遥感技术（RS）、虚拟现实技术（VR）、增强现实技术（AR）等技术具有广阔的应用空间。遥感技术便于清晰观测规划实施中遇见的问题，并传回相应数据图片，帮助规划者进一步分析与实施；虚拟现实及增强现实技术可以在规划进行前期进行模拟，利用虚拟现实预判规划实施中可能存在的问题，以提前考虑解决方案。

本章小结

旅游规划需要相关理论和技术的支持。旅游社会学与人类学、旅游心理学和行为学、旅游经济学与市场学、旅游地理学、旅游生态学等相关学科理论，具体如区位理论、消费者行为理论、竞争力理论、利益相关者理论、可持续发展理论等，在旅游规划各个环节都可以作为理论依据，指导规划实践。

随着旅游业和科学技术的发展，旅游规划技术支撑也逐渐丰富多样，在文本编制技术、空间分析技术和实施管理技术方面不断更新和完善。如文本编制技术、三维地理信息系统、遥感技术、卫星导航定位技术、监测管理技术等。这些技术方法在旅游规划编制和实施中发挥了重要作用。

思考讨论题

1. 简述旅游规划的理论基础。
2. 简述旅游规划的基础理论。
3. 简述旅游规划中文本编制技术的主要内容。
4. 简述旅游规划中空间分析技术的主要内容。
5. 简述旅游规划中实施管理技术的主要内容。

第四章　旅游规划的编制、实施与管理

第一节　旅游规划的编制

一、旅游规划的编制流程

（一）旅游规划的可行性研究

旅游规划的可行性研究是对拟开发旅游区域的预分析，分析该旅游区域是否具有开发的必要性和可行性。旅游规划的可行性研究是保证旅游开发规划效果的重要步骤。旅游项目投资建设者和经营管理者是可行性研究重点关注的利益群体。

旅游规划的可行性研究应由旅游项目投资者以及主管部门聘请专业的研究机构或组织实施。该组织可以是旅游规划的编制机构，也可以是其他机构。可行性研究中的内容主要包括四个方面，即区域旅游开发价值、区域旅游市场前景、区域旅游投入产出分析以及游客容量评估。

（二）确定编制单位和任务

委托方应根据国家旅游规划设计单位资质认定的有关规定确定旅游规划编制单位。通常有公开招标、邀请招标和直接委托三种形式。公开招标，即委托方以招标公告的方式邀请特定的旅游规划设计单位投标；邀请招标，即委托方以投标邀请书的方式邀请特定的旅游规划设计单位投标；直接委托，即委托方直接委托某一特定规划设计单位进行旅游规划的编制工作。委托方在确定编制单位时应着重考察：是否具有旅游规划设计单位资质；已经承担的旅游规划的数量及质量，特别是专家评价和社会评价；编制人员的专业背景、个人能力、职称学历等。

委托方应在遴选旅游规划设计单位的基础上，制定项目任务书，与规划编制单位签订旅游规划编制合同。合同内容应包括基本条款、主要条款、保证条款、法律条款和其他条款，明确当事人的权利和义务、承接方式等基本条款的内容；规划任务、内容、要求、总经费及付费方式等主要条款的内容；保证金、延误罚款等保证条款的内容；合同的生效与终止、变更与中止、废除和不可抗力因素等法律条款的内容。

（三）前期准备

旅游规划编制过程中应充分做好前期准备工作。

（1）政策法规研究。对国家和本地旅游规划区的旅游及相关政策、法规进行系统研究，全面评估所涉及的社会、经济、文化、环境及政府行为等方面的影响。

（2）旅游资源调查。对规划区内旅游资源的类别、品位进行全面调查，编制规划区内旅游资源分类明细表，绘制旅游资源图，具备条件的可根据需要建立旅游资源数据库。

（3）旅游客源市场分析。在对规划区内的旅游者数量和结构、地理分布、季节性、出游方式、旅游目的、旅游偏好、停留时间、消费水平等方面进行全面分析的基础上，预测规划区旅游客源市场未来总量、结构和水平等。

（4）旅游规划区 SWOT 分析。对规划区旅游业发展进行竞争性分析，即确立规划区在可进入性基础设施、经营现状、服务设施、广告宣传等方面的区域比较优势，综合分析和评价各种制约因素及机遇。

（四）编制过程

（1）确定规划区的主题。在前期准备工作的基础上，确立规划区旅游主题，包括主要功能、主打产品和主题形象。

（2）确立规划分期及各分期目标，目标包括总目标、各分期的定性目标和定量目标。

（3）提出旅游品及设施的开发思路和空间布局。

（4）确立重点旅游开发项目，确定投资规模，进行经济、社会和环境评价。

（5）形成规划区旅游发展战略，规划实施的措施、方案和步骤，包括政策支持、经营管理体制、宣传促销、融资方式、教育培训等。

（6）撰写规划文本、说明和附件的草案。

（五）撰写旅游规划初稿

旅游规划草案形成后，旅游规划设计单位形成初步的规划思路，并将其用文字、图件等表达出来，形成旅游规划初稿。

（六）编制优化

（1）优化规划工作。旅游规划初稿形成后，应广泛征求各方意见，包括上级主管部门和本地相关部门、相关学科专业人士的意见和规划地利益相关者的意见等，根据规划目标，考虑成果的有效性、技术的可行性、经济的可能性、布局的合理性、时间的有限性等，对方案进行系统地分析评价。同时要进行各系统之间的综合平衡协调与规划优化工作。

（2）规划成果制作。对规划进行优化、修改、完善之后，在得到委托方的认可之后，规划人员制订正式的规划成果。

（七）规划评审与完善

旅游规划完成之后，由规划委托方聘请专家组成评审委员会，对规划的结构完整性、内容科学性以及可行性等进行评审，最后提出规划评审意见。

若评审通过，则可以上报并开始实施；若需作一定的修改后才能通过，则要求规划编制方按照修改意见加以修正；如果需要重新编制规划，也可以要求规划编制方重新编制规划方案，或者另请其他的规划编制组完成旅游规划的编制任务。

（八）规划实施与修订

规划编制完成后，还要上报当地政府、旅游主管部门及文化和旅游部批准实施。实施阶段是规划真正产生效益及相关利益方对规划内容开展持续性评价的阶段。它不是规划的结束，而是另一个新的起点。

由于旅游系统涉及众多的产业和服务部门，旅游规划的顺利实施必须借助于有效的管理来整合各方力量。同时，它还需结合反馈机制、监控体系与重新规划程序，形成一个环状的实施系统。

然而，国内的少数机构将编制规划作为向国家申请旅游开发资金的工具，从而出现一些只编制规划而不实施规划的情况。不按照规划的要求进行，或者编制若干重复性规划，有可能危害当地旅游业发展。因此，对于旅游规划的组织实施应当引起规划编制单位、投资方以及政府管理部门的关注。

二、旅游规划编制的内容

根据《旅游规划通则》（GB/T 18971—2003），旅游区（地）总体规划的编制内容主要包括：对旅游区（地）的客源市场的需求量、地域结构、消费结构等进行全面分析与预测；界定旅游区（地）范围，进行现状调查和分析，对旅游资源进行科学评价；确定旅游区（地）的性质和主题形象；确定旅游区（地）的功能分区和土地利用，提出规划期内的旅游容量；规划旅游区（地）的对外交通系统的布局和主要交通设施的规模、位置；规划旅游区（地）的景观系统和绿地系统的总体布局；规划旅游区（地）的其他基础设施、服务设施和附属设施的总体布局；研究并确定旅游区（地）资源的保护范围和保护措施；提出旅游区（地）新近建设规划，进行重点项目策划；对旅游区（地）开发建设进行总体投资分析等方面。

在上述旅游区（地）总体规划编制的众多内容中，需要重点解决的问题主要有以下几个方面（吴国清，2010）。

（一）确定旅游业发展的指导思想、规划依据和发展战略

指导思想能够体现一定规划时段内总目标，确定旅游业发展的指导思想也就明确了旅游规划的主题。规划依据主要指中央和地方各种有关政策规定，特别是与该地旅游资源相关的政策和与该地旅游发展方向有关的决议、决定。规划者需要充分领会有关要

求，最后确定该地进行规划应遵循的原则，一般要坚持供需匹配、环境保护、循序渐进、综合利用、地方特色、技术指标合理与机构协调等原则。旅游业的发展战略是指未来发展目标以及达到该目标所采取的具有决定全局意义的手段。

（二）确定规划范围，进行现状调查和分析

规划范围包括面积和边界等。规范范围多由委托方提出，有时为了旅游发展的需要，规划者也可提出建议同委托方协商，加以调整。现状调查和分析主要包括对当地自然、地理、社会、经济、旅游业发展现状的说明，重点介绍本区旅游资源特色、旅游容量条件、发展旅游业的有利因素和制约条件，并从旅游产业的角度来分析发展旅游业的前景。

（三）分析预测客源市场的需求总量、地域结构、消费结构等

客源市场分析直接影响旅游服务接待设施和旅游服务项目的规划。旅游项目的设计有时也需要根据客源市场分析进行部分调整。因此，要根据旅游资源的特点、旅游项目设计和对旅游业竞争态势的分析，明确旅游项目客源市场的需求总量、地域结构、消费结构。尤其要明确主要客源市场是国内市场还是国际市场，在全面分析国际、国内旅游客源市场结构的基础上，制定合理的旅游业发展目标，包括总体目标和具体目标，如旅游的接待规模、创汇指数、国民生产增加值、环境指标等。

（四）确定旅游主题形象，进行项目设计和旅游形象策划

旅游地的性质决定了旅游地的主体形象，确定旅游地的性质是旅游地总体规划的重要内容。对旅游地性质的确定和描述主要由旅游地的资源特色、旅游功能、等级类型三部分内容组成。只有明确旅游资源特色，才能使各项规划围绕特色层层展开，使旅游景观更加具有吸引力。旅游地的旅游功能，一般可以分为游览、度假疗养、康体娱乐、避暑或避寒、宗教朝觐、民俗风情、科学考察、文化教育等。

旅游项目设计直接关系到项目的经济和社会效益，因此，旅游项目设计要提高文化内涵和品位，注重新科技运用，满足观赏和体验需求。旅游地形象已成为影响人们选择旅游目的地的重要因素之一。旅游宣传口号需要构造出富有吸引力的旅游地形象，产生强烈的广告效果，是形象定位的最终表达。如 2007 年，马来西亚独立 50 周年之际，马来西亚政府特别将该年定为“马来西亚旅游年”，并以“马来西亚欢迎全世界”为口号，安排全年度各式的节庆活动，提供创新的旅游行程，开发观光景点，向世人展现热情、好客的国家形象。目前旅游形象策划得到广泛运用。旅游地形象构建是旅游目的地开发、建设和推广中必不可少的部分。

（五）确定旅游地功能分区和布局

合理的旅游功能分区是总体规划布局的前提。按照旅游业的服务功能，旅游地可以划分为观光游览区、旅游接待区、休闲度假区、登山野营区、文化娱乐区、商业服务区、行政管理区、居民生活区、农林园艺区、加工工业区等。通常高一级的功能分区不宜太多，高一级的功能区内部可细分为几个小区。规划布局就是在旅游地范围内合理地安排接待服务设施、旅游基础设施、游览设施、交通设施、公共服务设施以及其他设施，确定用地划定范围，并限定各项设施建设的风格、高度、容量、用途及其他要求。

（六）规划基础设施和服务接待设施

包括规划区域对外交通系统的布局和主要交通设施的规模、位置，交通走向、断面和交叉形式，环境卫生系统布局，规划区域内绿地系统布局，防灾系统和安全系统的总体布局，其他的区内基础设施、服务设施和附属设施的总体布局。

（七）确定旅游资源和环境保护措施

旅游地同时也是资源和环境保护地区。为了更好地保护旅游地的资源特色和自然环境，要明确保护对象、旅游资源的等级、位置、保护范围，然后提出保护措施。确定旅游地的环境保护目标和环境卫生系统布局，提出防止和治理污染的措施。尤其对自然保护区和文物古迹，更应该提出严格的保护措施，特别是防火、防盗、防偷猎等。环境保护方面特别注意对“三废”的处理。

（八）确定旅游业发展规模和速度

旅游业的发展规模和速度，主要根据旅游业的投入产出关系和市场开发力度确定。该部分主要包括近期、中期和远期的规划开发内容和范围。对旅游地的近期建设规划，应首先确定开发的目标和建设项目的细则，提出重点旅游项目的策划；对于中远期的开发，应提出项目的设计方案与措施。

（九）提出实施规划的步骤、措施和方法

在旅游规划完成之后，提出实施规划的步骤、措施和方法，研究确定行业发展的目标战略。对旅游地开发所产生的社会、经济和环境影响进行评估并制定相关政策，并采取控制措施，确保旅游地与所在区域的社会、经济和环境等各方面的协调发展。

（十）开发建设总体投资和效益分析

投资分析可以帮助旅游地更好地作出决策，充分考虑规划实施后所能达到的财力和时间消耗的经济性与合理性，使项目取得最佳效益。投资分析正确与否，直接影响旅游规划的可操作性以及投资项目的成败。投资分析主要是从旅游投资项目预算、项目可行性分析、项目综合效益分析等几个方面进行。

三、旅游规划的成果与形式

规划的成果包括规划文本、图件和附件三部分。

（一）规划文本

规划文本是旅游规划的主要成果形式，是对规划成果的一种简洁明了的说明，主要提供给政府领导审阅。旅游规划文本仅仅给出研究的结论和最终数据，一般不进行解释和背景介绍。旅游规划文本是规定性语言的条款，内容提纲挈领、思路明晰、文字简洁、用语规范，不必阐述分析过程。

（二）图件

图件是旅游发展规划成果的重要部分，经审批后与规划文本具有同等效力。

旅游发展规划由于规划区域相差很大，图纸比例尺可根据功能需要进行确定。需要绘制的图件主要包括区位分析图、旅游资源分析图、旅游客源市场分析图、旅游项目策划图、旅游功能分区图、功能布局图、线路规划图等。

（三）附件

附件一般包括规划说明书、专题报告、基础资料和相关文件，主要围绕规划文本的内容进行必要地说明和论证。旅游规划说明书主要是对规划文本各项条款的阐释、说明和补充；基础资料主要包括旅游资源调查、评价汇编，旅游客源市场调查（抽样调查资料和分析结果）等。

第二节　旅游规划的实施与管理

一、旅游规划的实施及影响

（一）实施过程

规划实施是旅游规划过程中始终需要关注的问题。在规划制定前的准备和资料调查阶段，需要关注与规划实施相关的各方面内容，如法律法规限制框架等，这些将在规划实施过程中发挥作用。世界旅游组织指出，旅游规划的实施与监控，首先需要对已经通过的规划在不同的机构、组织和社会成员之间分解各自的责任，然后对各种规划内容进行分步实施分解，并落实分区管理、施行发展标准等措施，对规划实施的全过程进行有效监控和管理。

旅游规划正式实施的程序一般如下。

1. 规划审议

在规划过程中，一般成立一个正规机构为规划组的工作提供指导和建议，并审议规划报告草案；最终规划提交相关政府部门审议。必要时，还应举办公众听证会以获得公众的支持，或召开一次研讨会，由政府官员、企业代表和社区代表共同对规划及地方旅游业发表意见。

2. 规划采纳

规划文本在审议通过后应以法规的形式确定下来，成为当地旅游开发的准则；对已有规划的修改应在一定的法律程序下进行。

3. 确定法律效力

根据规划的内容制定相关法律法规，以保障规划的更好实施。

4. 与相关规划的衔接

做好旅游规划与当地现有相关规划的衔接工作，如社会经济发展规划、城市和区域规划、交通和其他基础设施规划、农业和渔业发展计划、景区保护规划等。根据国家和地区发展计划制订旅游行动计划，使之成为国家或地区总体规划的一部分。

5. 经费筹措与项目实施

规划时需考虑可能的资金来源，以便需要时筹措资金。资金来源包括公共部门、私营部门、地方财政和国际援助。一般来说，大型基础设施和旅游景区由政府出资建设，商业设施由私营部门出资。

6. 监控、监测与监督

包括监控旅游地经济、环境和社会文化影响，监测市场经营战略和营销策划结果，以及监督旅游发展目标是否实现。

7. 规划调整

通过监督发现实施过程中存在的问题并进行相应地调整，定期对规划进行复议和修改，以更好地实现发展目标。

（二）实施影响因素

1. 外部因素

根据旅游系统各方面外部环境可能出现的变化，对影响旅游业发展的外部因素进行总结（如表 4–1 所示），这些因素都可能影响旅游决策和行为，影响旅游业正常运转并使规划实施过程出现相应问题。

表 4–1　影响旅游规划实施的外部因素

外部环境	影　响　因　素
自然环境	洪水、飓风、火灾、火山爆发和地震等自然灾害
技术环境	由于科技失误而引致，如核泄漏、化学污染、产品瑕疵、生态环境破坏等
社会环境	恐怖袭击、犯罪、疾病、意外事故、宗教冲突
经济环境	汇率变动、能源危机、经济发展
政治环境	战争、政治动荡

外部因素的出现，将影响旅游目的地在游客心中的形象与吸引力，从而影响旅游者旅游动机和出游决策，使旅游目的地游客数量下降、收入减少；还会导致旅游地吸引的旅游投资减少；造成旅游从业人员就业困难，并对旅游各相关行业造成负面影响；不利于旅游地可持续发展，也给旅游规划正常实施造成困难。

（1）自然灾害

随着全球气候变化和人类活动对自然环境的影响，自然灾害在全球越来越频繁发生，如地震灾害、旱涝灾害、土地沙漠化、森林火灾等更为频繁，给很多国家和地区造成巨大损失，也给某些旅游景区带来毁灭性打击。例如，2004 年印度洋地震引发海啸，泰国和斯里兰卡等国的旅游业遭到重创；2005 年卡特里娜飓风袭击了美国南部的 3 个州，使著名的海滨旅游城市新奥尔良市趋于瘫痪。

（2）恐怖主义

早在 20 世纪 80 年代，学者们就已经注意到由恐怖主义引发的旅游业危机。恐怖主义会严重影响旅游发展，当旅游笼罩在恐怖主义之下时，游客会选择不去旅行，或选择他们认为安全的交通工具和目的地。恐怖主义被视为影响游客选择旅行方式和目的地的重要影响因素。

（3）流行性疾病

伴随全球一体化发展，恶性传染病不仅给原发区，也给其他地区甚至全球带来巨大灾难。旅游业在给目的地带来巨大经济效益的同时，流动人口也增加了疾病传播的机会。旅游的流动性和旅游活动中的不卫生行为，会加速流行性疾病的产生和传播，导致游客数量急剧减少，旅游收入下降。埃利奥特·弗里斯比（Elliott Frisby）指出，2001 年英国暴发的口蹄疫疾病使得乡村和几个城市地区旅游人数大大减少，入境游客数量剧减；与 2000 年同期相比，入境旅游收入下降约 9%，损失达 130 万英镑。2020 年自新冠疫情发生以来，世界旅游业深受重创，进入暂时“休克期”。

（4）经济波动

旅游业对经济波动十分敏感，世界或一国经济波动将导致旅游目的地客流量减少。货币稳定是影响国内外投资者投资旅游业的重要因素。货币兑换率也影响旅游活动的发生发展：20 世纪 70 年代早期，由于美元的贬值导致美国的外出旅游人数剧减，但与美国兑换率稳定的国家继续保持较高到访率。凯撒与赫伯（Kaiser & Helber）认为，目的地的税制和投资法规都会对旅游经济环境产生影响，旅游投资者对此十分重视。

（5）政治稳定性

政治对旅游发展和旅游规划有很大影响。政治稳定性涉及旅游投资的偏好，影响到开发商的信心和投资走向。政治稳定、投资激励、便利性及安全等因素，很大程度上会影响度假村、第二居所、主题公园的选址和开发管理。开发者在制定外地居民为销售对象的旅游规划时，必须考虑政治因素的影响。另一方面，政治风险有时可通过土地优惠、较低工资、较少的政策法规限制而得到某种补偿（美国都市与土地协会，1992：409）。陈品宇（2020）把政治信任理论视角引入国内旅游研究，修订和补充了旅游发展与政治信任的理论框架，认为政治信任问题一定程度上从最初就奠定了旅游发展的成功或失败，政治不信任增加旅游政策运行成本，延缓旅游发展进程。

2. 内部因素

（1）政府与政策

旅游规划的实施必须得到政府强有力的组织保障。明确政府积极主导与市场自身调节的相互关系，规定二者在产业发展中的具体分工，是旅游规划中的一项重要工作。政府对旅游开发投入，要营造投资环境，加强整体促销，编制发展规划并监督实施；要制定市场规范政策，引导合理竞争，提供优质服务。政府在旅游规划中，承担着研究旅游和指导开发、制定政策推进旅游业发展、直接投资参与旅游开发、管理监控规划过程以及制定行业实施标准的责任。

（2）土地供给与规划实施

土地是旅游开发中最重要和最基本的资源。章牧（2001）等认为，旅游用地是出于满足旅游休闲的需要，由原生的自然景观与人文景观共同组合的可供观赏、游览、娱乐、教育和科考使用的特殊土地。作为一种复合式土地利用类型，旅游用地除了具有原有功能以外，同时还具有旅游用地功能。随着旅游业发展，旅游用地开发出现了一系列问题，如土地利用失调、用地取得不规范、基础设施不完善、产业结构不合理、社区活力衰退、生态退化及环境污染等。土地作为不可再生资源，数量有限、位置固定，具有特定区位经济价值，只有通过合理土地利用和布局才能产生最佳经济、环境及社会效益。政府部门在旅游发展和规划实施过程中，应加强旅游用地的管理和调控，以实现土地可持续性利用。

（3）资金保障

旅游开发、规划及管理严重依赖资金投入。旅游开发，尤其是住宿及其他旅游设施、交通及相关设施的开发，需要大量资金投入。同时，旅游人力资源开发、市场营销及相关机构设置也需要资金支持。数额庞大的旅游开发投资，往往由于多种因素导致原有预算超支，如前期设施、长期规划的不断修正、开发过程中不动产增值、管理疏忽、地方反对、批准日期拖延、季节限制、气候问题、市场变更等诸多难以预料的因素。在编制旅游发展规划时，为了保证各项规划方案的顺利实施，需要充分了解和制定一系列投资政策和财务安全制度，以保证目标的实现。同时，旅游发展的资金筹措是执行旅游规划的一个重要环节，必须清楚所需资金类别和筹措资金的可能渠道，并制定一定的投资战略。

（4）人力资源保障

旅游业对人力资源质量要求比较严格，所以要重视旅游人力资源规划。旅游人力资源规划是采用系统的方法确保在适当时机由合适的人承担某个职位，这对旅游业发展尤为重要。旅游规划的实施，在很大程度上依赖于旅游人才的供给。人力资源开发和管理是旅游业发展的关键。近年来，中国旅游业迅猛发展，旅游企业对人力资源的需求急剧膨胀。应不断加强旅游专业人才培养质量，同时与国际接轨全面引入职业化培训与管理，组织建立并全面实施旅游企业职业化管理体系。

（三）旅游影响

旅游影响是指由于旅游活动（包括旅游者活动和旅游产业活动）所引发的种种利害影响——不仅表现在对旅游活动主体本身的影响，也包括对其他相关的利益集团产生的超越活动主体范围的影响。柯与斯图尔特（Ko & Stewart）认为，旅游是一个涉及经济、环境、文化和社会的复杂活动，随着旅游业的不断发展，旅游影响越来越受到人们的重视，相关文献研究不断增加。关于旅游影响研究始于20世纪60年代的西方国家，学者发现，旅游业发展不仅促进当地经济的积极增长，同时还带来社会、文化和环境方面的负面影响。20世纪60年代，旅游影响研究大多集中于经济影响及其正面效应；70年代，人类学家与社会学家对旅游发展进行了批判性的思考，并强化了旅游发展的负面效应；直到80年代和90年代，学者们才以一种平衡而且全面的观点分析旅游对目的地的正、负面影响。一般认为，旅游发展对目的地产生的影响主要体现在经济、环境和社会文化三个方面。

1. 旅游经济影响

旅游目的地发展和旅游业关系密切，旅游业不断成为旅游地创收和减贫的主要工具之一。旅游发展的主要目标是，目的地居民积极参加与旅游有关的经济活动，积极影响人民的生活和生活水平，促进旅游目的地的发展。巴桑塔（Basanta）认为，旅游发展已帮助旅游地居民改善经济机会、环境卫生和畜牧生产以及利用替代能源的机会，但这同时也导致了商品、土地和住房价格的大幅上涨。

旅游对地方经济的积极影响主要表现为：增加居民收入，提高生活水平；促进旅游目的地的经济发展，改善经济结构；增加就业机会；增加开发建设投资；增加税收；改善基础设施（交通、公共设施等）；增加购物场所。旅游对地方经济的消极影响：价格上涨、通货膨胀，物资与服务短缺，房产与土地价格上涨，生活费用上涨。

旅游活动产生的经济影响是积极还是消极的，受到多种因素的制约。马西森与沃尔（Mathieson & Wall）归纳了旅游经济影响的五种制约因素：旅游设施及吸引物的类型、旅游者消费的数量及水平、地区经济发展水平、地区吸纳旅游消费资金和再利用的程度、地区季节性的差异性。瑞安（Ryan）提出旅游经济影响的几项决定因素：当地经济发展程度、非当地劳工就业、政府对基础设施的供给、游客类型。在编制有关规划方案时，应考虑到这些因素，并采取有效措施和行动方案，强化积极面，减少消极面。世界旅游组织指出，在旅游规划中提高旅游业经济收益应考虑：加强旅游业和企业经济部门的联系，确保旅游设施的本地所有权，引入跨国公司的专业化管理和国际营销经验，通过旅游人才培训的方式扩大旅游就业，通过提供更多购物机会、延长滞留时间增加游客旅游消费，旅游业发展应循序渐进。

2. 旅游环境影响

玛丽（Mary）认为，环境影响是自然区域的物理、化学或生物学特性的变化，这些变化通常是由人类对环境的作用引起的，并且对人类健康、社会和自然要素产生影响；识别环境影响非常重要，这样可以减轻影响。早在20世纪60年代人们就发现，旅游在给目的地带来经济效益的同时，也会造成环境破坏与生态退化。霍尔德（Holder）曾提出旅游自我毁灭理论，认为旅游资源的开发本身有自我毁灭种子，如果旅游地不注意资源环境质量的保护，它将因环境质量的恶化而快速失去吸引力，最终导致旅游业的自然衰退。科尔查吉纳（Korchagina）在对生态学和旅游学领域专家进行深入访谈的基础上，确定了旅游业对本地区自然环境状况负面影响的四个主要类别：水土流失，对植物的机械作用，破坏野生动物的栖息地，污染水体以及垃圾堆积。

旅游对地方环境的积极影响：增强当地居民的环保意识，在开发旅游资源的同时加大生态环境保护力度，保护了自然资源（动植物、水资源、原始森林等），维护生态系统平衡；旅游开发过程中，对于古建筑与文物史迹的维护与再展示作用；旅游业发展产生的财政收入为生态环境保护工作的开展提供了充足的资金支持；提升地方形象，吸引更多旅游者；旅游业人才的培养。旅游对地方环境的消极影响：交通成本增加；旅游资源开发、旅游产品的消费、游客食宿中水电等的供应、垃圾、噪声、空气、水等都会给生态环境带来一定程度的影响，造成环境污染；历史文化遗产、野生动物生存栖息环境遭到不同程度破坏；传统文化丢失其本真，逐渐商品化；人口密度与结构上的季节性影响。

3. 旅游社会文化影响

旅游社会文化影响研究起步晚，国外20世纪70年代旅游社会文化影响的研究兴起，80年代后运用均衡观点和系统方法对旅游的正负面影响进行客观评价。我国对旅游社会文化影响的研究相对滞后，但研究成果不断丰富，孙九霞、唐晓云、包富华、林翠生等学者，对旅游社会文化影响的研究较为系统。

旅游是一种主客交往活动，旅游发展离不开目的地居民的支持，离不开主客交往和互动，在此过程中目的地居民的生活、心理、行为等必然会受到一定的影响。多克西（Doxey）的“愤怒指数”理论认为，目的地居民与旅游者之间的关系在思想认识上有融洽阶段、冷漠阶段、恼怒阶段、对抗阶段和最后阶段五个发展演变过程。墨菲（Murphy）认为，影响居民对旅游影响感知和态度的因素包括：主客体交往的类型和程度、旅游业对社区的重要程度、个人对旅游的依靠程度以及社区旅游发展的总体程度。

（1）旅游对文化变迁的影响。就旅游和文化的互动关系而言，文化是旅游发展的源泉和灵魂，旅游是跨文化交流的载体；就旅游的本质属性而言，旅游是一种为满足旅游者深层次需要的社会文化活动，也是一种文化创造；就旅游对文化的影响而言，旅游一方面能促进目的地文化的进步和提升，另一方面也对其具有一定的破坏性并有可能加速其消亡。

（2）旅游对社会结构的影响。旅游开发的一个直接后果就是改变目的地的社会结构：原先单一的本土社区突然增加了许多流动不定的外来人口，本地居民与外来人口在许多场合接触，主客关系变得比以前更加突出和敏感。由于旅游开发带来新的生活方式，往往会导致地价的上涨，可能使得当地工薪阶层的住宅需求得不到满足（美国都市与土地协会，1992）。

二、旅游规划的管理

（一）旅游规划影响的评估

1. 旅游容量

旅游环境容量这一概念是20世纪60年代由莱佩奇（Lapage）首次提出的。马西森与沃尔（Mathieson & Wall，1982）将旅游环境容量定义为："在自然环境没有出现不可接受的变化和游客体验质量没有出现不可接受的降低的情况下，使用一个景点的游客人数的最大值。"但马西森（Mathieson，1982）等提出的概念仅仅反映了容量的环境方面的问题，而未能体现旅游对目的地的经济体系和当地社会文化的影响。在此基础上，米茨科夫斯基（Mieczkowski）进一步提出，旅游容量不仅包括环境容量，还包括社会容量和管理容量。崔凤军等（1998）指出，游客密度、旅游经济收益、土地利用强度是影响旅游容量的主要因子；冯学钢（1999）提出，应以旅游管理容量来代替一般的环境容量，旅游管理容量是在既定管理目标的强制约束下，旅游地域系统能支撑开展正常旅游活动的游客数。

20世纪70年代，旅游容量被视为旅游目的地管理的主要工具。米茨科夫斯基（Meiczkowski）通过已有文献的总结，归纳了一些常用的管理容量指标：全年或季节性游客总数/当地人口数，全年或季节性游客总数/旅游区面积，宾馆床位数/当地人口数，宾馆床位数/旅游区面积，旅游区面积/宾馆床位数；高峰期（月份）旅游者数/当地人口数（季节性变化大的情况下最好使用该指标），高峰期或每一高峰（月份）游客数/旅游区面积，过夜游客人天次/当地人口数，过夜游客人天次/旅游区面积，旅游者人年数/当地人年数，过夜游客人天次/宾馆床位容量，过夜游客人天次/沙滩面积，沙滩面积/过夜游客人天次，海岸线长度/沙滩上的游客人数，过夜游客人天次/海滩线长度。

在旅游区达到或接近旅游管理容量时，必须采取相应措施缓解环境压力。国内一些学者通过研究提出一些控制建议：①限制进入。限制汽车停车量、禁止汽车进入，规定入口处售票数量，建议进入者按预约时间进入。②经济调控。不同季节采取不同的通行、进入价格。③限制设施。禁止建造规划以外的道路、客房等设施。④景区调控。划定各种活动区域，并实行区内分流策略。将安静活动区（如散步、垂钓等）同噪声活动区（如摩托艇、滑水运动、滑雪等）区分开来。⑤规定活动时间。在一天、一周、一年等不同的时间段中，划定各种活动的规定时间，以便充分利用资源、开展户外游憩。⑥通过外部调控开发有特色的替代产品，从而延缓、滞留进入人数。替代产品的生产可以在一定程度上减轻原有资源的环境压力。

2. 管理工具

伊格尔（Eagles）认为，随着旅游业的发展，学者们发现仅通过限制游客数量来解决旅游负面影响的方法具有一定局限性，因此在旅游容量理论基础上又发展出许多较为复杂的可持续旅游管理工具，以确保旅游目的地可持续发展的实现。因斯凯普（Inskeep）提出，承载力分析、影响评估和旅游监测，都是旅游地可持续发展所必需的工具。建立在旅游容量分析和目的地影响评估基础上的旅游管理工具包括以下四种。

（1）可接受改变的极限

由于旅游承载力在管理应用中的种种缺陷，管理者们开始将着眼点从控制游客转向控制目的地本身的环境，在此背景下产生了可接受改变的极限（Limit of Acceptable Change，LAC）理论。LAC 管理的目的在于，确定游客活动所需要的理想环境与社会条件，并对现有条件进行改善，但并不重视使用程度与影响之间的关系。伊格尔（Eagles）等指出，LAC 理论的实施包括九个步骤：确定旅游区的特定价值、问题和关注事项，定义和描述游憩机会类型或分区，选择资源和社会条件指标，列出现有资源和社会条件清单，确定各机会类型的资源和社会条件的度量标准，确定替代性机会类型的分配，为各种替代性选择确定管理行动，评价和选择最佳方案，实施和监控行动计划。

（2）游客影响管理模型

格雷夫（Graefe，1990）认为，游客影响管理（Visitor Impact Management，VIM）是承载力管理的替代物。游客影响管理是由美国国家公园和保护协会（National Park and Conservation Association，NPCA）开发的一种管理增加游客对自然地区环境影响的手段。游客影响管理模型主要解决三个问题：可接受影响的确认，不可接受影响出现和严重性的潜在原因分析，改善不可接受影响的潜在管理战略的选择。其主要内容包括：建立准确的管理目标并定义管理单元，确定可以用来监控变化的关键指标；定义这些指标的期望值；用这些指标设计监控项目；设定对监控作出反应的行动。

（3）游客体验与资源保护模型

游客体验与资源保护（Visitor Experience and Resource Protection，VERP）是对 LAC 过程的修订，由美国国家公园管理局（NPS）开发，关注的焦点是旅游开发对游客体验和公园资源产生的影响。这些影响主要受下列因素的作用：游客行为、使用强度、使用的类型、使用的时间分布以及使用的地点。游客体验与资源保护模型的目标是，既满足旅游者出行游憩的要求，又满足资源节约与保护的要求。VERP 模型包括九项内容：组织多学科项目小组，提出公众参与的策略，阐述规划中的目标与问题，分析旅游资源及现有旅游者的使用情况，描述游客体验与资源条件的潜在范围（潜在方案区域），在公园中特定区位布局上述潜在区域，针对每一区域确定指标、设立标准并提出监测计划，监测资源和社会指标，采取管理行动。每一部分与其他部分互相依赖、互相作用。其目的是为旅游开发的容量测定提供决策基础。

（4）旅游优化管理模型

杰克（Jack）指出，旅游优化管理模型（Tourism Optimization Management Model，TOMM）最早是为澳大利亚袋鼠岛由于旅游所产生的压力和机遇提供早期的预警信号而提出的。庞汀（Ponting，2001）指出，该模型在背景分析下，定义旅游目的地应创建的最适宜环境，用指标量度目前状况与最优状况之间的差距，监控和量化旅游活动带来的主要利益和影响，为解决旅游可持续发展遇到的问题和未来的旅游活动管理方式选择提供帮助。旅游优化管理模型的主要内容：战略规则的确定；确定社区价值观、市场特点、营销手段和旅游方式；确定最适宜的条件、指标、可接受范围、监控技术、基准、每年的表现和期望表现；确认不良表现，分析原因和影响，并选择合适的应对措施。

（二）旅游规划的实施管理机制

旅游规划的研究及编制仅仅是旅游发展规划流程中的前期工作（吴必虎，2000）。在规划获得评审委员会、政府或立法机构认可后，是否真正能够得到落实，还需要加强规划的实施及监控工作。凯撒与赫伯（Kaiser & Helber，1978）认为，“实施行动在已认可的旅游规划和创造实际的综合性旅游产业之间架起了桥梁”。只有当旅游规划得以实施时，地区的旅游优势才能得以发挥。一个可操作性的规划应以实施为导向，绝大多数旅游规划的失败就在于其最后一步，即规划的实施。因此，在制定规划时就应充分考虑到实施的手段并制定具体的实施办法，确保这些建议在实际操作中的可行性（WTO，1994）。由于旅游业及各要素呈现动态变化的趋势，旅游业必须应对变化的客观现实并不断调整规划以适应现实。旅游规划实施的主要任务是相关各要素的协调。

米德尔顿（Middleton，1988）等认为，可持续旅游管理框架涉及自然环境、文化遗产、当地经济与社区三大方面，进而提出资源管理、景观管理、游客及遗产管理三种管理模式以解决利益主体间的冲突，实现旅游可持续发展。伊格尔（Eagles，2002）等总结了旅游地可持续发展游客管理的九大原则，并提出降低旅游负面影响，可以采取以下几种管理战略。①旅游供给管理：开发更多旅游地、延长旅游的接待时间；②游客需求管理：限制游客滞留时间、游客数量和使用类型；③资源容量管理：强化接待地和特殊区域，加强设施建设；④使用影响管理：通过调整游客使用类型减少资源利用的影响，分散或集中使用。

（三）旅游规划的实施监控机制

伴随着旅游规划的实施，旅游目的地管理进入日常管理系统，此后旅游规划的成功在很大程度上依赖于目的地的监控能力。监控是规划的反馈系统，是可持续旅游目的地管理成功的保证。目的地旅游监控包括过程监控和结果监控，其中结果监控指的是旅游可持续性指标体系，而本书将探讨的相关方法都属于过程监控手段。

1. 环境影响评价

旅游开发行为对环境质量可能会产生某种不利影响，为实现旅游可持续发展，任何旅游开发项目的实施都必须进行严格的环境影响评价（Environmental Impact Assessment，EIA）。吉尔平（Gilpin，1996）认为，环境影响评价是指“对某项政策、项目、工程或活动对环境可能产生的影响进行严格的评估”，它在许多国家已经成为公共和私人部门大型新开发的建设项目必须履行的程序。EIA 可以在两个领域起作用：一是评价政策和规划的环境影响，即“战略环境评价”；二是项目环境影响评价。目前运用较多的还是项目影响评价。环境影响评价贯穿了从项目提出、环境影响分析，到项目完成后评价等一系列过程，并鼓励公众的咨询和参与。评价的内容应包括全部的负面影响（也包括获得的益处），涉及对生态系统的影响，对社区的影响，对地方的美学价值、游憩价值和科学价值的影响，对当地主要建筑物的影响，以及产生的废物的处置方式。此外，环境影响评价还可以对计划开发场所采用的环境管理系统的质量、范围和深度提出解决方案。

2. 环境影响陈述

根据惯例，开发商必须编制一份专门的环境影响陈述（Environmental Impact Statements，EIS），它也是环境影响评价过程之一。吉尔平（Gilpin）认为，所谓环境影响陈述是指“一份由项目支持者起草的专门文件，该文件陈述的内容包括：计划的活动或开发行动；项目对环境产生的影响的可能性、概率性和必然性大小；可能替代方案的分析；提出某些环境管理程序，程序中应包括环境监测、项目分析或审计以及项目建成后的环境恢复规划”。环境影响陈述的编制是一项专业任务，必须由具有业务资质的专门咨询机构或者由多个相关机构合作完成。在旅游开发规划中，EIS 及其结论是重要的考虑因素和控制性指标。

3. 累计影响评价

由于环境影响评价只针对单个项目或政策，忽视了累计影响，为了弥补不足，人们开发了累计影响评价（Cumulative Effects Assessment，CEA）工具。派珀（Piper）认为，累计影响评价建立在现有的环境影响评价方法基础上，既可以评价单个项目的多重影响，又可以评估多个项目的共同影响或复合影响。累计影响评价包括六个具体步骤：确定范围、影响分析、缓解措施推荐、重要性评价、跟踪监控和影响管理。累计影响评价对于旅游规划尤其重要。由于旅游开发不仅包括大规模项目，更多的是大量小规模项目，这些项目加在一起会产生重要影响。此外，游客对目的地的影响也主要源于小规模游客的不断增加。

4. 环境管理系统

环境管理系统（Environmental Management System，EMS）是政府或其他机构对涉及项目的环境保护、环境影响或减少影响程度能力的方式之一。具体管理过程是通过环境审计等方式实现的，包括提出目标、确定可测指标、制定详细计划以及监测与评价过程。旅游地环境监测是指对于游憩活动给旅游地生态环境产生的影响进行跟踪观察、测定和分析。监测内容包括旅游地环境基础调查，游憩活动对植被、野生动物、微生物、土壤、水质、空气质量等的影响，游憩利用量，游憩活动方式及其时空分布规律，各种环保措施的效应等。

本章小结

本章主要对旅游规划的编制、实施与管理进行了全面系统地介绍。旅游规划要遵循一定的编制流程，旅游规划编制的具体内容应清晰明确，规划的成果包括规划文本、图件和附件三部分。

旅游规划实施过程中受到外部和内部因素的共同影响；旅游发展对目的地产生的影响主要体现在经济、环境和社会文化三个方面。在旅游规划管理过程中，应加强旅游规划影响的评估，重视实施管理和监控。

旅游规划意味着对过去的分析、现在的把握、未来的预测和采取有计划的行动及科学有效的管理。旅游规划应着眼于旅游地长远发展，对从规划编制、实施到监控整个过程及后期影响应给予全面综合考虑。

思考讨论题

1. 简述旅游规划的编制流程。
2. 简述旅游规划编制的具体内容
3. 简述旅游规划的实施过程及影响因素。
4. 如何评估旅游规划影响?
5. 如何加强旅游规划的实施及监控工作?

第五章　旅游资源分析

第一节　旅游资源相关概念

旅游资源是旅游产业发展的基础，也是旅游规划的重点关注对象。旅游资源内容、种类十分丰富，总体来说，包括自然旅游资源和社会文化旅游资源。旅游资源可以是有形的，也可以是无形的。一个区域旅游资源通常具备一定的质量和数量，经过开发与利用后，能吸引旅游者，从而推进当地旅游业发展。

一、旅游资源

（一）旅游资源的概念

一个国家或地区旅游发展能否成功，首先取决于一定的物质基础——旅游资源。旅游资源是旅游发展的重要基础。关于旅游资源的概念，学术界给予很多关注与研究。常见的旅游资源概念列表如下。

表 5–1　旅游资源概念相关研究

作　者	概　念
邓观利（1983）	凡是足以构成吸引旅游者的自然和社会因素，亦即旅游者的旅游对象或目的物都是旅游资源。
保继刚（1993）	旅游资源是指对旅游者有吸引力的自然存在和历史文化遗产，以及直接用于旅游目的的人工创造物。
马勇（1998）	凡能激发旅游者的旅游动机，为旅游业所利用，并由此产生经济效益与社会效益的现象和事物均称为旅游资源。
苏文才（1998）	旅游资源是指在自然界或人类社会中能对旅游产生吸引性、有可能被用来规划开发或旅游消费对象的各种事与物（因素）的总和。
谢彦君（1999）	旅游资源是指客观存在于一定地域空间并因其所具有的审美和愉悦价值而使旅游者为之向往的旅游存在、历史文化遗产或社会现象。
李天元（2002）	凡是能够造就对旅游者具有吸引力环境的自然事物、文化事物、社会事物或其他任何客观事物，都可构成旅游资源。

通过上述概念界定，可以看到旅游资源的共同点：第一，旅游资源既包括自然界形成的，也包括社会创造的，其存在具有客观性；第二，旅游资源与旅游者直接相联系，是旅游者旅游活动的对象，能给旅游者带来愉悦感；第三，旅游资源是与旅游业直接相联系的，能为旅游业所利用，并产生一定的效益。

由此，我们可以得出：旅游资源是指对旅游者具有一定吸引力，能够激发旅游者旅游动机，实现旅游活动目的的一切自然存在与社会创造。

（二）旅游资源的特征

1. 美学特征

旅游资源与其他资源的主要区别在于其具有美学特征，即观赏价值。几乎所有旅游活动都包括对景观、景物的欣赏。旅游资源的美学特征主要包括形象美、形态美、色彩美和声音美等，而正是这些美带给旅游者符合其生理、心理的双重享受。作为带给旅游者美的享受与愉悦感的旅游资源，也成为吸引旅游者进行旅游活动的来源，进而能够推动旅游地经济的发展。

2. 文化特征

旅游资源的文化特征主要表现在精神性、社会性等方面。精神性是指旅游者在旅游活动的过程中得到精神、情感的愉悦，使人们的智力、道德等方面得到提高。如红色爱国主义教育基地、宗教建筑文化、历史文化等旅游资源的开发能够满足游客的精神需要。

3. 空间特征

旅游资源的空间特征体现在以下方面：首先，旅游资源具有一定的地域独特性，分布在一定地域内的旅游资源反映其地理环境特点，同时也意味着难以被复制或模仿。例如，北方园林与南方园林由于所在区域不同，从而展现出不同的风貌。其次，旅游资源具有一定的综合性，即一定区域内的旅游资源交错分布，种类繁多，包括自然资源、人文资源等。最后，旅游资源具有组合性。虽然地域内旅游资源种类较多，但若是不加以组合利用，而孤立存在，也难以吸引较多旅游者。随着时间的变化，旅游资源也在不断细分，演变出更多类型。但旅游资源始终处在一个相互作用、相互联系且相互制约的闭环之中，从而形成了和谐多样的有机体。一个区域的旅游资源构成要素越多、联系越紧密，对于旅游者的吸引力越强，从而更能满足旅游者多样化需求。

4. 时间特征

旅游资源的时间特征包括季节性与变化性两个方面。季节性是指旅游资源具有时限性。由于受所在地的纬度、气候、季节等因素的影响，旅游资源出现季节性变化，从而使旅游目的地景观观赏时间发生改变，即同样的景物因为时间不同表现出不同的形态。例如，冰雪旅游、海滨旅游就是适合不同时间选择的旅游活动。变化性是指旅游资源会随着时间变化改变其形态与作用，即从其他资源转变为旅游资源，从旅游资源转为其他用途。例如，中国“天眼”原本是科研考察，却出现了一种以“天眼”这一科研场所为主的科研学习旅游。

5. 经济特征

旅游资源的经济特征表现出来的就是旅游资源的价值性、持续性与不可再生性。价值性主要表现在旅游资源的价值具有不确定性。随着对于旅游资源的认识角度、认识水平、开发程度、审美需求的不断变化，旅游资源的价值也会不断发生变化。在同一旅游资源的评价上，不同身份对于其价值也有不同看法。因此，旅游资源的价值是不确定的。此外，旅游资源客观存在于旅游地之中，旅游者的旅游活动不会带走旅游资源，理论上来说，旅游资源可以被无限使用，因此旅游资源具有持续性；但旅游资源的永续使用是有条件的，旅游资源的开发与利用，应考虑资源的承载力并将影响降到最低。不可再生性是指旅游资源一旦遭遇人为破坏，无法修复，即使修复也只是一件复制品。例如，我国部分地区为获取旅游经济效益，缺乏对历史文物的保护，从而导致历史文物的损毁，这种就属于永久性破坏，是旅游地的损失同时也是民族的损失。

二、旅游吸引物与旅游产品

（一）旅游吸引物

作为旅游目的地吸引力的重要来源，旅游吸引物在旅游系统中扮演着基础性作用，但却面临着语义的不明和来自理论内部与旅游实践的双重挑战。我国学者常常用“Tourist Resources”表示旅游资源，其实，国外常用词组一般为“Tourist Attraction”或者是“Visitor Attraction”。霍洛韦（Holloway，1986）认为，吸引物的概念是非常广泛的，包括许多不同的风景、名胜、场所……最简便的理解就是任何对人有吸引力，足以让他们前来的地方就可以称为“访问者吸引物”，即旅游吸引物。

国内对于旅游吸引物的理解最具有影响力的三种观点如下：

①以保继刚、楚义芳等为代表，认为旅游吸引物接近于汉语语义下的旅游资源；

②以谢彦君为代表，认为旅游吸引物的外延大于旅游资源，包括作为核心的旅游资源、旅游产品、旅游设施、旅游服务等；

③以吴必虎、宋子千等为代表，认为旅游吸引物是旅游产品的重要组成要素。

基于国内多数学者，如徐菊凤、任心慧、张进福、张勇、吴晋峰等对于旅游吸引物与旅游资源的辨析，发现旅游资源与旅游吸引物之间是中英文语义下的不同表述。由此可见，旅游吸引物是指能够吸引人们进行旅游活动的、包括人为创造和自然形成的一切事物和因素的总和。

（二）旅游产品

旅游规划的核心问题是开发旅游产品。对于旅游产品的概念，学者们分别从不同角度来定义，如从旅游需求角度、旅游供给角度、供需两方面结合来定义，有从旅游企业角度、旅游目的地、消费者角度来定义。由于旅游产品具有开放性与包容性，面对旅游市场需求的不断变化，旅游产品也要不断更新迭代，以满足旅游市场的需求。

1. 旅游产品的概念

"旅游产品""旅游商品""旅游购物品"等称谓，有时会相互混淆、替代使用。旅游产品最具有影响力的概念来源于林南枝、陶汉军（2000）的《旅游经济学》——将旅游产品解释为服务，又解释为经历，是服务与经历的统一体。谢彦君（1999）认为，一个完整的旅游产品应包括旅游交通、住宿、观光、娱乐和购物等多个要素。吴必虎、戴光全（2002）则认为，旅游产品由三个层次构成，即核心层次、形式层次及延伸层次。

旅游产品与一般产品不同之处在于其综合性，它既不同于一般的物质性产品，也不同于一般的服务性产品。一般认为，经过旅游业开发，由有形设施和无形服务构成的满足旅游者经历与需求的一切相关集合，都可称为旅游产品。

2. 旅游产品的特征

（1）综合性

由于旅游产品是区别于一般性产品的特殊产品，可以说，综合性是旅游产品的根本性特点。我们可以从多个方面分析其综合性特点。首先，在构成要素方面，旅游产品由旅游资源、旅游设施、旅游服务等多个因素构成，既包括物质资源与设施，也包括无形文化与服务。其次，在生产经营者方面，旅游产品涉及旅行社、酒店、交通业、景区景点、建筑业等多个领域，既包括物质生产行业，也包括服务生产部门，既包括有形生产，也包括无形生产。最后，就消费领域上来说，旅游者对旅游产品的需要涉及旅游活动的方方面面，不仅包括食、住、行、游、购、娱等物质性要求，同时也包括旅游咨询、导游服务、景区管理等非物质需求，从而构成旅游产品的系统性与丰富性。由此可见，旅游产品是一项综合性的特殊产品。

（2）服务性

服务性是旅游产品的另一根本特点。作为贯穿于旅游产品始终的服务，可以从两个角度进行分析：一是供给角度，二是消费角度。供给角度是从旅游企业或旅游经营者角度出发，即旅游及相关企业或部门，在为旅游者提供基础设施的基础上满足旅游者对精神生活的需要。从消费角度来看，旅游者在旅游活动的过程中对于物质的追求不甚强烈，精神需要占据较大部分，因此，更加需要旅游相关企业提供周到服务。

（3）不可检验性

旅游者只有在消费时才能体验到旅游产品的质量好坏。旅游产品不能在购买前检验或试用，购买后也带不走；旅游者只能当场"验货"，不存在购后退换的可能。因此，旅游业经营管理的核心工作之一就是降低旅游者的购买风险，并通过营销渠道传播出去。

（三）旅游吸引物、旅游产品与旅游资源的关系

旅游资源、旅游吸引物与旅游产品三者之间的关系，众多学者都进行过探讨。张凌云将学界对于这三者之间的有关观点进行了提炼：一是旅游资源等于旅游吸引物，二是旅游资源是旅游吸引物与旅游产品的交叉点，三是旅游资源是旅游吸引物和旅游产品的集合体。宋子千曾提出相反的论点，他认为，旅游吸引物是旅游产品的组成要素，旅游资源是旅游吸引物的来源。吴国清（2010）也认为，旅游吸引物是旅游产品的组成要素之一。

在一般情况下，旅游资源对旅游者具有一定的吸引力，此时旅游资源开始形成旅游吸引物，但不排除例外情况，即人为设施与服务在一定情况下也能形成旅游吸引物。例如，大连的海滨公路就形成了观光车道，并成为主要产品之一。就三者关系来看，旅游资源是客观存在的物质基础，旅游吸引物对旅游者产生吸引力是其基本功能，旅游产品是供给角度提出的人为开发的经济学领域概念。我们较为认同张勇（2010）的观点，即旅游资源属于旅游吸引物，并将其部分转化为核心旅游产品，但旅游产品不仅包括旅游资源，还包括旅游服务、旅游设施等，而且旅游吸引物与旅游产品在外延部分有所交叉（如图 5-1 所示）。

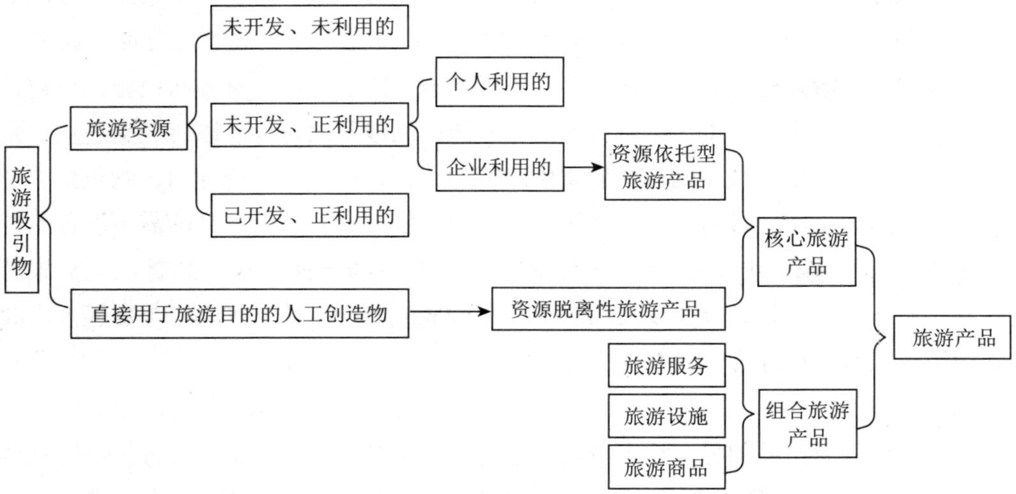

图 5-1 旅游资源、旅游吸引物及旅游产品的关系

第二节 旅游资源基本分类

做好旅游资源分类是旅游规划与开发的前序，也是规划的基础工作之一。由于旅游资源的分类带有评价的目的，因此，随着旅游学的发展、研究的深入以及旅游规划中实践的应用需要，出现了多样的分类方法。旅游资源分类所依据的标准主要有三个方面：以旅游资源的成因和属性作为分类标准，以旅游资源的存在方式作为分类标准，以旅游资源的吸引力程度作为分类标准。

一、按旅游资源的成因和属性划分

旅游资源根据其大类可分为自然旅游资源与人文旅游资源。国家标准化管理委员会发布的《旅游资源分类、调查与评价》（GB/T18972—2017）分类标准，将旅游资源分为主类、亚类、基本类型三个层次（如表5-2所示）。

表5-2 旅游资源分类表

主 类	亚 类	基本类型	简 要 说 明
A 地文景观	AA 自然景观综合体	AAA 山丘型景观	山地丘陵内可供观光游览的整体景观或个别景观
		AAB 台地型景观	山地边缘或山间台状可供观光游览的整体景观或个别景观
		AAC 沟谷型景观	沟谷内可供观光游览的整体景观或个体景观
		AAD 滩地型景观	缓平滩地内可供观光游览的整体景观或个别景观
	AB 地质与构造形迹	ABA 断裂景观	底层断裂在地表面形成的景观
		ABB 褶曲景观	地层在各种内力作用下形成的扭曲变形
		ABC 地层剖面	地层中具有科学意义的典型剖面
		ABD 生物化石点	保存在地层中的地质时期的生物遗体、遗骸及活动遗迹的发掘地点
	AC 地表形态	ACA 台丘状地景	台地和丘陵形状的地貌景观
		ACB 峰柱状地景	在山地、丘陵或平地上突起的峰状石林
		ACC 垄岗状地景	在构造形迹的控制下长期受溶蚀作用形成的岩溶地貌
		ACD 沟壑与洞穴	由内营力塑造或外营力侵蚀形成的沟谷、劣地，以及位于基岩内和岩石表面的天然洞穴
		ACE 奇特与象形山石	形状奇异、拟人状物的山体或石体
		ACF 岩土圈灾变遗迹	岩石圈自然灾害变动所留下的表面痕迹
	AD 自然标记与自然现象	ADA 奇异自然景象	发生在地表一般还没有合理解释的自然界奇特现象
		ADB 自然标志地	标志特殊地理、自然区域的地点
		ADC 垂直自然带	山地自然景观及其自然要素随海拔呈现规律的现象
B 水域景观	BA 河系	BAA 游憩河段	可供观光游览的河流段落
		BAB 瀑布	河水在流经断层、凹陷等地区时垂直从高空跌落的跌水
		BAC 古河道段落	已经消失的历史河道现存段落
	BB 湖沼	BBA 游憩湖区	湖泊水体的观光游览区与段落
		BBB 潭池	四周有岸的小片水域
		BBC 湿地	天然或人工形成的沼泽地等带有静止或流动水体的成片浅水区

续表

主　类	亚　类	基本类型	简　要　说　明
B 水域景观	BC 地下水	BCA 泉	地下水的天然露头
		BCB 埋藏水体	埋藏于地下的温度适宜、具有矿物元素的地下热水、热气
	BD 冰雪地	BDA 积雪地	长时间不融化的降雪堆积面
		BDB 现代冰川	现代冰川存留区域
	BE 海面	BEA 游憩海域	可供观光游憩的海上区域
		BEB 涌潮与激浪现象	海水大潮时潮水涌进景象，以及海浪推进时的击岸现象
		BEC 小型岛礁	出现在江海中的小型明礁或暗礁
C 生物景观	CA 植被景观	CAA 林地	生长在一起的大片树木组成的植物群体
		CAB 独树与丛树	单株或生长在一起的小片树林组成的植物群体
		CAC 草地	以多年生草本植物或小半灌木组成的植物群落构成的地区
		CAD 花卉地	一种或多种花卉组成的群体
	CB 野生动物栖息地	CBA 水生动物栖息地	一种或多种水生动物常年或季节性栖息的地方
		CBB 陆地动物栖息地	一种或多种陆地野生哺乳动物、两栖动物、爬行动物等常年或季节性栖息的地方
		CBC 鸟类栖息地	一种或多种鸟类常年或季节性栖息的地方
		CBD 蝶类栖息地	一种或多种蝶类常年或季节性栖息的地方
D 天象与气候	DA 天象景观	DAA 太空景象观赏地	观察各种日月星辰、极光等太空现象的地方
		DAB 地表光现象	发生在地面上的天然或人工光现象
	DB 天气与气候现象	DBA 云雾多发区	云雾及雾凇、雨凇出现频率较高的地方
		DBB 极端与特殊气候显示地	易出现极端与特殊气候的地区或地点，如风区、雨区、热区、寒区、旱区等典型特点
		DBC 物候景象	各种植物的发芽、展叶、开花、结果等季变现象
E 建筑与设施	EA 人文景观综合体	EAA 社会与商贸活动场所	进行社会交往活动、商业贸易活动的场所
		EAB 军事遗址与古战场	古时用于战事的场所、建筑物和设施遗存
		EAC 教学科研实验场所	各类学校和教育单位、开展科学研究的机构和从事工程技术试验场所的观光、研究、实习的地方
		EAD 建设工程与生产地	经济开发工程与实体单位，如工厂、矿区、农田、牧场、林场、茶园、养殖场等生产区域和生产线
		EAE 文化活动场所	进行文化活动、展览、科学技术普及的场所
		EAF 康体游乐休闲度假地	具有康乐、健身、休闲、疗养度假条件的地方
		EAG 宗教与祭祀活动场所	进行宗教、祭祀、礼仪活动场所的地方
		EAH 交通运输场站	用于运输通行的地面场站等
		EAI 纪念地与纪念活动场所	为纪念故人或开展各种宗教祭祀、礼仪活动的馆室或场地

续表

主　类	亚　类	基本类型	简　要　说　明
E 建筑与设施	EB 实用建筑与核心设施	EBA 特色街区	反映某一时代建筑风貌，或经营专门特色商品和商业服务
		EBB 特色屋舍	具有观赏游览功能的房屋
		EBC 独立厅、室、馆	具有观赏游览功能的景观建筑
		EBD 独立场、所	具有观赏游览功能的文化、体育场馆等空间场所
		EBE 桥梁	跨越河流山谷、障碍物或其他交通线而修建的架空通道
		EBF 渠道、运河阶段	正在运行的人工开凿的水道段落
		EBG 堤坝段落	防水、挡水的构筑物段落
		EBH 港口、渡口与码头	位于江河湖海沿岸进行航运、过渡、商贸、渔业活动的地方
		EBI 洞窟	由水的溶蚀、侵蚀和风蚀作用形成的可进入的地下空洞
		EBJ 陵墓	帝王、诸侯陵寝及领袖先烈的坟墓
		EBK 景观农田	具有一定观赏游览功能的农田
		EBL 景观牧场	具有一定观赏游览功能的牧场
		EBM 景观林场	具有一定观赏游览功能的林场
		EBN 景观养殖场	具有一定观赏、游览功能的养殖场
		EBO 特色店铺	具有一定游览功能的店铺
		EBP 特色市场	具有一定观光游览功能的市场
	EC 景观与小品建筑	ECA 形象标志物	能反映某处旅游形象的标志物
		ECB 观景点	用于景观观赏的场所
		ECC 亭台楼阁	供游客休息、乘凉或观景用的建筑
		ECD 书画作	具有一定知名度的书画作品
		ECE 雕塑	用于美化或纪念而雕刻塑造、具有一定寓意、象征或象形的观赏物和纪念物
		ECF 碑碣、碑林、经幢	雕刻记录文字、经文的群体刻石或多角形石柱
		ECG 牌坊牌楼、影壁	为表彰功勋、科第、德政以及忠孝节义所立的建筑物，以及中国传统建筑中用于遮挡视线的墙壁
		ECH 门廊、廊道	门头廓形装饰物，不同于两侧基质的狭长地带
		ECI 塔形建筑	具有纪念、真武、标明风水和某些实用目的的直立建筑物
		ECJ 景观步道、甬路	用于观光游览行走而砌成的小路

续表

主　类	亚　类	基本类型	简　要　说　明
E 建筑与设施	EC 景观与小品建筑	ECK 花草坪	天然或人造的种满花草的地面
		ECL 水井	用于生活、灌溉用的取水设施
		ECM 喷泉	人造的由地下喷水射至地面的喷水设备
		ECN 堆石	由石头堆砌或填筑形成的景观
F 历史遗迹	FA 物质类文化遗存	FAA 建筑遗迹	具有地方风格和历史色彩的历史建筑遗存
		FAB 可移动文物	历史上各时代重要实物、艺术品、文献、手稿等代表性实物，分为珍贵文物和一般文物
	FB 非物质类文化遗存	FBA 民间文学艺术	民间对社会生活进行形象地概括而创作的文学艺术作品
		FBB 地方习俗	社会文化中长期形成的风尚、礼节、习惯及禁忌等
		FBC 传统服饰装饰	具有地方和民族特色的衣饰
		FBD 传统演艺	民间各种传统表演方式
		FBE 传统医药	当地传统留存的医药制品和治疗方式
		FBF 传统体育赛事	当地定期举行的体育比赛及活动
G 旅游购品	GA 农业产品	GAA 种植业产品及制品	具有跨地区声望的当地生产的种植业产品及制品
		GAB 林业产品与制品	具有跨地区声望的当地生产的林业产品及制品
		GAC 畜牧业产品与制品	具有跨地区声望的当地生产的畜牧产品及制品
		GAD 水产品及制品	具有跨地区声望的当地生产的水产品及制品
		GAE 养殖业产品与制品	具有跨地区声望的养殖业产品及制品
	GB 工业产品	GBA 日用工业品	具有跨地区声望的当地生产的日用工业品
		GBB 旅游装备产品	具有跨地区声望的当地生产的户外旅游装备和物品
	GC 手工工艺品	GCA 文房用品	文房书斋的主要用具
		GCB 制品、染织	纺织及用染色印花织物
		GCC 家具	生活、工作或社会实践中供人们坐、卧或支撑与贮存物品的器具
		GCD 陶瓷	由瓷石、高岭土、石英石、莫来石等烧制而成，外表施有玻璃质釉或彩绘的器物
		GCE 金石雕刻、雕塑制品	用金属、石料或木头等材料雕刻的工艺品
		GCF 金石器	用金属、石料制成的具有观赏价值的器物
		GCG 纸艺与灯艺	以纸材质和灯饰材料为主要材料制成的平面或立体的艺术品
		GCH 画作	具有一定观赏价值的手工画作成品

续表

主　类	亚　类	基本类型	简　要　说　明
H 人文活动	HA 人事活动记录	HAA 地方人物	当地历史和现代名人
		HAB 地方事件	当地发生过的历史和现代事件
	HB 岁时节令	HBA 宗教活动与庙会	宗教信徒举办的礼仪活动，以及节日或规定日子里在寺庙附近或既定地点举行的聚会
		HBB 农时节日	当地与农业生产息息相关的传统节日
		HBC 现代节庆	当地定期或不定期的文化、商贸、体育活动等
8	23	110	

注：如果发现本分类没有包括的基本类型时，使用者可自行添加。增加的基本类型可归入相应亚类，置于最后，最多可增加两个，编号方式为：增加第一个基本类型时，该亚类 2 位汉语拼音字母 +Z、增加第二个基本类型时，该亚类 2 位汉语拼音字母 +Y

资料来源:《旅游资源分类、调查与评价》(GB/T18972—2017)。

二、按旅游资源的存在方式划分

按旅游资源的存在方式划分，旅游资源可以分为有形旅游资源和无形旅游资源。有形旅游资源是指具有实物形态、现实存在的旅游资源，无形旅游资源是指精神、文化等不具有实物形态的旅游资源。有形的旅游资源很重要，但无形的旅游资源能带给有形资源以厚重内涵与灵魂，将旅游资源与精神文化联系成有机整体。非物质文化遗产就是所谓的无形旅游资源。例如，西安将盛唐历史文化与城市名片及历史建筑联系起来，打造大唐盛世，就是有形与无形的结合，从而塑造了现代西安的旅游名片。

三、按旅游资源的吸引力程度划分

（一）世界级旅游资源

世界级旅游资源的吸引力覆盖至全球，影响力最强，吸引全球旅游者进行旅游活动。例如，北京故宫、莫高窟、布达拉宫，以及埃及金字塔、美国科罗拉多大峡谷、澳大利亚大堡礁、印度泰姬陵等，就其知名度和吸引力而言，可称为世界级旅游资源。

（二）国家级旅游资源

国家级旅游资源是指旅游目的地资源在所属国内有高知名度，具有观赏、历史等价值，主要吸引国内旅游者。一般来说，国家级旅游风景区、国家级度假区等都属此类。

（三）区域级旅游资源

区域级旅游资源是具有一定的地方特色，在区域内有一定的知名度，有一定的观赏、历史等价值，区域内有较大影响。例如，东北旅游区、华北旅游区等的分类即基于此。

此外，也可根据旅游活动的目的及性质进行分类，可以分为观赏类、疗养类、探险类等旅游资源；根据旅游资源的开发程度，可以分为未开发旅游资源、现有即将开发的旅游资源等；根据旅游资源的景观组合进行分类，可以分为自然景观和人文景观资源。由于旅游资源分类方式及标准较多，不再一一列举。

第三节 旅游资源调查

旅游资源调查是指按照旅游资源的分类，调查旅游目的地的旅游资源状况，为旅游规划工作和旅游业的发展提供事实依据。

一、旅游资源的调查类型

根据《旅游资源分类、调查与评价》(GB/T 18972—2017)，旅游资源调查分为详查和概查两种。调查应保证成果质量，具有科学性、客观性、准确性，达到进行旅游资源调查的目的。两种调查方法的区别就在于精度的不同。

(一)详查

旅游资源的详查具有一定的目的，即带有研究目的或规划任务。旅游资源详查需要组织学科力量进行野外勘探，从而对区域内所有旅游资源进行更为详尽和全面地资料收集。

1. 适用范围

了解和掌握整个区域旅游资源的全面情况。

2. 技术要求

调查对象：对区域内旅游单体资源进行全面调查。

调查内容：资料收集范围包括与旅游单体资源及存在环境相关的一切资料。

调查程序：包括调查准备、实地调查两个环节。

调查结果：应提交“旅游资源单体调查表”。

(二)概查

旅游资源概查一般采用较为简单的方法，是指对于特定区域或特定类型旅游资源的概括性调查。

1. 适用范围

了解和掌握特定区域或专门类型的旅游资源的情况。

2. 技术要求

调查对象：对涉及的旅游资源单体进行调查。

调查内容：资料收集可限定在专门目的所需要的范围之内。

调查程序：参照详查程序，可适当简化。

调查结果：可不填写或择重点填写。

旅游资源详查与概查的区别见表 5-3 所示。

表 5-3 旅游资源详查与概查的区别

项　目	旅游资源详查	旅游资源概查
性　质	区域性	专题性
目　的	为地区旅游开发的综合目的服务，如建立旅游资源数据库	为地区旅游开发的一种或少数几种特定目的，如旅游规划、项目设置、资源保护、法规建设、市场推销等服务
技术支撑	国家标准	国家标准，或自定调查技术规程
适用范围	适用于区域旅游研究、旅游开发、旅游信息管理等	适用于一种或少数几种单项任务，如旅游研究、旅游规划、旅游资源保护、专项旅游产品开发等
组织形式	专门成立调查组，成员专业组合完备	一般不需要专门成立调查组
工作方式	对所有旅游资源进行全面调查，执行调查规定的全部程序	按照调查规定的相关程序运作，按实际需要确定调查对象并实施调查，可以简化工作程序
提交文件	标准要求的全部文件、图件	部分有关文件、图件
成果处理	建立区域旅游资源信息库，直接处理、转化为公众成果，为社会提供	成果直接为专项任务服务

资料来源：尹泽生，2005。

二、旅游资源的调查内容

旅游资源调查内容复杂，涉及旅游活动的方方面面。调查内容包括：旅游资源形成条件的调查、旅游资源本身的调查、旅游资源开发情况的调查。

（一）旅游资源形成条件的调查

调查主要是了解和掌握调查区域的基本情况，从而找出资源的整体特色及内在联系。

1. 自然环境的调查

（1）地貌特征调查。包括地貌单元、地质构造、地壳活动情况等的调查。

（2）水文特征调查。包括地表水、地下水、水文分布、水文特征、水文现象的调查。

（3）气象气候调查。包括降水、气温、光照、湿度等的调查。

（4）动植物要素调查。包括植物、动物等的调查。

2. 人文环境的调查

（1）历史沿革。包括发展历史、名人活动、历史事件等的调查。

（2）社会情况的调查。包括经济发展水平、生态环境、法制环境、交通条件、文化医疗等的调查。

（二）旅游资源本身的调查

对于旅游资源本身的调查主要是对旅游资源进行深入地调查，从而为开发提供依据。

1. 自然景观的调查

首先是对整体自然环境进行调查，其次是有重点地调查可供开发、具有特色的旅游资源，如山体、水体、沟谷、洞穴、珍稀动植物、罕见气候景观等。

2. 人文景观的调查

对于人文景观的调查，主要包括对于历史遗址遗迹、名人活动、文化传承、传统手工艺品、特色村寨等的调查。

（三）旅游资源开发情况的调查

1. 基础设施的调查

旅游的构成要素种类多样，归纳起来则是吃、住、行、游、购、娱，与之相对应的以餐饮、住宿、交通等为主的基础设施建构是否完善是资源调查的重要部分。

2. 旅游客源市场的调查

包括对国际旅游者、国内旅游者、本地以外的旅游者以及本地旅游者进行分析，对于吸引旅游者的出游点、消费构成、消费水平等进行调查。

3. 与邻近资源的组合情况

当旅游资源形成规模时，才会对旅游者产生更强的吸引力。与邻近地区之间的资源组合，也会加强旅游资源之间的协调性与和谐性。因此，调查相邻区域的旅游资源有助于进行联动发展，调节旅游资源的吸引力。

三、旅游资源的调查程序和方法

旅游资源的调查是一项相对基础的工作，带有一定的复杂性与细致性。只有经过一定的程序性工作，才能更好地完成对旅游资源的深入调查。旅游资源的调查程序主要包括调查准备、实地调查、提交报告（如图 5-2 所示）。

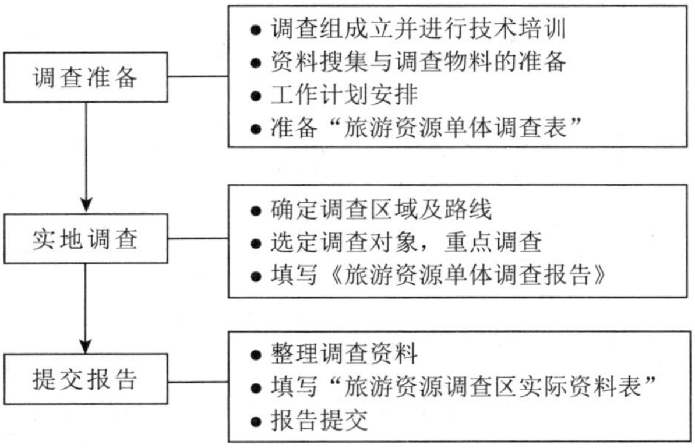

图 5-2　旅游资源调查程序图

（一）调查准备

1. 调查组成立并进行技术培训

调查组成员应具备旅游资源、旅游开发有关的专业知识，应选择旅游、环境、地理、建筑等相关专业人员。调查组成员确定之后，应根据《旅游资源分类、调查与评价》（GB/T 18972—2017）标准进行技术培训。

2. 资料搜集与调查物料的安排

资料的搜集包括地方志、乡土教材、旅游区与旅游点介绍、各类图形资料、照片及影像资料等。物料安排主要是包括实地调查所需要的技术设备，包括定位仪器、测量仪器、影像设备等。

3. 工作计划安排

工作计划及方案涉及调查范围、调查对象、调查方式、调查精度要求、任务完成时间以及报告提交时间等。

4. 准备“旅游资源单体调查表”

具体见表 5-4 所示。

表 5-4　旅游资源单体调查表

基本类型：

代　号	；其他代号：①　　　　　；②
行政位置	
地理位置	东经　　　　　　　；北纬
性质与特征（单体性质、形态、结构、组成成分的外在表现和内在因素，以及单体生成过程、演化历史、人事影响等主要环境因素）	
旅游区域及进出条件［单体所在地区的具体部位、进出交通、与周边旅游集散地和主要旅游区（点）之间的关系］	

续表

保护与开发现状（单体保存现状、保护措施、开发情况）			
共有因子评价问题（你认为本单体属于下列评价项目中的哪个档次，应该得多少分，在最后的一列内写上分数）			
评价项目	**档　次**	**本档次规定得分**	**你认为应得的分数**
单体为游客提供的观赏价值，或游憩价值，或使用价值	全部或其中一项具有极高的观赏价值、游憩价值、使用价值	30–22	
	全部或其中一项具有很高的观赏价值、游憩价值、使用价值	21–13	
	全部或其中一项具有较高的观赏价值、游憩价值、使用价值	12–6	
	全部或其中一项具有一般观赏价值、游憩价值、使用价值	5–1	
单体蕴含的历史价值，或文化价值，或科学价值，或艺术价值	同时或其中一项具有世界意义的历史价值、文化价值、科学价值、艺术价值	25–20	
	同时或其中一项具有全国意义的历史价值、文化价值、科学价值、艺术价值	19–23	
	同时或其中一项具有省级意义的历史价值、文化价值、科学价值、艺术价值	12–6	
	历史价值，或文化价值，或科学价值，或艺术价值具有地区意义	5–1	
物种珍稀性，景观奇特性，现象遍在性在各地的常见性	有大量珍稀物种，或景观异常奇特，或此类现象在其他地区罕见	15–13	
	有较多珍稀物种，或景观异常奇特，或此类现象在其他地区很少见	12–9	
	有少量珍稀物种，或景观异常奇特，或此类现象在其他地区少见	8–4	
	有个别珍稀物种，或景观异常奇特，或此类现象在其他地区比较多见	3–1	
个体规模大小，群体结构丰满性和疏密度，现象常见性	独立型单体规模、体量巨大，组合型旅游资源单体结构完美、疏密度优良级，自然景象和人文活动周期性发生或频率极高	10–8	
	独立型单体规模、体量较大，组合型旅游资源单体结构很和谐、疏密度良好，自然景象和人文活动周期性发生或频率很高	7–5	
	独立型单体规模、体量中等，组合型旅游资源单体结构和谐、疏密度较好，自然景象和人文活动周期性发生或频率较高	4–3	
	独立型单体规模、体量较小，组合型旅游资源单体结构较和谐、疏密度一般，自然景象和人文活动周期性发生或频率较小	2–1	

续表

评价项目	档　次	本档次规定得分	你认为应得的分数
自然或人为干扰和破坏情况，保存完整情况	保持原来形态和结构	5–4	
	形态与结构有少量变化，但不明显	3	
	形态与结构有明显变化	2	
	形态与结构有重大变化	1	
知名度和品牌度	在世界范围内知名，或构成世界承认的名牌	10–8	
	在全国范围内知名，或构成全国性的名牌	7–5	
	在本省范围内知名，或构成省内的名牌	4–3	
	在本地区范围内知名，或构成本地区名牌	2–1	
适游时间或服务游客情况	适宜游览的日期每年超过 300 天，或适宜于所有游客使用和参与	5–4	
	适宜游览的日期每年超过 250 天，或适宜于 80% 左右游客使用和参与	3	
	适宜游览的日期超过 150 天，或适宜于 60% 左右游客使用和参与	2	
	适宜游览的日期每年超过 100 天，或适宜于 40% 左右游客使用和参与	1	
受污染情况，环境条件及保护措施	已受到严重污染，或存在严重安全隐患	–5	
	已受到重度污染，或存在明显安全隐患	–4	
	已受到轻度污染，或存在一定安全隐患	–3	
	已有工程保护措施，环境安全得到保证	3	
本单体得分	本单体可能的等级　　级　填表人	调查日期	年　月　日

资料来源：《旅游资源分类、调查与评价》（GB/T 18972—2017）。

（二）实地调查

1. 确定调查区域及路线

在旅游资源调查中，可将整个调查区域划分为若干调查小区：可按照行政区划进行划分，也可按现有旅游区域划分。调查线路要按要求设置，理论上应贯穿所有小区主要旅游单体所在地。

2. 选定调查对象，重点调查

调查对象一般选取具有旅游开发前景，有明显的社会、经济、文化价值的旅游单体，较为能够代表调查区的资源单体。但对于不具有开发利用价值、违反国家政策法规或开发后不利于社会形象及生态环境的可暂缓调查。

3. 填写《旅游资源单体调查报告》

应对每一个受调查的旅游单体资源填写《旅游资源单体调查报告》。

（三）提交报告

1. 整理调查资料

调查过程中收集的数据或文件资料较多，此时要注意对调查资料的归纳整理。

2. 填写“旅游资源调查区实际资料表”

在调查活动结束后，由调查组填写“旅游资源调查区实际资料表”（如表 5-5 所示）、绘制旅游资源图。

表 5-5　旅游资源调查区实际资料表

调查区名称		调查时间	年　月　日至　年　月　日
行政位置			
A. 调查区基本资料			
调查区概况（面积、行政区划、人口、所处的旅游区域）			
调查工作过程（工作程序和调查重点，提交主要文件、图件）			
调查区旅游开发现状和前景（总体情况、产业地位、旅游开发潜力、旅游开发）			
B. 各层次旅游资源数量统计			
系　列	标准数目	调查区	
主　类	8	数　目	占全国比例（%）
亚　类	23		
基本类型	110		
C. 各主类、亚类旅游资源基本类型数量统计			
地文景观	17		
自然景观综合体	4		
地质与构造形迹	4		
地表形态	6		
自然标记与自然现象	3		
水域景观	13		
河　系	3		
湖　沼	3		
地下水	2		
冰雪地	2		

续表

海　面	3		
生物景观	8		
植被景观	4		
野生动物	4		
天象与气候景观	5		
建筑与设施	39		
人文景观综合体	9		
实用建筑与核心设施	16		
景观与小品设施	14		
历史遗迹	8		
物质类文化遗存	2		
非物质类文化遗存	6		
旅游购品	15		
农业产品	5		
工业产品	2		
手工工艺品	8		
人文活动	5		
人事活动记录	2		
岁时节令	3		

D. 各级旅游资源单体数量统计

等　级	优良级旅游资源			普通级旅游资源		未获等级
	五　级	四　级	三　级	二　级	一　级	
数　量						

E. 优良级旅游资源单体名录（不敷需要时请另加纸）

五　级	
四　级	
三　级	

F. 调查组主要成员

责　任	姓　名	专　业	职称	分　工	责　任	姓　名	专　业	职　称	分　工
组　长					成　员				
副组长					成　员				
成　员					成　员				
成　员					成　员				
成　员					成　员				
成　员					成　员				

续表

G. 主要技术存档材料（不敷需要时请另加纸）				
类　别				
文字资料 （出版物、内部资料）				
调查记录（采访记录、 测试数据）				
调查图作（原始地图、 实际资料图）				
影像资料				
填表人		联系方式	单位： 电话： 电子信箱：	填表日期： 年　　月　　日

资料来源：《旅游资源分类、调查与评价》（GB/T 18972—2017）。

四、旅游资源的调查报告

旅游资源调查报告没有固定格式，但依据《旅游资源分类、调查与评价》（GB/T18972—2017）标准应包括以下内容：前言、调查区旅游环境、旅游开发历史及现状、旅游资源基本类型、旅游资源评价、旅游资源保护与开发建议、主要参考文献等。

（一）前言

前言是写在调查报告正文前的内容，一般应包括调查地点、调查人员、调查目的、调查要求、主要资料、调查成果等内容。作为调查报告的起始部分，前言的目的是向读者说明调查报告的基本内容，引导读者阅读，起到提纲挈领的作用。

（二）调查区旅游环境

旅游环境也可称为区域地理概况，主要是对当地的区位情况进行分析总结。一般包括综述、自然概况、人文概况、市政建设、经济状况等。

（三）旅游开发历史及现状

主要包括开发历史、开发现状、发展背景等综合因素。

（四）旅游资源基本类型

对调查区的旅游资源应根据《旅游资源分类、调查与评价》国家标准进行分类，并作出统计。

（五）旅游资源评价

主要依据《旅游资源分类、调查与评价》对旅游资源单体、旅游总体进行评价。一般是对资源要素价值、资源影响力、附加值等项目进行评价，并根据旅游资源评价赋分标准进行旅游资源打分。

（六）旅游资源保护与开发建议

本部分主要是根据调查报告找出调查区旅游开发中存在的问题，并提出适当开发及保护建议。

第四节　旅游资源评价

旅游资源评价是在旅游资源调查的基础上进行的深入性工作，按照一定标准和方法对旅游资源的价值作出的评判。评价工作是旅游规划的前提工作，只有了解旅游资源是否存在价值及价值大小，才能为旅游调查区的规划与开发工作提供一定的事实与理论依据。邢道隆、王玫等（1987）认为，旅游资源评价若不以开发、加工成旅游产品为明确目的，仅从美学或者历史文化角度对风景名胜和度假娱乐场所等所做的评价，原则上不属于旅游资源评价。

旅游资源评价主要包括对旅游资源本身的评价、旅游资源开发条件的评价、旅游资源环境的评价。

一、旅游资源的评价内容

（一）旅游资源本身的评价

主要是对旅游资源的性质、功能、价值等进行的评价。对旅游资源本身进行评价，有助于对旅游资源的深度了解，推进规划工作的开展。

1. 性质评价

性质评价主要是对旅游资源的类型、资源组合等情况的评价。只有了解了资源类型、资源组合，才能使旅游资源协调布局，从而形成具有较高旅游价值的资源组合，获得较高效益。

2. 功能评价

功能评价是指经过开发工作后，旅游资源能够满足旅游者的某种需求，是旅游资源的价值体现。旅游资源的功能一般包括观赏功能、教育功能、健身功能、休闲功能、康养功能、娱乐功能等。旅游资源功能越多，吸引的旅游者就越多，价值也就越大。旅游资源的功能也是未来规划与开发工作的重要决定因素。

3. 等级评价

基于《旅游资源分类、调查与评价》（GB/T 18972—2017）中对于旅游资源单体的评价标准与等级划分，将旅游资源划分为五个等级：五级旅游资源、四级旅游资源、三级旅游资源、二级旅游资源、一级旅游资源（如表 5-6 所示）。得分小于或等于 29 分的为未获等级旅游资源。

表 5–6　旅游资源评价等级与图例

旅游资源等级	得分区间（分）	图例	使　用　说　明
五级旅游资源	≥ 90	★	1. 图例大小根据图面大小而定，形状不变。 2. 自然旅游资源（主类 A、B、C、D）使用蓝色图例，人文旅游资源（主类 E 、F、G、H）使用红色图例。
四级旅游资源	75–89	■	
三级旅游资源	60–74	◆	
二级旅游资源	45–59	▲	
一级旅游资源	30–44	●	

注：五级旅游资源称为“特品级旅游资源”，四级、三级旅游资源通称为“优良级旅游资源”，二级、一级旅游资源通称为“普通级旅游资源”。

资料来源:《旅游资源分类、调查与评价》(GB/T 18972—2017)。

4. 综合评价

综合评价是指对于旅游资源的评价不仅要包括对其自身资源的评价，同时也应包括旅游资源所处环境的评价。例如，对资源本身的评价应包括美、古、名、特、奇、用等，对环境的评价有季节、景点及景区之间的联系、可进入性、社会经济环境、市场等多个指标。

5. 专项评价

专项评价是指对于某一类旅游资源划分出一类评价标准。例如，对于气候旅游资源的评价主要是看舒适指数和风效指数。目前，对于专项性评价较为成熟的有滨海型旅游资源评价、滑雪旅游资源评价、气候资源评价、旅游湖泊评价、海水浴场评价等。

（二）旅游资源开发条件的评价

1. 区位评价

旅游资源的区位条件决定旅游开发的可行性、规模、程度和效益。对于区位条件的评价，主要包括旅游资源所在地的地理位置、交通条件以及与周围旅游区之间的相互关系等。其中，旅游资源区的交通区位条件决定着旅游资源开发的难易程度与未来的客流量。

2. 客源评价

旅游的客源数量直接关系到旅游的经济效益。旅游者数量决定开发以后的经济效益。旅游资源的客源条件可以从时间和空间两个方面来分析。①时间上，主要分析客源的到访时间规律及时间不均分布形成的旅游淡旺季，即旅游的季节性问题。如冰雪旅游与海滨旅游都具有极其明显的季节性。②空间上，分析旅游资源所能吸引的客源范围、最大辐射半径等。旅游资源特色鲜明、规模大、社会和经济接待环境好的旅游区，其客源范围和数量一般都极为可观，经济效益也较高，这种旅游资源往往具有较大开发潜力。

3. 投资评价

投资评价主要包括三个方面：一是当地政府的政策，二是投资渠道是否畅通，三是社会治安状态等。政府对于旅游资源开发制定的优惠政策力度较强，则会吸引投资，投资条件较为优越。旅游业是资金密集型产业，投资渠道贯通与否关系到旅游开发的深度、广度及开发的可能性。社会治安环境会影响投资者的投资态度，投资是为有回报与收益，当地治安较差，则无法吸引更多旅游者。

4. 建设施工条件评价

对建设施工条件的评价主要涉及两点内容：一是工程建设环境，如地质、地貌、水文、气候等条件；二是工程建设的基本供需，包括设备建材、食品供给等。评价建设施工条件的关键是权衡经济效益，综合考虑经济与投入，从而确定合理的建设施工方案。

（三）旅游资源环境的评价

1. 旅游资源的自然环境

旅游资源的自然环境是指旅游资源所在地的地质地貌、气象气候、水文、土壤、植被等所构成的自然环境，它是旅游活动的物质基础与重要外部环境条件之一。作为旅游资源不可分割的一部分，旅游资源的自然环境直接关系到旅游资源的品质和开发前景。

2. 旅游资源的人文环境

旅游资源的人文环境主要是指旅游资源所在区域的政治、社会治安、医疗卫生以及政府和当地居民对旅游业的态度及认识等社会条件。这些要素往往事关旅游者的生命和财产安全，社会安定和谐、医疗卫生条件完善、当地居民亲切友善的旅游地必然会受到游客的欢迎。

3. 旅游资源的经济环境

旅游资源的经济环境是指旅游资源所在地的经济发达程度。一般情况下，经济越发达，旅游资源的投资实力越强。旅游经济环境要素将直接影响到旅游资源开发的成本与效益、旅游地的可进入性和旅游服务质量。

4. 环境容量和承载力

旅游资源的环境容量是指旅游资源自身或所处区域在一定时间条件下旅游活动的容纳能力，包括空间承载量和生态承载量。空间承载量是指在一定时间条件下，旅游资源依存的游憩用地、游览空间等有效物理环境空间能够容纳的最大旅游者数量。生态承载量是指在生态环境不会恶化的前提下能够容纳的最大旅游者数量。旅游资源所处环境的容量和承载力，对于旅游资源的开发规模具有决定性作用。为了保证旅游资源的有序开发和永续利用，规划者往往选择环境容量指标中数值最小的指标作为开发规模的限值。

二、旅游资源的评价方法

旅游资源的评价方法大致包括两类：定性评价和定量评价。

（一）定性评价方法

定性评价方法又被称为经验评价法，一般是评价者凭借自己的经验及知识对旅游资源作出的带有主观色彩的评价与结论。一般包括体验性评价、美感质量评价、“三三六”评价、质性评价等。

1. 体验性评价

一般体验性评价是以大量旅游者或专家为主体对旅游资源进行评价，即通过统计旅游地或旅游资源在报刊、旅游指南、旅游书籍和网络上出现的频率或旅游者对旅游资源的好评率，从而判断旅游资源的质量优劣和大众知晓度。但是，此方法仅对具有一定知名度的旅游资源评价有效，而对于大多数尚未开发也无知名度的旅游资源则不具有可操作性。

2. 美感质量评价

美感质量评价是一种从美学价值的角度对旅游资源进行评价的方法。这类评价以旅游者或旅游专家的体验性评价为基础，并在其基础上进行深入分析，其评价结果具有一定的可比性。其中有关自然风景视觉质量评价较为成熟，已发展成为四个公认的学派，即专家学派、心理物理学派、认知学派和经验学派或现象学派。

（1）专家学派

代表人物林顿（R. B. H. Litton）。该学派认为，凡符合形式美原则的自然风景都具有较高的风景质量，主要是从风景的成果、形体、色彩和质地四个方面加以评价，突出表现为将待评价对象进行一系列的分类分级过程。美国林务局风景管理系统中，对于自然风景质量的评价如下：首先根据地形、植被、水体等特点，按自然地理区域划分出风景类型大类，而各风景类型之下，又根据区域风景的多样性程度划分出亚类型；然后以亚类型为评价单位，将风景质量划分为特异、一般和恶劣风景三个等级。

（2）心理物理学派

代表人物是施罗德（H. W. Shroeder）、丹尼尔（T. C. Daniel）和布雅夫（G. L. Buhyoff）。该学派认为，风景与风景审美的关系对应着刺激–反应的关系。该派将心理物理学的信号检测方法应用到风景评价当中。通过测量公众对风景的审美态度得到一个反映风景质量的量表，然后在该量表与风景的各组成成分之间建立起数学关系。其操作步骤：首先，测量公众的平均审美态度，以照片或幻灯片工具获得公众对所展示风景的美感评价；其次，确定所展示风景的基本成分（要素）；最后，将建立的数学模型用于同类风景的质量评估之中。

（3）认知学派

代表人物是卡普兰（S. Kaplan）、吉布利特（H. R. Gimblett）和布朗（T. Brown）。该学派强调自然风景对人的认识及情感反应方面的意义，试图用人的进化过程及功能需要去解释人对自然风景的审美过程。该学派认为，人在风景审美过程中，既会注意风景中那些易于辨识和理解的特性（易解特性），又对风景蕴藏的具有神秘感的信息感兴趣（神秘性）；同时具有这两种特性的自然风景，其评估质量就高。

（4）经验学派（现象学派）

代表人物是洛温撒尔（D. Lowenthal）。该学派认为，人在评判自然风景美感质量方面起着绝对的作用，人对风景审美的评判综合体现了其个体的文化历史背景、志向与情趣。研究方法一般为考证文学艺术家关于风景审美的文学、艺术作品，考察名人日记等来分析人与风景的相互作用及某种审美评判所产生的背景。

3.“三三六”评价

该评价方法由卢云亭提出。所谓“三三六”，是指对旅游地的评价应从旅游资源具有的三大价值、开发后产生的三大效益和开发中所涉及的六大条件几个方面去进行系统评价。

（1）三大价值

三大价值是指旅游资源本身所具有的历史文化价值、艺术观赏价值和科学考察价值。

历史文化价值属于人文旅游资源范畴。评价历史古迹，要看它的类型、年代、规模、保存状况及其在历史上的地位。艺术观赏价值是指旅游资源的艺术特征、地位和意义。例如，峨眉山三大奇景（日出、云海和宝光），大理四绝（苍山白雪、洱海明月、林寨院落的繁花、沁人心脾的下关风）等。科学考察价值指旅游资源的某种研究功能。在自然科学、社会科学和教学上各有什么特点，能否为科教工作者、科学探索者和追求者提供现场研究场所。例如，典型地质构造、生物化石、人类文化遗址、人类科技进步的标志物可作为科学价值很高的旅游资源的代表。

（2）三大效益

三大效益是指经济效益、社会效益和环境效益。经济效益主要包括旅游资源利用后可能带来的经济收入，社会效益指旅游资源开发对人类智力开发、知识储备、思想教育等方面产生的效益，环境效益指旅游资源的开发对环境、资源可能带来的效益。在对三大效益进行评价时，应综合考察，分析利弊。

（3）六大条件

旅游资源的开发，必须建立在一定的可行性条件基础上，其中重要的六个方面包括：景区的地理位置和交通条件、景物或景类的地域组合条件、景区旅游容量条件、施工难易条件、投资能力条件、旅游客源市场条件。

4. 质性评价

质性评价又被称为质的评价，是指以人文主义为认识论基础，通过文字、图片等描述性手段，对评价对象的各种特质进行全面充分地揭示。质性评价强调对研究对象进行后实证经验主义的考察分析。一般以扎根理论为基础，采用计算机软件进行文本分析、话语分析等研究，如 ROST 软件、NVIVO 软件等。质性评价一般包括三个步骤：①搜集相关资料；②文件转换格式导入计算机软件，利用软件对资料进行编码整理；③分析并得出结论。

质性评价是人文社会科学研究中常用的研究方法，通过对收集的文本进行深入分析，进行价值评价，并作出研究者本身的“解释性理解”。质性评价能深入具体情境，能够突出被评价者的主体地位，是现今较为常用的一种研究方法。

（二）定量评价方法

1. 层次分析法

层次分析法（Analytical Hierarchy Process），是美国运筹学家萨蒂（T. L. Saty）于20 世纪 70 年代初提出的。其基本点是通过人们较易操作的两两相比判别，最终通过判断矩阵达到整体比较的目的。在我国最早引进这一方法对旅游资源进行定量评价的是保继刚，后来楚义芳等又在此基础上加以发展。该方法有以下几个主要步骤。

第一，将旅游资源评价按层次划分出大类、类和层，建立旅游资源评价决策模型图。实际上是将旅游资源的复杂问题分解成了不同层次，然后以人们的主观判断加以量化处理，是一种综合整理人们主观判断的客观评价方法。

第二，给出评价因子的大类。根据类、层的权重，构造出决策模型中各层次反映其影响关系的判断矩阵。通常采用专家咨询法，对同一层次的各因素对于上一层次的某项因子的重要性给予判断，获得评价因子排序权重及位次。

第三，根据权重排序，建立评价指标体系。以 100 分为总分，按权重赋予各个因素分值，就得到旅游资源定量评价参数表。

第四，结果处理。根据各评价因子的权重，通过专家意见的多次反馈，确定基本评价因子的指标分值，完成评价模型权重排列。

2. 指数评价法

旅游资源的指数评价法分为以下三步：

第一步，调查分析旅游资源的开发利用现状、吸引力及外部区域环境，要求有准确的定量统计资料。

第二步，调查分析旅游需求，主要内容有游客数量、旅游者构成、逗留时间、旅游花费趋向、需求结构及节律性等。

第三步，拟定总体评价式，建立表达旅游资源特质、旅游需求与旅游资源之间关系的若干量化模型。其公式为：

$$E = \sum_{i=1}^{n} F_i M_i V_i$$

式中：E 为旅游资源评价指数；F 为第 i 项旅游资源在全部旅游资源中的权重；M 为第 i 项旅游资源的特质与规模指数；V 为旅游者对第 i 项旅游资源的需求指数；n 为旅游资源总项数。最后，可以应用调查结果和评价指数确定旅游资源的旅游容量、密度、需求规律性和开发序位。

3. 模糊综合评价法

模糊综合评价法是运用模糊数学和模糊统计方法，通过对影响某事物的各个因素的综合考虑，对该事物的优劣作出科学评价的一种方法。此方法有以下几个步骤。

（1）确定评价对象的因素集。因素集是指影响评价对象的各种因素所组成的一个普通集合，通常用 U 表示。

$$U=\{u_1,\ u_2,\ u_3\ldots u_m\}$$

式中，u_i（i=1，2，... m）为各评价因素，m 表示同一层次上单个因素的个数。这一集合构成了评价的框架。建立评价因素集是进行综合评价的前提和基础，可通过专家征询、参考已有的评价指标体系自定。

（2）确定模糊对象评价集。评价集是评价者对评价对象可能作出的各种评价结果所组成的一个数量集合，常用 V 表示。

$$V=\{v_1,\ v_2\ldots v_n\}$$

式中，v_j（j=1，2，... n）是评价等级标准，表示由高到低的各级评语。这一集合规定了某一评价因素的评价结果所能选择的范围。

（3）建立指标体系及确定其权重。确定 U_i 的相对重要性 a_j，组成权重集 A。各因素的权重子集 $A=(a_1,\ a_2,\ \ldots,\ a_m)$，其中

$$\textstyle\sum_{i=1}^{m} a_i=1,\ 0\leqslant a_i\leqslant 1$$

其中的因素权重可采用主观经验判断、层次分析法、德尔菲法来确定。

（4）确定模糊评判矩阵。对第 i 个因素 u_1 进行单因素评价，得到一个相对于 v_j 的模糊向量 R_i，R_i=（R_{i1}，R_{i2}，$\cdots R_{ij}$，$\cdots R_{in}$）；i=1，2，3... m，j=1，2，3... n。联合单因素，整个评价因素集内各因素相应的隶属度向量可记为矩阵形式，模糊矩阵 R 称为单因素评价矩阵。其中，r_{ij} 为因素集中第 i 个因素 u_iu 对评价集第 j 个元素 v_j 的隶属度，$0<r_{ij}<1$。

$$R=\begin{bmatrix} R_1 \\ R_2 \\ \vdots \\ R_i \\ \vdots \\ R_m \end{bmatrix}=\begin{bmatrix} r_{11} & r_{21} & \cdots r_{1j} & \cdots r_{1n} \\ r_{21} & r_{22} & \cdots r_{2j} & \cdots r_{2n} \\ \vdots & \vdots & \vdots & \vdots \\ r_{i1} & r_{i2} & \cdots r_{ij} & \cdots r_{im} \\ \vdots & \vdots & \vdots & \vdots \\ r_{m1} & r_{m2} & \cdots r_{mj} & \cdots r_{mn} \end{bmatrix}$$

（5）模糊综合评价。通过模糊矩阵合成运算 $B=A\odot R=\{b_1,\ b_2,\ \cdots b_j,\ \cdots b_n\}$，得到综合评判结果。⊙为模糊矩阵合成算子符号，可根据实际情况选择不同算子，如

$M(\wedge, \vee)$，$M(\cdot, \vee)$，$M(\wedge, \oplus)$。其中，B 表示评价集上各种评价的可能性系数，如果只选择一种评价结果，则可以按最大原则选择最大的 b_j 所对应的 v_j 作为评价结果。

（三）国家标准评价法

目前比较权威的旅游资源基础评价是《旅游资源分类、调查与评价》（GB/T18972—2017）国家标准中的相关评价。按照该标准的旅游资源分类体系对旅游资源单体进行评价，采用的是打分评价方法。

1. 评价体系设计

该标准以旅游资源基本类型所共同拥有的因子对旅游资源单体进行价值和程度评价，依据该标准提出的"旅游资源共有因子综合评价系统"进行打分，设"评价项目"和"评价因子"两个档次，评价项目包括"资源要素价值""资源影响力""附加值"。其中"资源要素价值"项目中含"观赏游憩使用价值""历史文化科学艺术价值""珍稀奇特程度""规模、丰度与几率""完整性"5 项评价因子，"资源影响力"项目中含"知名度和影响力""适游期或使用范围"2 项评价因子，"附加值"含"环境保护与环境安全"1 项评价因子。具体见表 5–7 所示。

表 5–7　旅游资源评价赋分标准

评价项目	评价因子	评　价　依　据	赋　值
资源要素价值（85 分）	观赏游憩使用价值（30 分）	全部或其中一项具有极高的观赏价值、游憩价值、使用价值	30–22
		全部或其中一项具有很高的观赏价值、游憩价值、使用价值	21–13
		全部或其中一项具有较高的观赏价值、游憩价值、使用价值	12–6
		全部或其中一项具有一般的观赏价值、游憩价值、使用价值	5–1
	历史文化科学艺术价值（25 分）	同时或其中一项具有世界意义的历史价值、文化价值、科学价值、艺术价值	25–20
		同时或其中一项具有全国意义的历史价值、文化价值、科学价值、艺术价值	19–13
		同时或其中一项具有省级意义的历史价值、文化价值、科学价值、艺术价值	12–6
		历史价值，或文化价值，或科学价值，或艺术价值具有地区意义	5–1
	珍稀奇特程度（15 分）	有大量珍稀物种，或景观异常奇特，或此类现象在其他地区罕见	15–13
		有较多珍稀物种，或景观奇特，或此类现象在其他地区很少见	12–9
		有少量珍稀物种，或景观突出，或此类现象在其他地区少见	8–4
		有个别珍稀物种，或景观比较突出，或此类现象在其他地区较多见	3–1
	规模、丰度与几率（10 分）	独立型旅游资源单体规模、体量巨大，集合型旅游资源单体结构完美、疏密度优良，自然景象和人文活动周期性发生或频率极高	10–8
		独立型旅游资源单体规模、体量较大，集合型旅游资源单体结构很和谐、疏密度良好；自然景象和人文活动周期性发生或频率很高	7–5
		独立型旅游资源单体规模、体量中等，集合型旅游资源单体结构和谐、疏密度较好，自然景象和人文活动周期性发生或频率较高	4–3
		独立型旅游资源单体规模、体量较小，集合型旅游资源单体结构较和谐、疏密度一般，自然景象和人文活动周期性发生或频率较小	2–1

续表

评价项目	评价因子	评　价　依　据	赋　值
资源要素价值（85 分）	完整性（5 分）	形态与结构保持完整	5–4
		形态与结构有少量变化，但不明显	3
		形态与结构有明显变化	2
		形态与结构有重大变化	1
资源影响力（15 分）	知名度和影响力（10 分）	在世界范围内知名，或构成世界承认的名牌	10–8
		在全国范围内知名，或构成全国性的名牌	7–5
		在本省范围内知名，或构成省内的名牌	4–3
		在本地区范围内知名，或构成本地区名牌	2–1
	适游期或使用范围（5 分）	适宜游览的日期每年超过 300 天，或适宜于所有游客使用和参与	5–4
		适宜游览的日期每年超过 250 天，或适宜于 80% 左右游客使用和参与	3
		适宜游览的日期每年超过 150 天，或适宜于 60% 左右游客使用和参与	2
		适宜游览的日期每年超过 100 天，或适宜于 40% 左右游客使用和参与	1
附加值	环境保护与环境安全	已受到严重污染，或存在严重安全隐患	–5
		已受到中度污染，或存在明显安全隐患	–4
		已受到轻度污染，或存在一定安全隐患	–3
		已有工程保护措施，环境安全得到保证	3
注："资源要素价值"项目中含"观赏游憩使用价值""历史文化科学艺术价值""珍稀奇特程度""规模、丰度与几率""完整性" 5 项评价因子。"资源影响力"项目中含"知名度和影响力""适游期或使用范围" 2 项评价因子。"附加值"含"环境保护与环境安全" 1 项评价因子。			

资料来源：《旅游资源分类、调查与评价》（GB/T 18972—2017）。

2. 计分方法

"评价项目"和"评价因子"用量值表示，"资源要素价值"和"资源影响力"总分值为 100 分。其中，"资源要素价值"为 85 分，包括"观赏游憩使用价值" 30 分，"历史文化科学艺术价值" 25 分，"珍稀奇特程度" 15 分，"规模、丰度与几率" 10 分，"完整性" 5 分；"资源影响力"为 15 分，包括"知名度和影响力" 10 分，"适游期或使用范围" 5 分；"附加值"中"环境保护与环境安全"，分正分和负分。每一评价因子分为四个档次，其因子分值相应分为四档。

3. 计分与等级划分

根据对旅游资源单体的评价，得出该单体旅游资源共有综合因子评价赋分值。依据旅游资源单体评价总分，将其分为五级，从高级到低级依次为：五级旅游资源，得分值域≥ 90 分；四级旅游资源，得分值域≥ 75~89 分；三级旅游资源，得分值域≥ 60~74

分；二级旅游资源，得分值域≥ 45~59 分；一级旅游资源，得分值域≥ 30~44 分。此外，还有未获得等级旅游资源，得分≤ 29 分。其中，五级旅游资源称为“特品级旅游资源”，四级、三级旅游资源通称为“优良级旅游资源”，二级、一级旅游资源通称为“普通级旅游资源”。

（四）专项旅游资源评价方法

专项旅游资源评价主要是基于长期以来在实际工作中积累的经验对旅游资源进行的评价，一般限定于自然旅游资源。该部分主要介绍两种评价方法及标准，即海水浴场旅游资源、滑雪旅游资源。

1. 海水浴场旅游资源评价

乔古拉斯（Georgulas）于 1970 年研究旅游地一般特征时，提出以海浴为主要功能的一级海滩评价标准（如表 5-8 所示）。主要以水质、危险性、水温、颜色与浑浊度、风、深水域与海岸线距离、海滩状况等为主要指标，并且一年中应有九个月时间适宜游泳。

表 5-8　美国海水浴场的适宜性评估标准

决定因素	评　估　标　准　计　分					
水　质	清　澈	5	浑　浊	4	污　染	1
危险性	无	5	有一点	4	有一些	1
水　温	＞ 22.2℃	4	19.4℃ -22.2℃	3	＜ 19.4℃	1
颜色与浑浊度	清　明	3	稍浑浊	2	浑　浊	1
风	全季适应	3	＞ 1/2 季适应	2	＜ 1/2 季适应	1
1.5m 深水域（距海岸线）	＞ 30.5m	3	15.25-30.5m	2	9.15-15.25m	1
海滩状况 *	良　好	5	一　般	4	差	1

注：分级：A=26-29，B=21-25，C=13-20

* 包括坡度、平滑、稳定性、障碍性。良好为坡度低于 10%，海岸平滑，稳定性强，障碍物少且易移除；一般级与差以此类推

资料来源：引自李贻鸿，1986。

2. 滑雪旅游资源评价方法

该评价方法是美国土地管理局基于土地供游憩活动的适宜性进行的评价。滑雪旅游资源技术性评价指标有雪季长短、积雪深度、干雪保留时间、海拔、坡度、气温、风力，每个指标分为四个等级，根据总分将滑雪旅游资源分为 A（29-33）、B（21-28）、C（8-20）三个等级。

延伸阅读

大连金石滩

金石滩国家旅游度假区位于大连市金州区的东部，距大连市区58公里。1988年被确定为国家级风景名胜区，1992年经国务院批准成为国家级旅游度假区，2000年被评为全国首批国家4A级旅游景区，2010年被评为国家5A级旅游景区。全区主要由东部半岛、西部半岛和两个半岛之间的开阔腹地和海水浴场组成。陆地面积62平方公里，海域面积58平方公里，海岸线长30公里。这里三面环海，四季分明，冬无严寒，夏无酷暑，海域不淤不冻，属暖温带半湿润气候，有“东北小江南”的美誉，是中国北方理想的海滨旅游度假胜地。

金石滩绿化覆盖率46.2%，年平均空气质量指数20，黄金海岸被评定为全国15个健康型海水浴场之一。

金石滩四个旅游中心：绿色中心、蓝色中心、银色中心和彩色中心。

绿色中心主体是金石高尔夫球场。占地面积1.75万平方公里，三面环海、一面依山。金石高尔夫球场中的36个球道巧妙地利用了海滨地形，充满了惊险和乐趣。其中7条球道被列为世界100个最佳球道之一。蓝色中心是以国际游艇俱乐部为主的海滨游乐场。这里海域辽阔，沙滩细软，有一个可容纳50余艘游艇的琴意湖和一个叫神月湾的美丽海湾。

银色中心位于金石滩的西部半岛。这里山势起伏，植被繁茂，冬季常有白雪覆盖，银装素裹，著名的狩猎俱乐部就设在这里。

彩色中心位于金石路的北侧。由鲜花大世界和金石蜡像馆组成。鲜花大世界是我国东北最大的花卉生产基地和销售集散地。金石蜡像馆被称为金石滩的“白宫”。这里的蜡像是世界著名华人蜡像师张守祥先生雕塑的，蜡像身上的汗毛和汗毛孔非常逼真。

金石滩在娱乐、餐饮、住宿等方面的服务十分成熟，让游人倍感亲切。在黄金海岸，上千个防紫外线的沙滩凉亭、帐篷、阳伞全部由金石滩管委会统一管理，是大连地区唯一没有个体经营的海滨浴场。

本章小结

旅游资源是旅游规划与开发工作的物质基础，是旅游业发展的重要基石。对于旅游资源的概念众多学者有不同看法，但都认为其具有价值性与利用性。旅游资源、旅游吸引物与旅游产品之间具有一定的差异性，但其本身都是为了吸引旅游者进行旅游活动，进而为所在地创造一定效益。旅游资源内涵丰富，种类繁多。因此，对旅游资源进行分类的角度也较为多样，如以旅游资源的存在方式、吸引力程度作为分类标准。此外，我国2017年颁布的《旅游资源分类、调查与评价》（GB/T18972—2017）中也提出了旅游资源的分类标准，即以旅游资源的性状和属性进行分类，将旅游资源分为主类、亚类、基本类三个层次。

旅游资源调查，分为详查与概查，两者适用范围与调查程序有所不同。在调查工作中，应对旅游资源形成条件、旅游资源本身、旅游资源开发情况三个方面进行调查，并根据《旅游资源分类、调查与评价》国家标准做好调查记录。旅游资源评价是在旅游资源调查的基础上进行的深入性工作，目的在于判定旅游资源的价值性与可利用性。旅游资源评价方法主要包括三大类：定性评价与定量评价、国家标准评价以及专项旅游资源评价方法。其中，定性评价包括体验性评价、美感质量评价、“三三六”评价与质性评价等。定量评价使用较多的有层次分析法、指数分析法、模糊综合评价法等。

思考讨论题

1. 简述旅游资源的定义。

2. 旅游资源都从哪些角度进行分类，分别包括哪些内容？

3. 试分析旅游资源的调查类型详查与概查的优缺点。

4. 试说明旅游资源的调查程序。

5. 试用“三三六”评价法对旅游资源进行评价。

6. 根据“延伸阅读”资料及实地考察等获取的材料，撰写“大连金石滩旅游资源调查报告”。

第六章　旅游市场分析

第一节　旅游市场分析的内容

一、宏观背景分析

旅游规划与开发的首要任务就是对旅游市场的分析。旅游市场的发展受国家以及区域发展状况的影响，与当地的政治、经济、文化环境密不可分。旅游规划中对宏观背景的全面分析能够整体把握旅游市场潜力与发展方向。具体而言，旅游市场宏观环境可从以下三个方面进行分析：政治法律环境、经济环境、社会文化环境。

（一）政治法律环境

包括政治环境和法律环境。政治环境是指规划区的外部政治形势，如一个国家或地区的政治制度、政治局势、政府政策等。法律环境则是规划区进行经营活动的行为准则。政治环境与法律环境相互联系，共同影响着规划区的市场经营活动。

政治环境主要包括两方面的内容。一是当地的政治秩序。规划地的社会稳定情况制约着规划区的发展，良好的政治秩序能够推动规划区的发展，恶劣的政治秩序会阻碍规划区的发展。虽然在当代社会，和平与发展已经成为时代的主题，但仍然存在着少数国家，政局动荡不安。安全问题是旅游者出游考虑的首要问题，动荡不安的社会秩序会大幅度削减旅游者的数量，导致市场规模的缩小。二是政府对于旅游业发展的政策导向。政府对于旅游业的发展态度引导着旅游业的发展方向。目前我国政府对于旅游规划的引领作用日趋明显。在资金扶持方面，政府鼓励民间资本走入旅游市场；在刺激消费方面，政府出台带薪休假政策；在市场监管方面，政府积极规范旅游市场和旅游行为，为旅游规划区提供良好的市场环境。

2018 年 3 月，国务院机构改革方案提出组建文化和旅游部。这一举措将旅游与文化紧紧联系在一起，有利于统筹规划文化事业、文化产业、旅游业的发展，增强对外文化交流能力，推动中华文化走出去；体现了未来旅游业的发展方向和文化产业的布局思路——用文化的理念发展旅游，用旅游的方式传播文化，真正实现协同与融合；为旅游业的发展注入了新的发展活力，也为旅游地的旅游规划指明了新的发展方向，对于提高国家文化软实力和文化影响力，促进文化、旅游产业的发展有重要意义。

法律环境是指国家或地方政府所颁布的各项关于旅游规划的法规、法令和条例等，它是旅游规划的法律准则。规划区需要在法律允许的范围内进行规划设计。相关旅游规划者必须熟知有关的法律条文，确保所设计的旅游活动与项目的合法性，并且能够运用法律武器来保护自身的合法权益。2019 年 5 月，文化和旅游部发布了《文化和旅游部关于印发文化和旅游规划管理办法》。该办法强调规划立项后，规划编制单位要认真做好基础调查、资料收集、课题研究等前期工作，科学测算目标指标，对需要纳入规划的工程和项目进行充分论证。编制规划应当符合国家相关标准和技术规范要求，保证规划的科学性、规范性和可操作性。要在法律层面进一步统一规划体系，完善规划管理，保证旅游规划工作的科学化、规范化。

（二）经济环境

经济环境是决定旅游产生和发展的客观条件。经济发展水平是规划区发展的根本动力和决定因素，它不仅决定了规划区旅游发展的基础设施建设，也决定了规划区旅游业发展的市场前景。旅游规划中对经济环境的分析主要包括国内生产总值、个人收入水平等。

1. 国内生产总值

国内生产总值（GDP）是指按国家市场价格计算的一个国家（或地区）所有常驻单位在一定时期内生产活动的最终成果，它反映了一国（或地区）的经济实力和市场规模，常被认为是衡量国家经济状况的最佳指标。国内生产总值是核算体系中一个重要的综合性统计指标，也是我国国民经济核算体系中的核心指标。2020 年，中国经济迎来了重要里程碑，我国国内生产总值首次突破 100 万亿元大关，比 1978 年增长约 40 倍，占世界经济的比重从 1.7% 上升至 17% 左右。这表明了我国经济长期向好的发展趋势。

2. 个人收入水平

（1）可支配收入

可支配收入，又称“国民可支配收入”或“居民可支配收入”，是指个人家庭收入中扣除应纳所得税等相关税收及支付给政府的非商业性费用等的余额。其中包含个人所从事主要职业的工资收入以及从事第二职业、其他兼职和偶尔劳动得到的劳动收入。可支配收入是国内生产总值经过初次分配和再分配之后形成的经济指标，在一定程度上能够表明生产和收入之间的分配关系。居民可支配收入的计算公式如下：

$$\text{居民可支配收入} = \text{城镇居民家庭总收入} - \text{应纳所得税} - \text{个人交纳的社会保障支出}$$

家庭总收入包括工薪收入、经营净收入、财产性收入（如利息红利、房租收入等）、转移性收入（如养老金、离退休金、社会救济收入等）。

谢慧明等人（2014）对国内的39个城市进行抽样调查，通过实证分析得出旅行成本、时间成本和居民收入是中国城市居民旅游需求的关键因素，居民收入与中国城市出游率之间呈正向关系。随着我国总体经济实力的不断提升，居民可支配收入也保持着稳定的增长趋势。图6-1为近五年来我国居民人均可支配收入的增长情况。从图中可以看出，我国的人均可支配收入保持常年稳定的增长趋势，这为旅游规划区提供了稳定的客源市场。

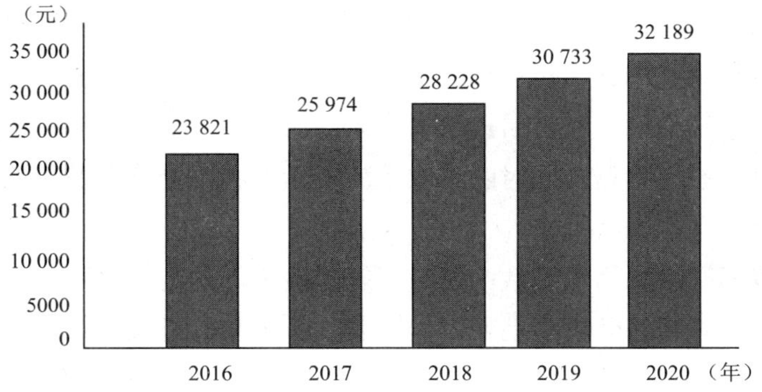

图6-1　我国居民人均可支配收入情况示意图

数据来源：国家统计局。

2021年1月18日，国家统计局发布数据，2020年全国居民人均可支配收入32 189元，比上年名义增长4.7%，扣除价格因素实际增长2.1%，与经济增长基本同步。按常住地分，城镇居民人均可支配收入43 834元，比上年名义增长3.5%，扣除价格因素实际增长1.2%；农村居民人均可支配收入17 131元，比上年名义增长6.9%，扣除价格因素实际增长3.8%。城乡居民人均收入比值为2.56，比上年缩小0.08。

（2）可自由支配收入

可自由支配收入，是指个人或家庭收入中扣除应纳所得税、社会保障性消费［按规定应由个人负担的养老金、失业保险、健康保险等社会保障费用（这些费用通常在发放工资时扣除）］以及日常生活必需消费部分（衣、食、住、行等）之后所剩余的收入部分。其计算公式如下：

可自由支配收入＝家庭总收入－应纳所得税－社会保障支出－日常生活必需消费

可自由支配收入是旅游者能够用来进行旅游消费的资金。可自由支配收入决定了旅游者是否能够参与旅游活动。通常情况下，消费者在进行消费抉择时，旅游产品并不是旅游者的第一选择，因为旅游产品并非必需性消费产品，仍有其他一些必需性消费需先于旅游消费考虑，比如住房、教育消费等。因此，旅游者选择旅游产品一定是在满足了必需性消费后进行的。

19 世纪德国统计学家恩格尔根据统计资料，对消费结构的变化得出一个规律：一个家庭的收入越少，家庭收入中用来购买食物的支出所占的比例就越大。恩格尔系数是衡量家庭可自由支配收入的重要指标。其计算公式为：

$$恩格尔系数 = 食物支出 \div 个人消费总支出 \times 100\%$$

恩格尔系数是衡量一个国家、地区、城市、家庭生活水平高低的重要参数。恩格尔系数越大，表明食物支出较多，说明生活贫困，生活质量低。随着家庭收入的增加，家庭收入中用来购买食物的支出份额则会下降，恩格尔系数降低，表明生活富裕，生活质量高。在生活水平较低时，农村居民没有多余的闲钱进行多余的消费，但生活水平上升时，其有能力进行旅游消费。同时随着收入的不断上涨，物质消费得到满足，精神消费的要求也会不断上升。

规划区可以通过对恩格尔系数的研究了解目前市场的消费水平，也可以推知今后消费变化的趋势及对规划区营销活动的影响。表 6-1 为我国近五年来的城乡居民恩格尔系数。总体上看，自 2017 年起我国居民的生活水平就达到了富足级别，2020 年受疫情冲击的影响，我国城乡居民的恩格尔系数有所上升。但总体来看，我国居民的生活水平呈现不断提高的发展态势。

表 6-1　近年我国城乡居民恩格尔系数

年份	居民恩格尔系数（%）	城镇居民恩格尔系数（%）	农村居民恩格尔系数（%）
2016	30.1	29.3	32.2
2017	29.3	28.6	31.2
2018	28.4	27.7	30.1
2019	28.2	27.6	30.0
2020	30.2	29.2	32.7

资料来源：国家统计局。

（三）社会文化环境

社会文化环境是价值观念、宗教信仰、风俗习惯、道德规范等的总和。对规划区产生影响的社会文化因素主要包括文化水平、社会阶层、家庭环境、相关群体等。规划区应了解和分析社会文化环境，针对不同的文化环境制定不同的营销策略。

1. 文化水平

文化水平是影响旅游者消费行为差异的重要因素。所谓的文化是指人类从生活实践中建立起来的价值观念、人生观念、道德、理想等的综合体——制约着旅游者的道德规范、价值观念、消费习惯等。文化水平不同，人们的消费需求倾向也会不同。在进行市场分析时要充分考虑人们的文化水平对旅游购买行为的影响。

2. 社会阶层

根据职业、收入、教育水平、价值取向等指标可以将旅游者划分为不同的社会群体。每一个社会阶层的成员具有类似的价值观、兴趣爱好和行为方式。不同阶层的人，消费内容、消费水平、消费习惯都有明显的区别。如社会阶层较高的人，有一定的经济实力与更多精神需要，倾向于购买高档的旅游产品；而社会阶层较低的人，经济实力较差，在旅游中更注重实用性，人均花费较少。

3. 家庭环境

家庭是基本的社会单位，家庭对旅游者的出游决策行为影响最为强烈。不同的家庭结构形成不同的旅游消费结构。一般规模较大的家庭由于事务繁杂，不易组织全家出游；而规模较小的家庭由于成员结构简单，易于出游。此外，家庭生命周期也对一个家庭的旅游活动产生重大影响，家庭的人口特征影响着家庭的旅游支出。从家庭生命周期的角度看，户主年龄处于20~40岁时，旅游消费支出相对较高。除此之外，家庭的风险偏好也会影响家庭的旅游消费。

4. 相关群体

相关群体是指能够直接或间接影响旅游者态度、行为和价值观的个人或集体。它是旅游者的主要社会关系，如家庭、邻居、朋友、同事等，或因某社会风尚的影响而形成具有一种消费需求倾向的群体。相关群体会为旅游者的决策行为提供参考依据，会对购买行为产生相关的影响。杨勇（2016）以春节假期出游的游客为样本，调查游客需求的影响因素，经过分析得出“已婚无小孩”的群体旅游需求最强，其次是“已婚有小孩”，而“未婚消费者”旅游需求较弱。分析原因主要是“已婚无小孩”群体没有出游的负担，因此可以追求个性化的旅游体验；而“已婚有小孩”的群体在出游时需要考虑到孩子因素，因此产生了旅游需求差异。旅游地在进行规划开发时，如能将旅游项目与小孩教育联系起来，会在一定程度上满足和拉动家庭旅游需求。

二、客源市场分析

旅游客源市场是指旅游区内某一特定旅游产品的现实购买者与潜在购买者。客源市场是旅游业发展的原动力，客源市场分析是旅游规划的重点。旅游客源市场分析准确与否，直接关系到旅游规划项目的生命力和旅游投资的安全性与可行性，是旅游项目规划成功与失败的分水岭。

客源市场是旅游规划的基本要素，如果不了解客源市场的情况，就无法顺应旅游者的需求，无法设计出能够吸引旅游者的旅游产品。客源市场分析主要包括两方面内容：一是境外市场和国内市场的分析，二是现实市场与潜在市场的分析。从这两个方面把握客源市场的构成和趋势，有利于市场分析的全面性与准确性。

（一）境外市场与国内市场

境外市场的分析一般包括一级市场（我国香港特别行政区、澳门特别行政区与台湾省），二级市场（东南亚地区），三级市场（日本、韩国、欧洲、美国等）。国内市场的分析包括本地市场、省内市场和国内其他地区市场。本地市场对于绝大多数旅游地来说是主要市场和稳定市场。一般情况下，本地市场被界定为以市级行政区为中心的“一日生活圈”以内的范围。此种类型的游客很大程度上能够成为规划区的一日游游客，并且他们成为重复性消费者的概率极高。省内市场和国内其他地区是经济效益较高的市场，此种类型的旅游者往往不能够当天往返，会花费一部分的住宿和餐饮费用，因此旅游者花费较高，能够给旅游地带来实际的经济效益，是旅游规划中应该重点开发的市场。

（二）现实市场和潜在市场

现实市场是已经形成实际消费的市场，可通过调查获得相关资料；潜在市场是一个预期的市场，这部分市场是否能够成为现实的市场还是未知数，需要通过一定的手段使之转化为现实的市场。

1. 现实市场调查

现实市场调查是指对已经实现的和正在发生的市场所进行的调查研究。通过调查了解市场发展现状，预测未来市场发展趋势。现实市场调查包括以下两个途径。

一是历年统计资料调查。通过对历年来旅游部门统计资料进行综合分析，掌握市场发展的基本规律。为了保证数据的可信度，为未来的预测提供依据，一般需要分析近五年的市场统计资料，包括市场增长的速度、规模，市场的构成，游客的偏好等。

二是对正在发生的市场进行调查研究。一般是前往景区、饭店、车站等地点，通过问卷、访谈等形式对游客进行现场调查。这种调查可以掌握第一手资料，并且能够根据规划的需要设计有针对性的题目，使数据更具有价值。

2. 潜在市场调查

潜在客源市场的调查主要是为了分析未来的客源市场走向，通过对历年来统计数据的分析整理、对现有客源市场的市场调查，判断出未来客源市场的增长比例。可以通过分析目标市场的客源构成与旅游消费行为的可能构成比例，潜在旅游消费者的构成比例以及发展趋势来计算旅游客源市场的变化。规划时要对客源市场进行充分调查，掌握客源市场的客源类型、人口特征、消费行为等。

三、竞争趋势分析

竞争趋势分析也是旅游规划市场分析的重要组成部分。规划者在进行市场分析时，需要掌握竞争者的相关信息，分析竞争者的情况，评价竞争者的目标、资源、战略，对竞争者的现状和未来发展动向进行分析。竞争趋势分析一般包括以下五项内容。

（一）识别企业的竞争者

从表面上看，识别竞争者是一项非常简单的工作，但是，由于旅游需求的复杂性、层次性、易变性，使得市场竞争中的竞争形势变得十分复杂。竞争者识别可以从市场和行业两个方面进行分析。

（1）从市场方面看，旅游规划区的竞争者有：①同类商品竞争者：以相似的价格向旅游者提供类似的旅游产品和服务。②同种商品竞争者：提供同种或同类旅游产品，但地理位置、区位程度不同。③同类需求竞争者：提供不同种类的旅游产品，满足和实现消费者的同种旅游需要。④同购买力竞争者：提供不同种类的旅游产品，满足消费者的不同愿望，但目标消费者相同。

（2）从行业的角度来看，旅游规划区的竞争者有：①现有竞争者：指旅游业内现有的与旅游规划区生产同种产品的其他企业，比如各地主题公园之间的竞争。②潜在竞争者：当旅游业发展前景乐观时，会吸引新的旅游企业加入，旅游业的企业数量增多，市场份额将被重新瓜分。

（二）识别竞争者的策略

在明确竞争者后，规划者要准确识别竞争者所采取的经营战略。企业之间所采取战略的相似性越高，它们之间的竞争就越激烈。规划地应该针对自身的目标定位确定经营策略，若是小规模的旅游规划区，则要选择竞争力较低的目标市场；若是大型的旅游规划区，则可以考虑竞争性较强的旅游市场。

（三）判断竞争者的目标

每个旅游企业都有各自的发展目标，掌握了竞争者的发展目标，就可以有针对性地进行规划区的目标定位。判断竞争者的短期目标和长期目标，避免出现目标定位相同的情况。如果竞争对手的短期目标是为了获得经济效益最大化，那么规划区可以将社会效益作为短期的发展目标。

（四）评估竞争者的优势和劣势

规划者根据现有的资料评估竞争者的优势和劣势，掌握竞争者发展中的短板项目，在旅游规划区的开发中发挥出最大优势，以此来扩大市场占有率。评价竞争者发展经营状况的指标有以下三个：竞争者的品牌知名度、竞争者的市场占有率、竞争者的盈利能力及销售增长率。

（五）判断竞争者的反应模式

规划者在进行旅游地的规划设计时，需要考虑到竞争者对于该旅游地开发作出的反应。按照竞争者反应程度的不同，可以划分为不同的反应模式，主要分为以下四种。

1. 从容型竞争者

从容型竞争者指竞争者面对竞争行为反应较为从容，而且没有攻击行为。一是竞争者对自己的品牌形象具有信心，认为此种竞争行为并不会影响自己的经营状况；二是竞争者缺乏竞争意识，对竞争行为缺少敏感性，未能及时捕捉到市场竞争变化的信息；三是竞争者自身在资金、规模、技术等方面能力的限制，无法作出适当反应来面对竞争。

2. 选择型竞争者

选择型竞争者只对部分旅游规划区的部分竞争行为作出反应，这可能是因为规划地的开发没有对企业造成致命的威胁，也可能因为竞争者受资金或人力限制，只能采取局部反应。

3. 隐蔽型竞争者

隐蔽型竞争者是从表面上看，竞争者没有对旅游地的开发作出反应，而实际上却暗中实施方案。这种反应模式虽然不那么直接，但容易达到“以假乱真，后发制人”的效果。

4. 激进型竞争者

激进型竞争者对市场竞争因素的变化十分敏感，一旦受到竞争挑战，就会迅速地作出强烈的市场反应。这是因为竞争者的根本利益受到了冲击。

需要指出的是，在旅游市场中，不同区域旅游企业之间的关系，不仅有竞争关系，更多的是竞争与合作并存。因为只有通过合作才能更好地进行资源配置，提高资源的利用率，在最大程度上提升区域旅游吸引力，共同将客源市场培植壮大。

第二节　旅游市场调研

一、调研内容

旅游市场环境复杂多变，旅游规划者在进行旅游地的规划开发时，要深入了解规划地的实地情况，着重分析旅游市场变化给旅游地带来的机遇与挑战。旅游市场调研是指运用科学的方法和手段，有目的地针对旅游市场的环境、供给、需求等所进行的调查与研究。

调研的内容主要包括市场环境调查、市场需求调查、市场供给调查、营销推广调查和市场竞争调查等。

（一）市场环境调研

旅游开发规划地的发展以市场环境为条件。影响旅游市场环境变化的因素主要包括旅游地的经济、政治、文化、法律、技术、人口等。市场环境的变化能够反映市场的变化发展趋势，规划者把握好此种趋势，能够为旅游地的发展创造机会。市场环境调研主要包括对经济环境、政治法律环境、社会文化环境、自然地理环境等方面的调研。

1. 经济环境

区域的经济发展水平影响着旅游的市场规模。这是因为经济发展水平影响着旅游者的收入水平，而旅游者收入水平是实现旅游活动的客观条件之一，且家庭对未来收入的预期也显著影响家庭的旅游消费支出。从这一点可以折射出经济环境的变化对于旅游市场的影响，当经济不景气时，旅游业可能是率先遭到冲击的产业。经济环境的调查主要包括国民生产总值、居民可支配收入、个人可支配收入的变化等。

2. 政治法律环境

政治法律环境包括旅游地的政治秩序稳定情况以及国家出台的有关旅游业发展的相关政策及法律法规，主要包括政治局势、方针政策、国际关系、法律法规等。政治环境调节着旅游规划的方向，法律环境为旅游规划实施提供保障。

3. 社会文化环境

社会文化环境是指一个社会长期发展过程中形成的文化特征、价值观念、生活方式、宗教信仰等。任何经济活动总是在特定的文化背景下完成的，受到一定的社会文化的熏陶、渗透和影响。规划区应了解和分析社会文化环境，研究社会文化环境，根据社会文化环境来制定旅游规划。

4. 自然地理环境

自然环境主要包括自然资源、地势地貌和气候条件等。这些因素影响着旅游地的规划活动。对于以自然资源为基础来进行开发的规划地来说，特别是以绿色生态为主题的旅游景区，其在设计开发时就要充分考虑当地的自然赋存量，并且需要考虑如何在自然环境保护的基础上进行合理地开发。

地理位置是指旅游规划地所处的地理位置以及与此相联系的各种自然条件的总和，包括气候、土地、河流、湖泊以及动植物资源等。分析规划区的地理环境包括规划地与客源市场的距离、客源市场的地理环境以及旅游资源状况等。

（二）市场需求调查

市场需求调查主要包括境外市场需求和国内市场需求、现实客源市场需求和潜在客源市场需求。现实客源市场需求主要包括客源市场的规模及客源市场的类型、旅游者的基本人口特征、旅游者的消费行为方式以及旅游者消费后的评价。潜在客源市场主要通过出游率、重游率、开支率等指标进行衡量。

（三）市场供给调查

市场供给是一定时期内旅游市场提供的旅游产品的总量。市场供给调查包括旅游吸引物调查、旅游设施调查、可进入性调查、旅游服务调查、旅游形象调查和旅游容量调查。以此来探查旅游规划区的项目可行性，能否进入市场以及项目的竞争情况。

旅游需求与旅游供给是一条完整的链条，在发展过程中应遵循“木桶效应”。旅游规划区在规划开发时，应协调需求与供给之间的关系，优化供给结构、提升供给效益，进一步提高游客出行体验，促进旅游业蓬勃发展。协调好旅游需求与旅游供给两个子系统是实现旅游业蓬勃发展的先决条件与重要基础，也是提高人民生活质量与第三产业比重的重要途径，对维护社会秩序与促进经济发展水平有着重要作用。

刘化等人（2020）用中国31个省（自治区、直辖市）的相关数据，采用耦合协调度模型分析旅游需求与供给耦合发展的空间差异。结果表明：旅游需求系统指数与旅游供给需求指数处于波动上升的趋势，中国旅游业处于良好的发展过程之中。耦合协调度等级在空间上呈现出东部优于中部、中部优于西部的分布格局。

（四）营销推广调研

旅游市场调研还必须研究规划区的营销运行状态及效果。一方面需要衡量规划区的营销策略、营销手段或营销组合是否能有效开拓市场，如旅游地的旅游产品、价格、分销渠道以及促销方面是否存在问题。另一方面是对营销活动进行动态管理和评估，制定能够适应市场变化发展的营销计划和组织实施活动。

（五）市场竞争调查

竞争分析主要是分析竞争者的类别、市场占有率，竞争者的优势与不足，主要竞争对手的市场营销策略和实际效果，与竞争对手合作的可能性和方式。

二、调研方法

旅游市场调查方法多样，有多种不同分类方式及具体调查方法（详见表6–2所示）。

表6–2 调查方法分类

分类方式	类 型	主要用途	优 点	缺 点
调查目的	探索性调查	搜集初步资料的调查方法，用于了解现状，发现问题，为制订调查方案做前期准备	简单初步	准确性低
	描述性调查	如实记录和反映市场的客观情况，常用于旅游者社会、人口方面的属性调查	调查结果客观准确	工作量大
	因果性调查	用于探寻市场现象之间的因果关系，了解外界因素的变化对项目规划的影响程度	调查结果更加直观	调查环境难以控制
调查的对象	全面调查	进行普查	对所有对象进行调查，结果全面准确	工作量巨大
	典型调查	调查同质性较强、数量较多、比较熟悉的调查对象	工作量小	难以选择典型对象
	抽样调查	以部分情况推断整体情况	经济性好、适用面广	调查结果有所偏差

续表

分类方式	类　型	主要用途	优　点	缺　点
资料的来源	第一手资料调查	有计划地调查专门数据，调查特定的问题	时效性好，针对性强	成本高
	第二手资料调查	用于宏观背景调查，历史数据的调查，包括文案调查法、实地调查法、网络调查法	方便快捷	时效性低
调查的方式	访谈法	常用于小组专题访谈	灵活亲切，较准确	成本高，结果易受调查员的主观影响
	电话询问法	常用于长途、样本较大的调查对象	成本较低	复杂问题难以调查
	邮寄调查法	常用于问题多、不方便面谈的调查	送达率高	用时长，回收率低
	留置问卷法	用于问题较多且必须自己考虑的调查	思考时间充分	用时长，不宜广泛进行
	网络调查法	常用于远距离的调查	成本低，方便快捷	被调查者的结构单一，难以控制
是否控制调查环境	现场观察法	在调研现场直接记录现场情况	可以得到第一手的资料	受主观影响较大
	实验法	控制变量，了解变量之间的关系	结果具有科学性	难以完全控制实验条件

以下主要介绍常用的市场调查方法。

（一）文案调查法

文案调查法属于第二手资料分析法，是指调研者通过查阅、收集历史和现有的各种信息与资料，经过甄别、筛选和统计分析后得到数据材料的一种调研方法。这些文献资料既来源于规划区内部自有资料，又可以来源于旅游接待系统的统计资料，有关旅游部门的统计资料以及比较权威的期刊、报纸。文案调查法使用官方的数据材料及旅游部门的统计资料，数据来源更具有准确性，数据的可信度较高，可以作为市场规划的官方数据来源。

文案调查法因为不受调查对象时间、地点的局限，灵活性更强，能够随时根据需要，收集、整理和分析各种调研信息。它不仅能够掌握现实资料，为实地调查提供大量的参考材料，获得实地调查无法取得的历史资料，而且还能够鉴别和证明实地调研结果的准确性和可靠性。

（二）现场观察法

现场观察法是调研人员凭借自己的眼睛或借助摄录像器材，在调研现场直接记录正在发生的市场行为或状况的一种方法。现场观察法是旅游市场调研的基本方法。一般情况下是由调研人员在景区的景点大门、饭店大厅、餐厅、旅游商店、娱乐场所、机场、车站、码头等游客集散地进行考察并收集资料，掌握游客的流向、流量、对旅游地的兴趣爱好和逗留情况等。

按照观察者是否参与被观察者的活动，可以分为参与式观察法和非参与式观察法。所谓参与式观察法，是指调查者参与到所研究的旅游者活动中的实地调查，即在相互交流和互动中观察对方的行为特点。而非参与式观察法，研究者仅作为旁观者来了解游客的行为。

在采用现场观察法时，为了减少观察误差，应注意选择那些具有代表性的典型对象，选取适当的时间进行观察；在进行观察时，最好不让被调研者有所察觉，尤其是在使用仪器观察时更应注意使用仪器的隐蔽性，以确保被观察事物处于自然状态。在观察的过程中，调查者必须实事求是、客观公正，不带有主观偏见，更不能歪曲事实真相。

（三）访谈法

访谈法是指调研者与被调研者面对面进行互动交流以收集资料的方法。按照访谈的内容设计可以分为非结构化访谈和半结构化访谈。非结构化访谈没有固定的访谈提纲，主要形式为围绕调研主题进行“自由交谈”。通常情况下，由受访者来对访谈的内容进行引导，并视他们的语言和行为来选择何时结束访谈。半结构化访谈通常会由访谈者事先准备好一份访谈大纲，然后按照访谈大纲的流程进行访谈。按照访谈的人数可以分为个别访谈、小组访谈、会议访谈等。这种调研方式较为灵活，可以根据实际情况进行调整，效果较好，但耗费的时间较长。

（四）抽样调研法

抽样调研法是对客源市场的需求和反映进行调研的最为常用的方法之一。抽样调研的对象主要是旅游者，有时也可以是本地居民。调研的对象和范围根据调研的目的和内容确定。

调查问卷是抽样调研的主要工具，其形式和内容可根据调研对象和目的灵活设计，一般应包括游客的人口基本特征、旅游消费行为特征以及消费评价等。调研问卷一般由调研人员在饭店、景区景点、机场、车站、码头等地散发，让游客根据自身的情况，客观地填答问卷。

（五）网络文本分析法

传统的市场调研和分析主要依靠实地调研的方式进行，随着信息技术的不断发展，云计算、物联网以及各种传感器能够搜集到消费者的行为数据，这些数据在充分挖掘之后可以成为市场分析的重要材料，同时能够降低市场调研的成本。

随着科技的进步，旅游规划区可以使用互联网构建消费者分析系统。这种分析系统的构建基础大致上可以分为两类：一类是旅游者的手机信号，比如使用旅游者的手机定位功能追踪旅游者在景区的停留情况。另一类是社交网络信息，如微博、美团、携程网等软件的在线评论。随着网络平台的不断发展，大数据的分析平台将成为未来经济行为和决策的重要依据。黄燕玲（2021）等人在调查中国邮轮旅游消费者行为时，选取携程网和同程网的 27 126 条点评数据为样本，以此来研究旅游者对旅游地的形象感知。研究者借助 Python 和 Ucinet 软件，采用内容分析法和对比分析法对邮轮游客感知进行系统性研讨，发现邮轮的食宿、娱乐活动和客房服务是游客关注的重点。这种方法相比于传统的实地调研更加地方便快捷，并且收集数量的大小是抽样调查难以做到的。

三、调研报告

（一）概念及作用

旅游市场调研报告是市场调研成果的一种表现形式，是调研活动的有形产品。旅游市场调查报告通过文字、图表等形式将调研的过程与结果表现出来。旅游市场调研报告是旅游市场调研的最后一步，也是市场调研的重要一步。

能否撰写出一份高质量的调研报告，是决定调研本身成败与否的重要环节。对于旅游规划地来说，一份优质的调研报告将成为该项目的历史资料，对企业的经营活动提供有效的导向作用。一份优质的调研报告是旅游地进行规划开发的重要依据。因此，旅游市场调研报告，是规划地经营决策的参考和指南，会对旅游地的规划开发产生很大的影响。

（二）基本结构

旅游市场调研报告有其特定的格式和结构，一个完整的调研报告主要包括以下几个部分。

1. 封面

调研报告封面包括标题、报告实施者、项目委托者、日期等。标题应简明扼要，封面应简洁美观。

2. 标题

标题是调研报告的主题。标题要简单明了，高度概括。通常情况下是由调查对象及内容加上“调研报告”或“调查”组成。它必须准确揭示报告的主题思想，做到题文相符。

3. 扉页

扉页，即项目名页，应包括项目名称，调查人员或组织的名称、地址、电话号码，报告接收人或组织，报告完成日期等。

4. 序言

报告的序言部分主要陈述研究的主题以及其他相关的背景信息，包括对调研报告的目的和调研内容的概述，对项目实施过程中所得到的各方面支持表示感谢。

5. 目录

目录用于详细列出调研报告的各个组成部分及其页码。一般来说，目录的篇幅不超过一页。

6. 摘要

摘要在整个报告中占有特别重要的地位。主要包括调查目的、调查对象和调查内容，包括调查时间、地点、对象、范围。简要介绍调查研究所使用的方法以及得出的相关结论和建议等。摘要应放在整个调研报告的前面，但其起草应该在报告的其他部分完成以后再进行。

7. 调研方法

在这一部分，需要具体叙述调研所采用的方法，即如何进行的市场调研、市场调研的对象、市场调研的方法。如果在调研过程中使用了二手资料来源，需要明确注明资料来源。

8. 调查设计

调查设计主要叙述调研设计的内容，包括调研设计的类型、二手资料的收集、一手资料的收集、测量技术、调查表设计、抽样技术以及有关内容。

9. 主体

主体是报告中篇幅最长的部分。包括对报告的介绍，对所用方法的解释，对结果的讨论，对限制条件的陈述以及一系列结论和建议。

10. 结论和建议

结论和建议是旅游市场调查人员根据所获得的信息资料，进行理性分析研究后提出的见解。结语应当采用简明扼要的语言为好。应该做到明确题旨，加深认识，启发读者思考和联想。

11. 局限

这部分需要说明由于受到时间、预算、组织限制等因素的制约，导致市场调研报告具有一定的局限性。以期在未来的发展过程中能够弥补此方面的不足。

12. 附件

附件是指调查报告中正文包含不了或没有提及，但与正文有关必须附加说明的部分。它是正文报告的补充或更详尽说明。包括问卷、技术细节说明、原始资料与背景材料、统计输出部分结果显示等。

（三）撰写要求

1. 前期准备

编写好一份旅游调查报告，必须做好充分的准备。准备充分的资料，并做好必要的处理。编写人员需要技术熟练，具备较强的写作能力、分析研究能力，还要熟悉市场调研报告的编写方法。

2. 草拟提纲

整个旅游调研报告要精心组织，认真起草好详细的提纲，妥善安排其结构和内容，注意运用好图表、数字表达等。

3. 认真编写

调查报告的编写要遵循客观合理的原则，将市场调查的结果真实地反映在报告中。报告的内容要科学合理，报告的逻辑要清晰明了，表述要简短易懂。

4. 篇幅适当

旅游市场调研过程复杂、内容繁多，但是体现在调研报告中的应该是整个调研的精华部分，不可将全部的内容堆砌在市场调研报告中。

编写者要根据市场调研的目的和需要，来决定详写和略写部分。调研报告的价值不是用篇幅来衡量的，而是以质量、简洁和有效来度量的。

第三节 旅游市场分析与预测

一、旅游市场分析

旅游市场分析主要是分析旅游者的相关信息。不管是哪类旅游规划地，都需要有一定的客源作为基本的旅游市场，市场分析对于任何一种规划地来说都具有现实意义。旅游市场分析主要包括以下几方面内容：客源类型分析、人口特征分析、消费行为分析、购后评价分析。

（一）客源类型分析

根据不同消费者之间需求的差异性，可以把整体性消费市场拆分为多个消费群体。此种分析能够了解市场的最新动态，提高规划区的应变能力。客源市场的类型有多种划分方式。按照年龄细分，可以分为老年市场、中年市场和青年市场。老年市场有空闲的时间和金钱；中年市场基数大，消费高；青年市场喜欢冒险刺激的旅游项目。按照性别可以分为男性市场和女性市场。男性市场消费较为随意，而女性市场对价格较为敏感。按照家庭生命周期可以分为单身市场、新婚夫妇市场、中年市场、老年市场。按照购买动机可以分为观光型、休闲度假型、商务会议型等。

（二）人口特征分析

旅游者的人口特征统计分析是了解旅游市场、提供标准旅游服务的重要手段。其在客源市场分析中比较容易量化，数据的取得也较为容易。

1. 人口数量与结构

人口数量是决定市场规模的一个基本要素。一般来说，人口数量与市场容量、消费需求成正比。在经济水平达到一定程度后，人口数量的增长与旅游市场的发展规模成正比。除此之外，市场的发展还与当地的人口年龄结构有关，有些年龄段的游客是不宜出游的，比如儿童、出行不易的老人等。旅游者大多集中在青少年、中年和中老年的年龄段。规划区应了解不同年龄结构所具有的需求特点，从而寻求目标市场，设计自己的规划项目。随着世界老龄化的发展，银发市场正在成为旅游的主力市场，规划地应该把握好这个发展趋势，设计开发出一些针对老年人的旅游项目。

2. 性别

性别差异会给旅游需求带来显著的差别。旅游者对于消费和旅游活动的兴趣点不同，因此往往会作出不一样的旅游决策。在目前以家庭为单位出游成为主流的情况下，深入研究不同性别在旅游决策中的地位和作用，是很有现实意义的。

3. 客源地

调查旅游者的客源地，能够分析不同地域的旅游者旅游行为的差异性，即旅游者对待旅游和旅游过程中的行为有不同的态度和表现。另外，由于经济发展水平的差别，不同经济发展地区的游客数量、花费等也会表现出一定差异。当然，各地的经济发展程度和人的观念、习惯也不是一成不变的，随着社会的进步特别是经济的发展，人们生活观念、生活方式等都会发生一定的变化。

4. 受教育程度

受教育程度的高低影响着旅游者的出游率。一般来说，受教育的程度越高，其文化修养越高，外出旅游的可能性就越大，并且在旅游过程中，喜欢享受高尚和有情调的生活，花费较大。

5. 职业

旅游者的受教育程度影响着其职业和个人收入。出游的必备条件是时间和金钱，因此职业在一定程度上决定了一个人的收入和水平，也决定了一个人的闲暇时间。收入较高、闲暇时间较多的职业出游的频率较高，如政府公务员、企业管理人员、经商人员、科技人员等。相比之下，从事体力劳动、一般性技能工作的劳动者，出游率较低，旅游花费较少。

6. 经济收入

个人或家庭收入是实现旅游活动的物质基础，收入水平的高低决定着人们能否出游以及旅行中的消费水平。据统计，在发达国家中，每个居民的旅游消费支出占个人收入的 4%~6%。因此，个人收入是衡量当地市场容量、购买力高低的重要尺度。旅游者在旅游中选择参加的活动类型、购买的旅游产品也因收入不同而有很大差别。

（三）消费行为分析

旅游市场分析，除了分析旅游者的数量或规模外，对于旅游者的消费行为也应该进行分析。了解市场消费的层次与结构，是指导旅游目的地确定设施档次、价格定位、产品开发方向与功能配置等的重要依据。对于旅游者消费行为的分析包括以下几点。

1. 旅游目的

旅游的目的主要包括观光型、娱乐消遣型、文化知识型、公务型、医疗保健型等。

掌握旅游者的出游动机可以帮助规划区进行准确地目标市场定位。

（1）观光型：旅游者以观光游览、休闲度假为目的，如观光旅游、度假旅游、娱乐旅游等。

（2）娱乐消遣型：以追求精神放松为目的。

（3）文化知识型：以获得精神文化为目的，即离开居住地外出参加文化旅游活动。

（4）探亲访友：以前往异地探亲访友为主要目的的旅游活动。

（5）公务型：包括商务旅游、公务旅游、会议旅游、修学旅游、考察旅游、专项旅游等。

（6）医疗保健型：包括体育旅游、康养旅游、生态旅游等。

（7）其他类型：上述六类没有包括的其他旅游活动，如探险旅游。

2. 出游方式

旅游者出游的方式主要包括自驾、客车、火车、高铁、飞机、轮船等。旅游规划区应该充分分析旅游者的出游方式，完善旅游区的交通设施建设，提高规划区的交通通达度。

3. 人均花费及构成

根据市场调研收集游客的人均花费以及花费的类型。通常情况下，旅游者的交通费用和住宿费用在旅行花费中的占比较大，规划区应该设计层次性的旅游项目，满足多种旅游者的消费水平。

4. 获取信息的渠道

传统的信息渠道包括电视、广播、报纸、亲朋好友等，随着互联网的不断发展，网络成为旅游者获取信息的主要渠道。旅游者通过互联网即可了解景区的相关信息、其他游客对该景区的评价，并且可以直接通过手机进行各种产品的预订。

（四）购后评价分析

旅游者的购后行为分析也是不可缺少的一部分。旅游者在完成了购买行为以及购后行为后，对此次的消费行为是否满意，决定着下次的购买行为。旅游者对旅游产品的期望与实际体验之间的对比决定了旅游者的满意程度，如果预期与实际体验相符，那么旅游者就会感到满意；如果不符，旅游者就会感到不满意。因此，规划地在进行市场营销时，要注意不可夸大宣传，应该坚持实事求是的原则，以此来提高旅游者的满意程度。

购后的满意程度决定了旅游者是否会再次购买这种产品，如果旅游者的满意程度较低，那么他将不会重复购买此种产品，并且影响着相关群体的购买行为。因此，旅游规划地在进行规划设计时，需要考虑如何追踪到旅游者的满意程度，以便迅速安排补救措施。

二、旅游市场预测

（一）定义及分类

旅游市场预测是根据目前旅游市场状况和过去发展特点，对未来旅游市场可能的发展和变化趋势作出判断，以提高发展旅游业的计划性和目的性。

旅游市场预测可按不同的标准分成多种类型：如按预测时间分，可分为短期预测、中期预测、长期预测；按预测范畴分，可分为环境预测、行业市场预测、企业市场预测；按预测的方法分，可分为定性预测、推理预测、定量预测等。

（二）预测内容

旅游市场预测的主要内容包括：旅游者的规模及增长率、旅游收入及年均增长率、人均停留时间、旅游目的、人均旅游消费水平、旅游客源结构等。

（三）预测方法

旅游市场有多种预测方法。在旅游规划中，市场预测主要分为两大类：一类是有历史数据的预测，另一类是没有历史数据的预测。要根据预测的对象和历史数据来选择预测方法，预测结果的准确性和可靠性取决于预测方法或模型的选择是否恰当。

1. 有历史数据的预测方法

（1）成长率预测法

这是一种最简便、常用的预测方法，主要根据一些常见的公开数据，预测某一市场的旅游需求总量。该方法公式如下：

$$Q = P_i \times T_i \times E_i$$

其中，Q 为市场需求总量，P_i 为预测年份的预测总人口，T_i 为预测年份的预测出游率，E_i 为预测年份的人均旅游消费额。P_i、T_i、E_i 的数值，可以从政府出版物或相关资料中找到。成长率预测法，也可用于一些稍复杂的分析，如主要市场、发展市场、机会市场的各自未来市场总潜力以及与提高市场占有率相关的分析等。

（2）简单移动平均法

简单移动平均法主要是通过收集一段时间内，如几个月或者几年中旅游市场的发展数据，把它们相加，计算其移动平均数，从多个时期销售量的数据中，预测未来旅游销售额。市场简单移动平均法的计算公式为：

$$Y = \frac{R_{n-i} + R_{n-i-1} + R_{n-i-2} + \cdots + R_n}{i}$$

其中，Y 为预测值，R 为一年中的旅游收入，i 为期数。简单移动平均法每计算一个预测期，均以以前若干期的实际数为基础，以前面固定期数内的平均值作为当前的预测值。期数应为一个合适的数值。随时间的不断前进，最早一期的数值被删除，最近一期的数值被加入，滚动计算平均值。若期数过少，随机波动因素无法消除；期数过多，则不能消除前期作用不大数据的影响。

（3）季节变动分析法

旅游市场具有很强的季节变动性和不稳定性，这种特性主要表现在旅游接待人数波动和旅游业的收入波动。旅游接待人数在不同月份、不同季节均表现出一定的差异性，同时这种季节的差异性变动又在很长一段时间内表现为强烈的稳定性，比如五一假期和十一假期出游的人数较多，并且多年一直保持着稳定的趋势。季节变动分析法是预测季节变动导致旅游者接待量变动的方法。在使用这个方法进行计算时，应首先利用移动平均法、指数平滑法或其他方法预测出趋势值，然后测定出季节变动比率，用以预测某月或某个季节的旅游者接待量。

（4）时间序列预测法

时间序列预测法是常用的定量预测方法之一。由于该预测方法容易受一些因素的干扰影响，故又根据条件不同细分为长期趋势、循环变动、季节变动三类专门方法。其中，长期趋势预测法依据旅游市场上的某些规律，将过去的市场数值，通过图解法、移动平均法、最小平方法等方法计算，预测其长期发展趋势。这些方法中又以最小平方法的精度最高。

最小平方法的基本原理是，假设长期趋势的方程为 $y=f(x)$，则各点至 $y=f(x)$ 的垂直距离总和应最小。这时的 $y=f(x)$ 方程，才最能代表该预测趋势。这种使偏差平方和变为最小的数学方法，简称为最小平方法。如果最小平方法所研究对象的历史数值逐年增长量基本相同，则可选用直线方程：

$$Y_t = a + bX$$

Y_t 为预测值，a、b 为求解参数。

用最小平均法配合直线方程来求解参数 a、b，方程式为：

$$\sum Y = na + b\sum X$$

$$\sum XY = a\sum X + \sum X^2$$

通过解二元二次方程，即可得到参数 a、b，从而建立 $Yt=a+bX$ 的直线方程预测模型。

一般来说，

$$a = \frac{\sum Y}{n},\ b = \frac{\sum XY}{\sum X^2}$$

其中，n 为所取资料期的数目。事实上，市场并非完全直线发展，因此根据对象的变化发展特点之不同，还可以采用二次抛物线模型或简单指数曲线模型，其公式分别为：

$$Y_t = a + bX + cX^2$$

$$Y_t = abX$$

（5）相关预测法

在实际的旅游规划与开发过程中，很多区域缺乏连贯的历史资料而无法选用时间序列法对市场进行预测。在此情形下，规划者可以采用相关预测法来进行分析。该方法主要是按照影响旅游市场发展的相关变量（如距离、游客收入、文化水平、年龄、游客人数）之间的关系，构建回归模型后进行预测。在使用相关预测法进行市场预测时，最为重要的工作就是要对相关因子进行优选。在选取相关因子时，应注意：第一，相关因子与预测因子间的相关度越高越好；第二，相关因子之间的相关度越低越好。

相关预测法的工作程序是：第一，用相关图判定因子间的相关模式，确定采用一元回归模型还是多元回归模型；第二，计算相关系数，判定因子间的相关程序；第三，如果因子显著相关，则配合所选的回归线求解参数，建立回归模型；第四，按所得模型进行预测；第五，对预测结果进行标准差检验。相关预测模型，有一元回归模型和多元回归模型两类。

一元回归模型为：

$$Y = a + bX$$

如果相关系数 r 可以满足下列条件：

$$r = \frac{n\sum XY - \sum X \sum Y}{\sqrt{n\sum X^2 - (\sum X)^2}\ \sqrt{n\sum Y^2 - (\sum Y)^2}} \geqslant 0.5$$

则可用最小平方法配合回归线，求解参数方程 a、b，从而得到一元回归预测模型。

可见，因子的数量将显著影响调查与计算工作量，因此必须尽量减少因子数量。

（6）仿真模型预测法

仿真模型预测法是一种将时间序列预测法与相关预测法相结合所形成的各种综合模拟预测法的总称，如旅游发展约束引力模型组合。其特点是将许多变量间的关系（如抑制、协作、促进、反馈）通过一组方程式进行模拟，具有相关预测法的特点。这组方程式的建立需要历史数据，因而又有时间序列法的特点。

由于该预测法所依据的市场原理和历史、现状数据较为全面，因此预测结果可靠性较高。同时，使用该方法需要大量、完整、连贯的统计资料，而且需要熟练的统计师、专业人员和一定的硬件设施。此外，工作量较大也是影响其适用性的制约因素。

2. 无历史数据的预测方法

许多旅游规划区还未曾接待过游客，没有可供参考的历史数据，也无法进行实地调查，在这种情况下就要运用无历史数据的研究方法。该方法主要有旅游者意图调查法、销售人员综合意见法、德尔菲法等。

（1）旅游者意图调查法

市场是由潜在购买者组成的，市场预测就是分析潜在旅游者的购买动机、购买对象、购买数量、购买时间、购买地点。通过此种调查方法，能够直接地了解到旅游者的购买意图。

使用旅游者意图调查法需具备三个条件：第一，旅游者具有明确购买意向；第二，这种意向未来会转化为实际的购买行为；第三，旅游者愿意向调查者分享自身的购买意向。因此，这种方法比较适合于高消费市场的短期预测。因为对这些产品的购买意图往往是经过慎重考虑后决定的，受外部因素的影响而发生变化的可能性相对较小。

（2）销售人员综合意见法

预测者在无法接触旅游者时，可以选择此种方法。此方法通过对销售人员的询问进行市场预测。具体的使用过程如下：

请 n 位销售人员对未来某时段的市场规模的最高、最低和一般值及其出现概率分别进行预测，并计算出各自的期望值。

将 n 位销售人员期望值进行平均，以此平均值作为预测结果。

3. 德尔菲法

德尔菲法是专家意见法中的一种。当缺乏历史数据或预测需要主观判断时，可以选用此种方法。这种方法是预测事件发展的一种方法。德尔菲法自问世以来，在软科学领域得到广泛应用，取得了令人满意的成果。但此方法花费时间较长，有时候采用该方法进行一次完整的预测需要耗时 9 个月到 2 年。

使用德尔菲法一般分为以下几个步骤：

第一步：确定预测的问题，选择征询的专家组。利用该方法进行预测成功与否取决于研究者问卷的设计和所选专家的合格程度。首先，问卷设计要恰当。德尔菲法的征询表格没有统一的规定，但要求表格的每一栏紧扣测定因素。其次，所选专家权威性要高，代表性应广泛，人数适当（一般以 20~50 人为宜，但已有的成功预测案例中专家人数少的只有 4 人，多的达到 904 人），较为稳定（如果中途退出的专家人数较多，其结果的可靠性就会受到极大的影响）。

第二步：设计和分发第一轮调查问卷。问卷由专家背对背独立填写，即专家互相不见面，不讨论，避免互相影响和干扰。第一轮问卷包括两部分内容：一是向专家概括介绍所进行预测的项目；二是请专家鉴定未来可能发生的事件、事件发生的概率及发生的可能时间。

第三步：回收第一轮问卷并整理结果。结果整理包括确定中间日期（即将预期范围分为两半的日期）和四分位数范围（即将预测分为两半的中间点的周围范围），以便减少受过于乐观或过于保守的极端意见的影响。

第四步：将第一轮问卷统计整理的结果附在第二轮问卷上，然后邮给第一轮征询的专家组成员。同时，也可以提供其第一轮问卷答复的副本以作参考。在这轮调查中，要求每位专家组成员回答在看完小组的平均结果之后，是否希望改变自己的预测。如果专家的预测值在中间两个四分位数范围之外，而又不改变自己原来的预测，要请专家给出理由。

第五步：回收第二轮问卷并整理结果。包括新的预测结果及部分专家不同意第一轮问卷结果的意见。

第六步：总结第二轮问卷的结果和意见，并将其融入第三轮调查问卷中。第三轮问卷的做法与第二轮相似，主要区别是增加对不同意预测结果的意见。

第七步：第三轮问卷的结果出来之后，就要决定是否需要作第四轮问卷调查以获得进一步一致的预测。如果经过两轮问卷之后，绝大多数预测已经在中位数附近，就没有必要再作下一轮问卷调查；如果离差程度很大，就有必要作第三轮甚至第四轮问卷调查以获得比较一致的预测。

第八步：完成最后一轮问卷调查后，总结结果。结果中应包括中位数、内四分位数范围及确定出尚未达成一致意见的那些事件。

本章小结

旅游市场分析包括宏观背景分析、客源市场分析和竞合趋势分析。

宏观背景分析主要包括政治法律环境、经济环境和社会文化环境。对于客源市场的分析，主要包括两方面的内容：一是境外市场和国内市场的分析，二是现有市场与潜在市场的分析。从这两个方面把握客源市场的构成，有利于市场分析的全面性与准确性。竞争者分析一般包括以下六项内容：识别企业的竞争者，识别竞争者的策略，判断竞争者的目标，评估竞争者的优势和劣势，判断竞争者的反应模式。

旅游市场调查方法多样，按照不同的调查目的可以分为多种不同的调查方法，主要包括文案调查法、现场观察法、访谈法、抽样调查法、网络文本分析法等。规划者要根据调研的目的选择不同的调研方法。在撰写调查报告的过程中，要遵循调研报告的撰写要求和基本结构。

旅游市场分析主要包括以下几个方面的内容：客源类型分析，人口特征分析，消费行为分析，购后评价分析。旅游市场预测是根据目前旅游市场状况和过去发展特点，对未来旅游市场可能的发展和变化趋势作出判断，以提高发展旅游业的计划性和目的性。旅游市场预测大多沿用市场预测的方法。在旅游规划中，对市场的预测主要分为两大类：一类是有历史数据的预测，另一类是没有历史数据的预测。

思考讨论题

1. 论述旅游市场分析的内容。
2. 简答竞争者的反应模式。
3. 旅游市场调研方法有哪些？每个方法的优点是什么？
4. 简述市场调研报告的基本结构。
5. 旅游市场的预测内容包括哪些？

第七章　旅游规划的主题与定位

第一节　旅游规划主题

一、旅游规划主题的概念

旅游规划主题是旅游规划地将自身历史文化特点与现存资源发展状况以及对未来发展方向展望有机融合起来，提炼出展现给游客的旅游理念和价值观念。旅游规划主题以规划地的历史文化和发展目标作为基础，以旅游功能和旅游产品作为支撑，以旅游形象作为载体。规划主题作为旅游规划与开发的核心，关乎规划地的形象定位和市场定位，是规划地发展的战略基点和行动指引。

一般而言，旅游规划主题的内涵包括三个方面：目标定位、形象定位和功能定位。

“呀诺达”雨林文化旅游区就是主题与定位典型的成功案例，其被誉为“海南岛香格里拉”。景区旅游规划主题就是在充分分析与讨论后确立的。“呀诺达”在海南方言中是“一二三”的意思。规划者在建设“呀诺达”雨林文化旅游区时，赋予了“呀诺达”新的文化内涵：“呀”代表创新，“诺”代表承诺，“达”代表践行。“呀诺达”以源远流长的中华民族精神和厚土之中的海南本土文化为基础，以热带雨林资源为根基，以独一无二的热带雨林景观为支撑，带动海南旅游以更加饱满的色彩走向世界。规划者在建设“呀诺达”旅游区时就明确了旅游区的主题与定位。建设者从保护生态环境的角度出发，以保证自然资源利用为前提，在实现对生态环境资源保护-利用-保护良性循环的基础上，把热带雨林建设成融合“原始生态文化、黎苗文化和生肖文化”等传统文化的大型生态文化旅游主题园区——既坚持原始绿色生态的发展理念，又打造能够面向世界的高档次、高品位、高水准国际园区。

二、旅游规划主题定位的原则

（一）最大程度发挥资源特色

旅游地的主题开发需要深入挖掘旅游地的资源特色，通过资源特色的优势扩大规划区的知名度。资源是旅游规划与开发的基础。规划区在进行主题定位时，一方面要充分发挥规划地中具有独特性、排他性的稀缺性资源——这种资源在市场中可以起到垄断性的作用。另一方面主题定位要充分体现规划区内的各种资源，确保资源的丰富性，提高定位的层次性。

北纬十八度是地球上最适合旅游度假的区域，堪称旅游度假的“黄金纬度”。全球著名的旅游胜地几乎都分布在这一纬度附近。同样以“呀诺达”雨林文化旅游区为例，它是中国唯一地处北纬十八度的热带雨林，具有丰富的自然资源和丰厚的历史文化，其主题定位为大型生态文化旅游主题园区。

（二）最大程度展现文化印记

旅游规划地的主题设计需要鲜明明了，其中既蕴藏着丰富的历史文化内涵，又能够用最浅显的方式传达出规划地的历史文化信息，使游客清晰地了解其主题定位。但同时，又要确保主题设计的个性化。旅游市场中有许多雷同的主题定位，导致主题定位的同质性、替代性。规划地想要在旅游市场中脱颖而出，就必须想办法解决主题定位同质化的问题，这就要求定位前要抓住特质，即便同质，也要运用特殊的语言、特殊的标识来区分。

（三）最大程度吸引游客

规划区的主题定位不仅要顺应市场导向，更要引导市场趋势。它要激发游客的购买欲望，满足游客的购买需求，最大限度地吸引游客。

“呀诺达”雨林文化旅游区以原始绿色生态为开发原则，进行了先保护评价、后总体规划的实践道路。就“呀诺达”的主题形象而言，它增添了景区的神秘感。如果公众没有在宣传媒介上了解过它名字的由来以及园区的主题形象，那么他们一定会对“呀诺达”这个名字充满了想象，好奇心会驱使着游客主动地了解这个景区甚至是驱使游客专程前来景区。

第二节　旅游规划目标定位

一、旅游规划目标定位的概念

目标是指针对现状、趋势和预期的环境、前景而制定的激励后期实践的任务、目的和指标。旅游规划的目标定位即旅游区未来发展的总方向。目标定位是旅游规划主题内涵中最根本的要素，决定旅游区发展的总方向。目标定位从根本上影响着旅游区的形象定位和功能定位。

二、旅游规划目标定位的分类

旅游规划的目标按照不同的标准有不同的分类方式。

（一）按照旅游发展目标的层次分类

可以分为总目标、分目标、子目标。总目标是规划区在坚持可持续发展原则的基础上，以促进经济、社会、环境和谐发展为目标，建立的纲领性目标，以期来指导旅游业的发展，是旅游地经长期的开发和发展后所达到的要求。它在规划目标中最稳定、时效最长。分目标围绕着总目标来进行定位，具有局部性和阶段性的特点。子目标是根据分目标的内容来进行的具体定位，灵活性较高，处于相对稳定的状态。

规划者在进行规划设计时，要在一定程度上摆脱主观意志影响，遵循市场规律，由未来的旅游市场评定规划的成果。这就要求规划者在制定发展的总目标时要做好充分地调查、分析、预测，以旅游市场需求规模和资源承载条件为依据来设立旅游发展的目标。

（二）按照旅游发展目标的属性分类

分目标具体可以分为经济目标、社会目标、生态保护目标和文化发展目标。

（1）旅游规划的经济目标是反映其最终产业规模和经济收益状况的系列指标。

经济目标的子目标包括：①经济总量目标：旅游总收入与创汇、旅游者数量、境内外旅游者人数等。②经济结构目标：旅游业占 GDP 的比重、旅游业的乘数效应等。③经济增长目标：旅游业的经济增长率等。④效益目标：旅游规划项目的投资回收期、投资收益率。

（2）旅游规划的社会目标是指旅游项目对社会的影响效果。

社会目标的子目标包括：①社会结构目标：带动就业人数、地方居民的支持率、居民收入等。②人口素质目标：提高规划区当地的社会风气、提高旅游业从业人员的服务质量。③社会文化目标：弘扬规划区当地的历史文化、体现当地的文化特色。④旅游满意度目标。

（3）旅游规划的生态保护目标直接关系到旅游可持续发展的问题。

环境保护的子目标包括：①生态环境保护目标：主要包括自然风景资源保护、历史文化资源保护。②生态环境优化目标：包括环境综合整治指标、绿色覆盖率、水资源环境、大气资源环境等内容。

热带雨林以其独特的魅力、丰富的自然与旅游资源，在改善全球气候、保护物种多样性等方面发挥着重要作用。在热带雨林开发中，如何保护与合理利用其资源成为重点。“呀诺达”在景区规划时，坚持保护优先原则、整体性原则和地域性原则，在保护的基础上进行合理地开发。

（4）旅游规划的文化发展目标是指旅游发展对当地文化的影响和与文化互动的预期

结果，包括当地文化的完整性、文化个性、文化整合的程度、交叉文化吸引力等子目标。通过“以人为本”的设计理念，带动当地的居民参与旅游建设，能够带给游客良好的体验环境，使游客和居民能够在异地文化中和谐相融。

第三节　旅游规划形象定位

一、旅游规划形象定位的概念

旅游规划形象定位，就是指规划区为了在旅游者心中树立独特的形象，通过对旅游资源及其产品特色进行高度概括，来激发旅游者的旅游动机。

旅游规划形象定位是旅游地形象设计与传播的前提与核心。旅游者在进行旅游决策时，除了考虑距离、时间、交通、价格等因素外，还非常重视旅游地的感知形象。规划区只有在游客心目中树立强烈和美好形象，才能够吸引众多的旅游者前来旅游。

二、旅游规划形象定位的三要素

美国著名营销专家菲利普·科特勒（Philip Kotler）对定位理论进行了系统化、规范化的描述。他指出：定位就是树立组织形象，设计有价值的产品和行为，以便使细分市场的顾客了解和理解本企业组织与竞争者的差异。形象定位的差异是由以下三要素决定的：

（一）主体个性

主体个性，即规划区的品质个性和价值个性，是指旅游企业、组织或旅游产品的品质和价值内涵的独特风格。形象定位必须以主体的存在特性作为基础，充分挖掘规划区的自然旅游资源特性和人文底蕴内涵，在此基础上提炼加工为本地区的旅游主题形象。

（二）传达方式

传达方式是指把主体个性有效准确地传递给旅游者的渠道和措施。主体个性如果不能被有效传达，旅游者则无法去感受和认知规划区的主题形象。传达方式主要有营销推广方式、广告与公关策划等宣传方式。尽管部分规划区在主体个性化和特色化方面并不存在明显的优势，但通过良好的传播途径和有效的传播方式，同样可以打造出与众不同的地区形象。

（三）受众认知

所谓受众认知是指旅游主题形象被旅游者所认识、知晓与感受的程度。

对于旅游主题定位的成效，可以借助感知形象分析的方法进行探讨。旅游感知形象的测量方法可大体分为两类：一类为结构化的测量方法，另一类为非结构化的测量方法。非结构化形象测量虽然能够更为全面地了解旅客的感知要素和属性，但分析方法目前还停留在一般频数统计和比例分析及排序等层面，对游客在形象感知方面的特征分析及旅游目的地形象优化等方面意义不大；但将内容分析法等其他方法引入感知形象研究中，则能够有效提升感知形象非结构化测量的效果，并为旅游主题定位的研究提供更为充分的信息。

谭红日（2021）等人采用内容分析方法，基于旅游目的地形象“认知–情感”模型，从认知形象、情感形象和整体形象等三个方面探讨了游客对大连市旅游目的地形象的感知，并运用百度指数分析对大连市旅游形象感知整体形象进行验证。结论得出海洋、广场、公园是游客对于大连旅游形象的基本认知形象。游客对于旅游资源、旅游环境、旅游活动的满意度较高，评价中以积极情感为主。游客对大连市的整体形象感知是滨海旅游胜地、“广场之城”，整体形象感知是积极的。研究结论与目的地形象“认知–情感”三维模型基本契合。

三、旅游规划形象定位的方法

（一）领先定位法

领先定位法适用于那些具有唯一性、不可替代性的旅游产品或旅游资源。如北京的长城、西安的兵马俑等，都是世界上绝无仅有的观光游览胜地，在世界上处于绝对的垄断地位。旅游者依据不同的标准和属性，在头脑中建立旅游区的形象阶梯，使用领先定位法，能够快速地使规划区进入旅游者的头脑形象中。

（二）比附定位法

比附定位法是旅游规划区利用现有的著名旅游地的品牌形象来树立自己的形象，借此达到凸显和提升的作用。实践证明，与处于形象阶梯最高位置的旅游地竞争往往十分困难，因此规划区可以选用比附定位法进行形象定位。例如，将三亚定位为“东方夏威夷”，可以借用夏威夷的形象树立海南的主题形象。

（三）逆向定位法

逆向定位法是使用心理学的一些知识，采用逆向的思维方式进行规划区的形象定位。这种方式打破了旅游者的一般思维方式，以相反的内容和形式来塑造旅游形象。它所强调和宣传的定位对象一般是消费者心中某一固定形象的对立面和相反面，从而为旅游者搭建一个新的易于接受的心理形象阶梯。例如，深圳野生动物园第一个打破了我国游客对于动物园的惯性思维，采用一种新型的动物园观光游览方式：将游客与动物对调，改变了传统动物园将动物囚禁在笼中观赏的方式，而是人在车中，动物在笼外自由活动。

（四）空隙定位法

空隙定位法又称填补空白式定位。该方法的核心是通过分析旅游者心中已有的阶梯形象，发现并创造新的形象阶梯。比附定位法和逆向定位法都要依赖旅游者心中的原有形象阶梯，而空隙定位法是树立一种新的形象阶梯。这种定位方式能迅速地在旅游目标市场上站稳脚跟，并且能够在旅游者心中较快地树立起良好的形象。“呀诺达”雨林文化旅游区就是在发现海南旅游市场中绿色产品空白之后，规划设计出如此独具特色的旅游地的。

（五）重新定位法

确切地说，重新定位并非一种独立的定位方法，而是原旅游地采取的再定位策略。旅游地的发展存在生命周期，处于衰落期的旅游地如何转型升级是其必须要面对的问题，重新定位法可以促使新形象替换旧形象，占据一个有利的形象地位。

除了这些定性的定位方法之外，旅游形象还可以采用定量的方法进行定位，如重要表现性法（IPA）、城市感知分析法（CPA）等。张子昂等人（2014）借助IPA方法对南京旅游地形象进行定位，得出历史遗迹、生态环境、旅游信息、价格物有所值、文化氛围、城市建设及建筑、城市化水平、滨江景色、休闲氛围、康体疗养和便利的交通等是定位南京旅游形象的重要旅游要素，并最终赋予南京“滨江上的智慧绿都——古南京”的形象定位。

第四节　旅游规划功能定位

一、旅游规划功能定位的定义

旅游规划功能定位是在发展目标的指导下，以当地的历史文化背景和自然资源条件为基础，对旅游规划地功能的系统设计和安排。旅游规划功能定位对于指导旅游规划地的开发设计具有重要意义。通常情况下。规划地的开发设计受四个方面的影响：政治经济环境、旅游资源基础、技术资金实力和目标市场的期望。

政治经济环境和技术资金实力构成了旅游功能定位的外部环境，对旅游功能定位的可行性产生影响。旅游资源基础是旅游功能定位的基础因子，是设计旅游产品和项目的支撑基础；目标市场的期望则是旅游功能定位的方向指南，为旅游功能定位提供市场导向。

二、旅游规划功能定位的分类

具体而言，旅游规划的功能定位主要分为以下几个部分。

（一）经济功能

1. 促进区域经济发展

旅游业被国家定位为战略性支柱产业。旅游规划在经济功能方面，具有稳定增长、扩大内需、调整结构等方面的积极作用，能够带动交通运输、金融、零售和娱乐等行业的发展，在一定程度上推动周边地区经济社会发展、优化资源配置。规划区的开发能够帮助规划区获得可观的经济效益，政府的税收收入也随之提升，政府也会有更多的基金投入到旅游业中，促进旅游基础设施的不断完善。通过收入效应、创汇效应、产业关联等方式，带动当地区域的连锁经济反应，从而形成相辅相成、相互促进的良好局面，给规划地带来巨大的经济效益。

湘西旅游资源丰富，规划区以丘陵、山地、森林资源为依托进行规划开发。湘西丘陵山地森林生态功能价值的旅游经济贡献作用较大，当森林生态功能价值每增加 1 元，则产生 8.91 元的旅游经济贡献。规划区在提高 GDP、旅游总收入和住宿餐饮零售额等方面都具有一定的贡献。

2. 增加当地居民收入

一方面，规划地经济利益不断上升，能够提高当地经济的发展水平，从而带动居民的收入提高。另一方面，规划区的建设能够为当地的老百姓带来长久的利益：旅游规划区的发展会带动相关产业的发展，从而能够为百姓创造就业机会和发展机会，带动当地百姓实现脱贫致富，从而吸引更多的居民参与到旅游工作中来。

（二）社会功能

1. 促进民族文化的保护和发展

民族文化是一个国家和地区的重要旅游资源。规划区的设计开发是以当地的文化资源为基础的，因此旅游规划的开发能够起到弘扬传统文化、传承民俗风情的重要作用。在这一过程中，原先被人们遗忘的传统习俗和文化活动重新又得到开发，从而进一步地扩大规划地的文化影响力，推动规划地的文化走向世界。旅游开发与规划不但要尽量减少对纯净自然与历史人文的破坏，而且还要在开发者的利益动机和旅游者的“心游”动机之间找到关键的平衡，通过传统的民俗文化缓解现代人的精神压力。

2. 加强区域之间的文化交流

一方面，旅游规划能够推动区域内的文化交流。由于旅游者来自不同的国家、不同的地区，因此他们具有不同的宗教信仰和生活方式，旅游者之间的密切接触能够增进不同区域人民之间的相互了解，旅游者可以体会到各种文化现象的交叉和渗透、感受不同文化的魅力。另一方面，旅游活动是人类之间的和平交往活动，是人类间交往的主要方式，规划区的建设，能够加强世界各国之间人民的相互交往，增进相互了解，维护世界和平。

（三）生态功能

生态功能即旅游规划区的开发及后期管理对自然环境的影响作用。

1. 推进资源节约利用

旅游规划充分调动区域内的各类产业，可以在某一区域内形成以旅游业为媒介，连接工业、农业、一般服务业，最终达到生态资源的休闲旅游化利用，打造类型多样的旅游产品。这一形式能够实现空间资源的充分利用。特别是一些美丽乡村的发展规划，政府通过财税政策，支持旅游引导城乡一体化发展，推动城乡环境整治，规划布局美丽乡村，给国民提供景观质量好、环境质量佳的游憩场所。这种规划开发能够在最大限度上提高国土资源的利用率，将闲置资源进行充分利用，实现生活、生产、生态在地域空间上的合理共生。

2. 促进生态系统稳定

规划区对自然生态资源的保护性开发，实现适度游憩开发利用，是彰显生态系统服务价值、创造人类福祉的重要途径。规划区将促进生态系统稳定作为旅游规划的长远性、战略性目标，并根据这一点来进行科学性、系统性地旅游规划。制定区域旅游开发的环境保护制度，保护当地旅游资源的环境体系，划定环境保护区，对区域环境质量进行控制。项目设计时，最大限度地减少环境破坏，解决保护自然与旅游规划之间的矛盾。

旅游规划中要充分关注生态保护和人的权益，充分吸纳居民的意见，实现居民和企业的利益平衡，将旅游规划的生态文明功能发挥到最大限度，充分利用市场竞争机制，淘汰不符合生态文明发展趋势的产品和项目。随着科技的进步，智慧旅游规划进一步为人本主义和生态文明建设打开突破口。智慧旅游的规划设计能够实现生态系统和环境保护的智能化，是旅游新技术和人本主义在生态文明建设中的完美融合。

（四）教育功能

规划区的合理开发能够进一步地提高旅游者的生态意识和环保意识，对旅游者起到绿色教育的作用。实践是提高教育水平最有效的方式，旅游者通过实地的游览观光受到潜移默化的影响，不仅丰富精神世界，而且还能提高生态文明意识。规划区通过景区内的解说系统和景区内的示意牌向旅游者宣传生态环境保护意识，大力提倡全民环保意识、生态意识，营造爱护生态环境的良好风气。

本章小结

规划主题作为旅游规划与开发的核心，是规划地发展的战略基点和行动指引。一般而言，旅游规划主题的内涵包括三个方面：目标定位、形象定位和功能定位。规划区在进行主题定位时，要坚持三个原则：最大程度发挥资源特色，最大程度展现文化印记，最大程度吸引游客。

旅游目标定位可以分为总目标、分目标、子目标。总目标是规划区的纲领性目标，是旅游地经长期的开发和发展后所达到的要求。分目标围绕着总目标来进行定位，具有局部性和阶段性的特点，包括经济目标、社会目标、生态目标和文化目标。子目标是根据分目标的内容来进行的具体定位。

旅游形象定位，就是指规划区为了在旅游者心中树立独特的形象，通过对旅游资源及其产品特色进行高度概括，来激发旅游者旅游动机。形象定位的方法包括领先定位法、比附定位法、逆向定位法、空隙定位法、重新定位法。

旅游规划功能定位是在发展目标的指导下，以当地的历史文化背景和自然资源条件为基础，对旅游规划地功能的系统设计和安排。在经济功能方面，旅游规划能够促进区域经济发展、增加当地居民收入。在社会功能方面，旅游规划能够促进民族文化的保护性开发，加强区域间的文化交流。在生态功能方面，旅游规划能够推进资源利用开发，促进生态系统稳定。除此之外，规划区的合理开发能够进一步地提高旅游者的生态意识和环保意识，对旅游者起到绿色教育的作用。

思考讨论题

1. 简述旅游规划主题定位的原则。
2. 简述旅游规划形象定位的方法。
3. 旅游规划的经济功能有哪些?
4. 旅游规划的生态功能体现在哪些方面?
5. 旅游发展目标按照其属性分类，包括哪些内容?

第八章　旅游空间结构规划

旅游空间结构是旅游业诸要素的空间表达，是一定地域范围内旅游经济要素的相对区位关系和分布形式。旅游空间结构一般依托该区域旅游资源，并结合其在区域旅游网络中的地位和旅游市场开发战略构建而成。对于旅游规划，旅游空间结构具有重要意义。现有空间布局影响旅游功能区划分。旅游功能分区对未来空间布局、旅游地景观、交通路线组织等均会产生深远影响。

第一节　旅游功能分区

旅游功能分区是依据旅游地资源等级与分布、土地利用、项目与产品设计等状况，对区域空间进行系统划分的过程，是对旅游地自然、经济、人文等要素的统筹布置与安排。功能分区是旅游规划的重要组成部分，不同类型的规划，其功能分区的概念和要求并不完全一样。

一、旅游功能分区的原则

功能分区一般遵循两个原则：一是资源和旅游活动适宜性原则，要能反映不同区域的区位和资源差异；二是一致性原则。具体而言，包括如下方面：

（一）突出主题原则

突出主题是旅游功能分区的核心原则。在功能分区中，必须通过各种产品与服务来突出旅游区主题形象的独特之处，充分挖掘每个功能区的资源特色和文化内涵，依托各类优势，面向目标市场，通过旅游产品、景观建设、建筑风格、服务方式、旅游主题活动、节事节庆等，共同塑造与强化功能区的鲜明形象，以增强旅游吸引力。

（二）完整性原则

根据地域旅游资源的分布和空间组合特征，遵循景观演变的连续性，结合已形成的行政区域格局，将具有资源类型相似性、文化历史继承性、旅游功能同一性、市场形象统一性的景观，依据最优越的资源和区位条件，通过集聚布局效应划出相对集中的区域，既能保证各区域内部的地域完整性，又能使各区域之间具有层次性、连续性，突出各区域的规模效应和整体优势，强化各旅游区域之间（尤其是与其竞争区域）的差异，以利于连接成片（或带），形成完整、丰富、具有多种适应性的功能性实质整体。

（三）协调功能分区原则

协调功能分区主要表现在处理好旅游功能分区与周围环境、旅游功能分区与管理中心、旅游功能分区之间以及旅游功能分区与主要景观结构（核心建筑、主体景观）等的关系。按同一性或差异性所划定的各旅游功能区，必须以依据客源市场所作出的旅游功能定位为导向，创意开发其相关配套旅游项目，变单一功能为相关功能集合优化。同时，各分区在功能上的专业化发展应服从总体布局的需要，形成各分区之间扬长避短、优势互补、功能耦合的区域分工合作体系。

具体而言，在规划设计时，具有特殊生态价值的功能区域应划为生态保护区；而主要面向游客的休闲旅游娱乐区域，应进行合理划分，同时引入适当内容及设施使其达到最佳使用状态。另一方面，还应对各种旅游活动进行相关分析，以确定各类活动之间的互补、相依或相斥关系，从而有效地划分功能分区。此外，各功能分区内的设施、活动安排也需要进行适当的空间布置。

（四）合理规划动、视线原则

在充分考虑旅游过程中的游客心理和生理特性的基础上，进行各旅游分区交通线路的规划，以实现有效动线规划，依照顺序推进并建立理想的空间布局关系。

具体来说，旅游区内部交通网络应高效且布局合理，路径与园林景观有效配置，并建立公共交通系统，采用步行或无污染交通方式，限制车速，使行走与休息均为一种享受。相距较远的景点之间应配备公共交通工具，邻近景点间设置人行道、缆车或畜力交通方式，内部实现低污染的交通优化。空间布局还应尽量考虑游客观赏视线上的层次性，在分区内布置有效的观景系统和视线走廊，如在制高点、开阔地带或主要景观地区设置一系列的眺望亭与休息区，让游客能在区内最佳视点充分享受到优美奇特的自然景观。

在以上分区原则基础上，功能分区同时需要处理好三个关系：一是功能区之间的差异性，二是功能区内部的形似性，三是旅游资源类型的相邻性。

二、旅游功能区的构成与类型

（一）旅游功能区的构成

旅游功能分区的功能要素往往集中分布在旅游区域范围之内。根据规划区的范围和资源特色，功能分区可分为功能区、功能亚区和功能小区三个层次。

1. 功能区

功能区是旅游区总体规划中的一级区，一般根据资源特色及主体功能进行划分，必要时可打破行政界限。功能区应明确以下内容：功能区名称、功能区范围、功能定位、区内主要景点和市场定位。

2. 功能亚区

功能亚区是在功能区之下根据主体旅游资源的区域差异进一步细分的区域，一般以乡镇为中心。功能亚区的划分同样要明确功能区名称、功能区范围、主要景点、功能定位和市场定位等要素。

3. 功能小区

功能小区也可称为景区，景区由景点组成，是旅游活动的主要区域和旅游功能区的核心。旅游景区的规划内容比功能区的规划内容更加详细，不仅包括以上两类要素，还包括位置、面积、功能、性质、主要设施等内容。

（二）旅游功能区的类型

关于旅游功能区的类型有不同视角，很难有统一的功能类型划分。

（1）旅游规划涉及的规划区空间尺度不同，功能类型也不同，如有旅游省区、旅游城市、旅游景区等，即使同一类型也有不同大小的空间范围。

（2）按照旅游六要素或者旅游者目的来划分，一个成熟的旅游区一般包括旅游接待区、游客游览区、旅游物流集散地（镇、城）等功能区，满足游客游、购、吃、住、行、娱等方面的需求。

（3）按照规划区的不同性质，如风景名胜区、森林公园、旅游区、自然保护区、综合性公园、主题公园等不同性质规划区域，其具体功能分区类型也不相同。

三、旅游功能分区的方法与步骤

不同类型的景区有不同的功能分区方法。如国家森林公园可分为森林旅游区、生产经营区与管理生态区三大区，其中森林旅游区又分为游览区、游乐区、休养区、接待服务区和生态保护区。1994 年国务院颁布的《中华人民共和国自然保护区条例》规定：自然保护区分为核心区、缓冲区和实验区，其中核心区是自然保护区内保存完好的天然状态的生态系统以及珍稀、濒危动植物的集中分布地，除经允许的科研活动外，禁止任何单位和个人进入；核心区外围可以划定一定面积的缓冲区，只准进入从事科学研究和观测活动；缓冲区外围划定为实验区，可以进入从事科学实验、教学实习、参观考察、旅游以及驯化、繁殖珍稀或濒危野生动植物等活动。

旅游规划可以参照目前现有的分区模式对规划区进行功能分区，也可遵循一些科学的分区方法，探索性地完成规划区的功能分区。依据不同的理论与原则，目前常用的旅游地功能分区方法主要有：定位、定性、定量方法，认知绘图法，降解区划法以及聚类区划法等。下面选择其中使用较多的几类方法简单进行介绍。

（一）认知绘图法

认知绘图法主要通过综合旅游者对旅游地形象的认识，计算出旅游位置分数来进行分区。其基本步骤为：

第一步，选择一种抽样调查方法，以确保能获得一个具有代表性的随机样本。

第二步，向被调查者提供一张画好的地图，要求他们在认为是旅游地中心的地方画上预先定好的标注“X”，并画出 3~5 个旅游分区范围。

第三步，算出每个旅游位置的分数（TIS）：

$$TIS = (A+B+C) \times (A+B)/(1+C)$$

式中：A—— 一个分区所得“X”的次数；

B—— 该区被划归为旅游分区的次数；

C—— 一个地区部分被划入旅游分区的次数。

第四步，汇总 TIS 分数，标在新地图上，高积分处即为旅游分区的位置中心，然后沿低谷处画线即可得出各区之间的界线。

（二）降解区划法

降解区划法或称降序分区法，是一种大尺度地域范围区划分方法。该方法从较大区域范围入手，逐渐按两分法分解成越来越小的区域，具体思路如图 8-1 所示。

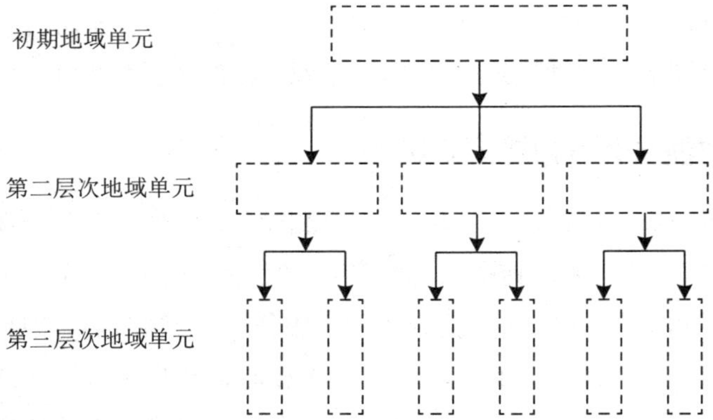

图 8-1　降解区划法示意图

（三）聚类区划法

聚类区划法又称上升区划法，是降解分区法的逆向过程，是指从小的地域系统（旅游点或村镇）入手，逐渐合并为数量较少的大区域的逻辑划分方法。一般在大尺度空间规划时采用该方法进行功能分区的研究和划分。聚类区划法主要着眼点是空间上的相邻性以及资源特色的相似性。从小地域单元入手，通过对其进行归类合并而逐步上升到数量较少的大型功能分区，其主要步骤如图 8-2 所示。

第一步，在规划区内设定 N 个地域样本（N 类），即最小的地域空间。

第二步，计算各样本之间的空间距离，并按相邻样本之间的共性形成 X 类（X＜N）。

第三步，进行同类、相邻样本的合并，不断重复该过程。

第四步，最终产生典型、数量有限的大型区域 Y（Y＜X）个，即最终需要的对旅游区的空间划分。

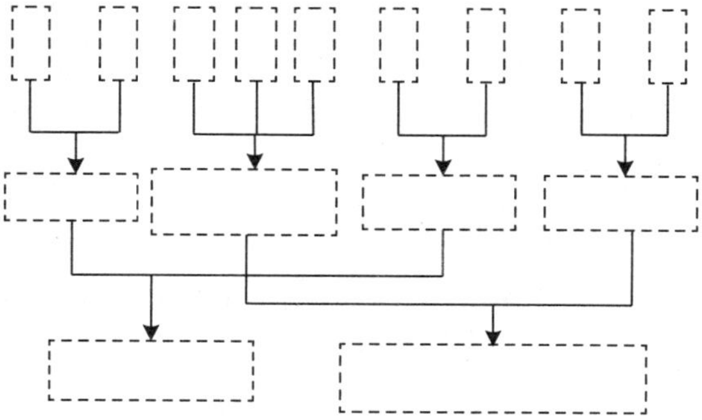

图 8-2　聚类区划法示意图

第二节　旅游空间布局

旅游空间布局是旅游规划中的重要环节，是旅游规划的空间体现，是旅游线路安排设计的背景和基础，对旅游区获得良好的综合效益及其持续发展有着直接而重要的作用。旅游空间布局实质上就是将一个大的旅游空间划小的过程。旅游空间布局是否合理，对于区域旅游活动的顺利开展、旅游产业要素的优化配置、旅游业的增长，均具有重要的作用。

一、旅游空间布局的原则

（一）主导性原则

根据旅游资源分布和空间组合特征，将具有资源类型相似性、历史文化继承性、旅游功能同一性、市场形象统一性的景观，按其主导性集中成片布局。

（二）主题性原则

对旅游规划区域进行空间布局，每一个次单元需要明确一个鲜明的主题。主题既可以是有特色的旅游资源，也可以是人工建筑物。

（三）完整性原则

旅游空间布局尽量确保地理区域的完整性。一般而言，各类旅游发展规划在旅游空间布局时，要确保行政区域的完整性；旅游区规划在空间布局时，不能将一个完整的旅游景观割裂，要尽量保持旅游资源和自然地理要素的完整性。

（四）集中功能单元原则

对不同类型的旅游服务设施，如住宿、娱乐、商业设施等，应相对集中布局，使其在空间上形成集聚效应。集中布局旅游服务设施有着十分明显的优越性：①能降低旅游基础设施的投资成本；②一般会使游客在旅游区内的停留时间延长，增加旅游收入，带动地区经济的发展；③集中布局旅游设施，形成一些旅游城镇（集镇），旅游者与当地居民共同使用，提高旅游设施利用率；④可有效防止对旅游景观的视觉污染。

（五）环境保护原则

旅游空间布局时，要充分考虑旅游资源和环境的承载能力，确保旅游资源和环境不被破坏。一般而言，接待设施、娱乐区等游人集中的区域，应远离自然环境脆弱或珍稀动植物区；生态环境脆弱的地区，应单独划分成特殊区域，所开展的旅游活动应控制游客人数，防止环境破坏。例如，我国自然保护区一般分为核心区、缓冲区、实验区，不同区域所开展的旅游活动有严格区分。

二、旅游空间布局的影响因素

旅游空间布局受到资源、区位、市场和社会经济等多种因素的影响和制约。

（一）旅游资源因素

旅游资源是影响旅游业空间布局的首要因素，涉及旅游资源的质量和分布状况。在旅游开发的初期阶段，旅游资源因素对地区的影响较大，伴随区位条件的改善和旅游开发程度的加深，旅游资源因素对旅游地开发的影响将逐渐减弱。

1. 旅游资源质量

旅游资源质量和旅游者旅游行为之间存在着相关性。高质量的旅游地能够吸引更多的旅游者，吸引范围大；而低质量的旅游地的吸引范围较小，吸引游客也较少。因而旅游资源质量直接影响区域旅游空间规划布局。历史文化悠久，自然、人文及社会等旅游资源质量高的旅游地，往往被重点优先开发，可能成为区域旅游网络的重要节点；而旅游资源质量相对较低的旅游地，一般开发强度低，只作为当地居民游憩休闲活动场所，在区域旅游规划布局中地位不高。旅游区域若分布有重大自然或历史遗存，或有大型旅游项目落成，其资源质量等级提高，原有的区域旅游空间格局也将发生改变。

2. 旅游资源分布及组合状况

旅游资源的分布状况决定着旅游开发的格局。集中分布的旅游资源便于开发，成为旅游开发的优先区域，反映在空间布局上就是增长极的备选对象。因此，应根据旅游资源的分布及组合状况对旅游地进行空间布局，认识分布状况对旅游空间布局的影响，使旅游空间布局同资源分布状况相协调。

（二）区位条件

区位条件是影响旅游空间布局的关键因素。良好的区位条件、合理的区位设计，能够吸引众多游客。

旅游地区位条件包括旅游地与外部客源地的区位关系、旅游地内部的区位关系、旅游地与其他旅游地之间的空间关系。

（1）旅游地与外部客源地的区位关系，主要是指客源地在旅游地周围的分布和相互距离。客源地距旅游地较近，分布集中，则容易形成数量大、稳定性强的客流。

（2）旅游地内部区位条件表现为旅游地距区域客源地的距离远近及交通状况。旅游地距区域内客源中心越近，交通条件越便利，内部区位条件就越好。

（3）旅游地与其他旅游地的空间关系，是指在一定区域范围内某个旅游地在区域旅游客源中心所处的地位，主要受到与其邻近旅游地的影响。旅游地与其邻近旅游地的空间相互作用关系，按作用的性质可分为互补关系和替代关系；按作用的方向又可分为相互作用和单向作用。

（三）市场因素

旅游空间布局要充分考虑市场因素，根据旅游市场的特征和变化进行旅游空间布局。市场因素对旅游空间布局的影响，主要表现在旅游者的需求特征及旅游者在旅游地的空间行为规律。

旅游者的需求特征包括旅游者类型、旅游者地域组成、客源市场特征、旅游者旅游消费特征等。这些因素会影响旅游产品的开发、旅游产业的内部结构、旅游业的规模和档次、旅游业的空间组合与分布。以旅游者需求特征为基础的空间布局，能实现旅游经济正常运行及区域旅游可持续发展。

旅游者在旅游地的空间行为规律，主要表现为旅游者的流向、流量及流速特征，它是旅游者需求特征在旅游地的总体表现。旅游资源的地域分布和经济发展水平呈现非均衡特征，进而造成旅游需求空间不平衡，旅游者多的区域往往成为旅游增长极，可密集布局旅游产业。

（四）社会经济因素

区域旅游发展离不开整体社会环境，旅游区的交通设施、社会治安状况、管理水平、用地状况、物价水平、居民文化素质及好客程度等，都会影响旅游区的发展及空间布局。另外，休假制度对区域旅游空间布局也有较大影响。随着人们游憩休闲时间的增多，城市郊区的旅游资源得以有效开发，使区域旅游空间布局发生了较大改变。经济发展和旅游需求的增加，共同推动区域旅游发展，旅游空间布局形态可能会由点发展到轴带，再发展到成熟网络，甚至可能发展成为类似于城市连绵区的旅游板块。

（五）其他因素

一是社区发展因素。社区支持对旅游目的地的可持续发展至关重要。在空间布局时，必须充分考虑社区居民的利益。比如，游憩区域要尽量接近居民社区，以满足当地居民对休闲游憩的需求，不能把易产生噪声的娱乐设施布局在居民区附近。二是委托方因素。一些旅游规划中，出于招商引资或后期管理等方面的考虑，委托方对规划区域的空间布局已有初步方案，规划方应该尊重委托方的意见，吸收原有空间布局方案中的合理因素。三是考虑规划区域未来发展中游览线路设计的合理性、大型旅游设施的用地需求等。

三、旅游空间组织的模式

空间规划的目的就是以最优化的空间格局来组织旅游产品的生产。而由于旅游产品消费的流动性特征，在空间规划的同时，还必须考虑区域旅游的组织模式。区域旅游空间组织的模式一般有四种，即中心辐射形、环形、带形和网络形。

（一）中心辐射形

有些旅游地由于其内部地理空间的自然特征、行政区与资源区的布局特征，自然或历史地形成了一个以中心城市、重点功能区为中心，向外围辐射的圈层结构组合模式。这种模式往往有两个层次：一是中心区，或称紧密结合区，位于旅游区域的中心地带，由一个或数个资源区或旅游功能区紧密结合而成，对周围其他资源区和旅游功能区具有以点带面的作用；二是外围区，或称松散结合区，位于中心区的四周，是整个旅游区域的外围边缘，对中心区有着支持、辅助、烘托的作用。

对于中心辐射形旅游区域，在旅游规划过程中，特别是进行线路设计和经营、宣传促销过程中，应注意兼顾冷温热区域，以期达到以点带面的效果。

（二）环形

环形模式是以环状首尾相连组合而成的旅游空间组织模式。这种模式的特点是，可以形成内部自组织的回形旅游线路。环形旅游区域大多是因自然地理空间的特殊性而形成的旅游空间结构，如环渤海旅游区域、环太湖旅游区域、环青海湖旅游区域等。

（三）带形

带形模式是一种由两点连成一线、两端带中间的区域旅游组织模式。该模式适合于具有两个出入境口岸、两个中心城市或两个强势旅游功能区的区域旅游目的地，以两头重点带动腰部。特点是可避免线路的重复，旅游开始和结束都较为精彩。济南—青岛、沈阳—大连分别是山东和辽宁的两大重点旅游区，其组合形成两条带状旅游区域，在一定程度上代表区域旅游的精华所在。

（四）网络形

网络形的旅游空间组织模式，是一种高效、合理和最具积极意义的模式，其在区域内均衡进行资源配置和产品布局，并通过旅游线路的合理规划均衡分配市场，以形成内部相对公平的利益分配机制。

一般而言，网络形模式对规划布局的有效协调机制要求较高。在技术层面，要求在旅游线路和产品组织、运营等方面有较高的科学性，因此，也是难度较大的一种区域旅游空间组织模式。

四、典型空间布局模式

旅游空间布局模式一般是在一定时代和环境背景下提出的，存在一定的适用对象和范围，具体应用时应根据规划区域具体情况加以分析。

（一）同心圆式布局

同心圆式布局模式源于景观设计师诺曼·弗斯特（Norman Forster）1973 年针对国家公园的空间布局而提出的旅游区空间开发“三区结构模式”。在该模式中，旅游区从里到外依次为核心保护区、游憩缓冲区以及密集游憩服务区，三大布局区域如同一个同心圆（如图 8-3 所示）。其中，核心保护区是受到严密保护的自然区，限制乃至禁止游客进入。围绕核心保护区的便是游憩缓冲区。在规划游憩缓冲区时，配置了野营、划船、越野、观景点等服务设施。最外层是密集游憩服务区——为游客提供各种服务，有饭店、餐厅、商店或高密度的娱乐设施。

该布局模式得到世界自然保护联盟（International Union for Conservation of Nature and Natural Resources，IUCN）的认可。世界上许多国家在对待需要保护的生态型旅游区时都采用了该布局模式进行规划与开发，如美国国家公园、澳大利亚东北部的大堤礁海洋公园等，我国自然保护区也是参照同心圆模式进行规划和管理的。

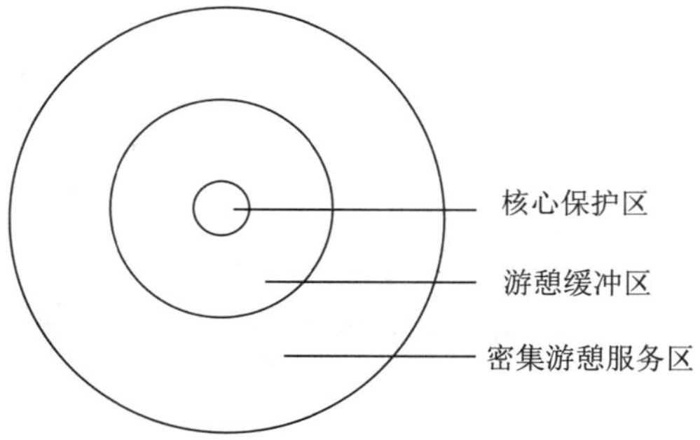

图 8-3 同心圆式旅游空间布局模式

（二）环核式布局

环核式布局模式是指旅游地空间布局以重要旅游景观或项目为核心，相关的旅游接待、服务设施以及娱乐项目等环绕该核心景观和项目进行布局的模式。如图 8-4 所示。

一般吸引物较为单一的旅游区适合环核式布局模式。在该模式下，旅游接待服务设施与旅游吸引物之间由交通联系，空间形态呈现出车轮形状。

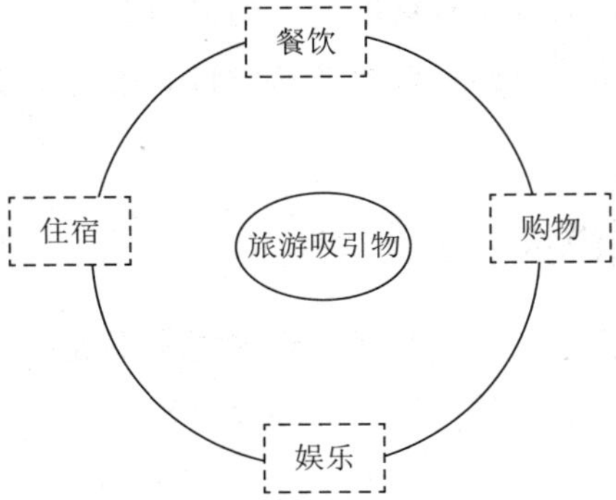

图 8-4　环核式旅游空间布局模式

（三）社区–吸引物式布局

社区–吸引物式布局模式由美国旅游规划专家克莱尔·A. 冈恩（Clare A. Gunn）于1965年首先提出。它是在旅游区中心布局旅游服务中心，外围分散形成一批旅游吸引物综合体，用旅游交通线连接服务中心与各个吸引物综合体（如图 8–5 所示）。该模式适用于旅游资源较为丰富，但是分布较为分散的情况。为了增强区内的交通便捷性，往往会在社区与旅游资源以及旅游资源间修建交通线，最终形成车轮状交通格局。

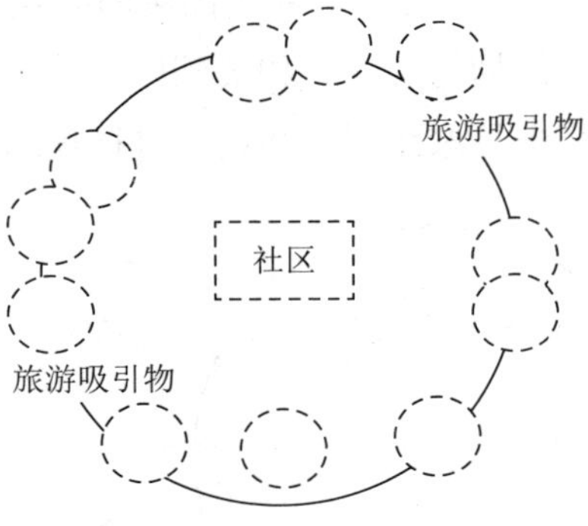

图 8–5　社区–吸引物式旅游空间布局模式

这种旅游空间布局模式被世界各地广泛应用，其最大优点是充分考虑游客利益，方便游览活动的开展。但在旅游中心地区集中布局旅游服务设施，容易产生旅游城镇化，造成旅游区的环境破坏和旅游景观的视觉污染。

社区–吸引物式与环核式两种布局模式下都会出现环状的分布，但前者位于环状中心的是具有旅游接待功能的社区，后者位于环状中心的是旅游吸引物。同时两种模式下旅游流的流向、性质、旅游消费行为存在本质区别。

（四）条带状布局

条带状布局模式是以带状旅游资源为依托的一种旅游空间布局模式。该模式以海滨旅游布局最为典型。一般模式是，从海水区、海滨到陆地，依次布局海上活动区（养殖区、垂钓区、海滨浴场、游艇船坞），海滩活动区（海滨公园、沿海植物带、娱乐区、野营区），陆上活动区（餐饮区、交通线、旅游住宿区、游客中心、购物区等）（如图8-6所示）。与此类似的滨河、滨湖旅游空间布局，一般也适用此种模式。

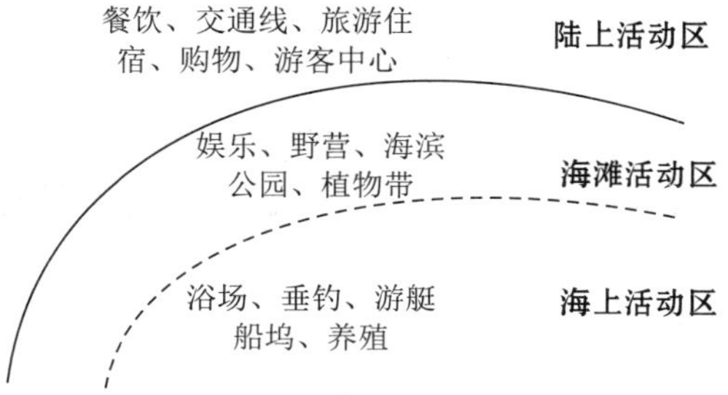

图 8-6　条带状旅游空间布局模式

第三节　旅游线路设计

旅游线路是联系旅游者和旅游对象、客源地和目的地的重要环节，是旅游企业产品的重要组成部分。旅游线路包含了旅游目的地、旅游基础设施、旅游服务接待设施、旅游服务等。所以，旅游线路设计无论是对区域旅游开发、旅游目的地、旅游企业还是旅游者来说，都具有十分重要的意义。

一、旅游线路的概念

旅游线路是为旅游者设计、提供各种旅游活动的游览线路空间组合形态。它通过一定的交通线和交通工具将若干个旅游中心城市、旅游景点、旅游活动项目、旅游服务等按某一需要合理地贯穿和组织，成为完整的旅游运作网络和旅游产品线。一般而言，单个旅游产品对游客的吸引力相对较低，需要对分散的产品进行统一规划、有机组合，形成旅游线路，这就要求地区之间进行分工协作，打造互补性旅游产品。

旅游线路一般包括两种含义：一是指旅游地内旅游者经过的路线，它仅是旅游行动的轨迹，基本等同于游览线路。二是指旅游经营者或旅游管理机构向社会提供的产品。时间上包括从游客接受旅游服务开始，直到结束旅游活动、脱离旅游经营者或旅游管理机构的服务为止；内容上包括这一过程中游客所利用和享受的一切，涉及行、食、宿、游、购、娱等。两种含义的旅游线路均具有综合性、不可贮存性、不可分割性、分权性、可替代性、脆弱性、后效性、周期性等特征。

旅游线路设计，就是根据现有旅游资源的分布状况及整个区域旅游发展的整体布局，采用科学的方法，确定最合理的旅游线路，使旅游者获得最丰富的旅游经历的过程。旅游线路设计既要尽可能满足旅游者的旅游愿望，又要便于旅游活动的组织与管理，因而对技术和经验有较高要求。

二、旅游线路的类型

完整的旅游产品是用一条主线将若干旅游地、旅游景区（点）、相应的历史文化串联起来的，从而形成不同的旅游线路。一般而言，旅游线路可从如下几个方面进行类型划分。

（一）按照旅游空间尺度分类

从旅游线路跨越的空间尺度来看，可分为以下三大类型：

1. 区域旅游线路

区域旅游线路就是把旅游地周边的国内旅游线路或者附近的国际旅游线路整体考虑进行旅游线路组织的方式，目的是融入国际或国内长线旅游产品中。对于比较大的旅游地，可以结合旅游集散地位置、交通网络结构等因素，并结合旅游线路的主题、交通工具选择等规划设计出相应的旅游线路。

2. 目的地旅游线路

在区域旅游线路背景下，依托交通网络，设计出旅游地为主体的旅游产品。在特定旅游地范围内，不同功能区可根据主题规划不同的旅游线路。

3. 景区（点）旅游线路

景区（点）旅游线路即小尺度游览线路，需要结合资源、环境、市场等因素进行更加细致地设计。

（二）按照旅游时间分类

从旅游时间来看，可以分为一日游、两日游和多日游（三日及以上）旅游线路。这是比较传统的旅游线路规划设计模式，可以按照几日游的时间段，并结合旅游产品主题和交通方式安排，设计出相应的旅游线路。其中，一日游线路一般面向本地市场，时间短，消费低；二日游线路面向周边市场，有过夜消费；多日游线路面向中远程市场，时间较长，消费较高。

（三）按照旅游主题分类

此类旅游线路具有吸引游客、个性鲜明的主题，主题会贯穿旅游线路的始终，线路中几乎所有的景区景点都会围绕主题来选择。通过旅游活动，游客对主题能够有非常透彻的了解。具体可以分为观光旅游线路、休闲度假旅游线路、乡村旅游线路、宗教朝拜旅游线路、主题文化体验旅游线路、遗产旅游线路、生态旅游线路等。

（四）按照旅游意愿和行为分类

根据游客行为和意愿的特性，旅游线路大致可分为周游型和逗留型两类。周游型线路的特点在于，旅游目的是观赏，线路中包括多个旅游目的地，同一位游客重复利用同一条线路的可能性小；逗留型线路的特点是，线路中包含的旅游目的地数量相对较少，旅游目的多是度假性质，旅游者往往重复利用同一线路，逗留时间长。

根据周游型和逗留型游客的行为属性所涉及的成本（费用、距离）最小化行为或非成本最小化行为（单纯的满足最大化行为），可以将旅游线路划分为四类，如图 8-7 所示。

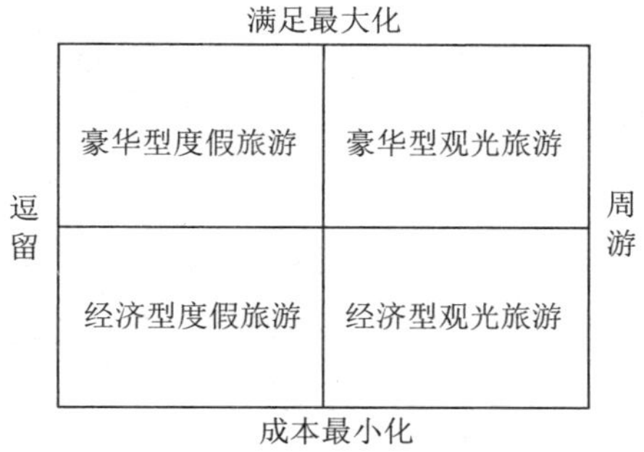

图 8-7　按游客行为属性划分的旅游线路类型

三、旅游线路的设计原则

旅游线路规划不仅是一项技术性工作，还是一项经验性工作。旅游线路规划包括两方面任务：一是旅游线路组合，即现有旅游线路按照一定的主题或需要进行组合；二是旅游线路建设，主要适用于新开发的旅游地。尽管旅游线路设计十分复杂，没有固定模式，但必须遵循如下一些基本原则。

（一）客观科学

旅游线路设计必须结合旅游资源现状、区域旅游发展整体布局及市场需求，并采用科学的方法，使旅游者以最佳游线获得最丰富的旅游经历。客观科学原则是旅游线路设计必须遵循的规范，只有这样才能够制定出科学合理的旅游线路。

（二）旅游市场导向

满足并符合旅游者的需求意愿和行为法则，是旅游线路设计的前提。在旅游线路设计中，要根据市场需求不断更新旅游线路以迎合旅游者的需要，这样才能对旅游者产生持续的吸引力。在进行旅游线路规划设计时，必须细分客源市场，针对不同的细分市场规划设计不同的旅游线路产品。此外，不同时期旅游者的需求存在差异，旅游线路规划设计时也必须考虑这些因素，不断更新旅游线路，增添新的内容，以适应市场需要。

（三）突出主题

个性化旅游需求推动旅游走向主题化。主题和特色可使旅游线路充满强大的竞争力和生命力。旅游线路的特色或主题主要依靠将性质或形式有内在关联的旅游点联系起来，并在旅游交通、食宿、服务、娱乐、购物等方面选择与之相适应的形式。只有这样才能突出该区域的地方特色、民族特色以及富有个性的旅游产品，才能使旅游者获得满意的体验。

（四）遵循旅游体验规律

旅游线路设计是否合理，最终由旅游者的旅游体验来检验。在旅游线路设计中，必须充分考虑旅游者的心理状况和体能规律，并结合景观类型组合、排序等，使旅游活动安排做到劳逸结合，有张有弛。遵循旅游者“体验效果递进”原则，把高质量的旅游景点放在后面，使旅游者兴奋度逐步上升，这样才能使旅游者获得满意的旅游体验。

（五）效益最大化

旅游者出游时希望在最短旅游时间，以最小成本实现最大旅游收益。首先时间方面，线路上各项活动内容的时间点和间距是否合理，会直接影响旅游线路的质量。要求时间最佳，活动日程合理安排，节省旅途时间，即最小“行游比”。其次空间方面，尽可能交通便捷，串联较多旅游点，且不走回头路。一般要求在不影响线路特色和质量的前提下，根据旅游线路主题和市场需求，有针对性地进行旅游冷、热、温点的恰当组合，提高目前旅游温点和冷点的文化品位和吸引力水平，以拉动整体区域旅游的发展。

（六）机动灵活

旅游过程较为复杂，涉及面广，即使准备充分，也可能遇到一些意想不到的情况，如突发灾害改变旅行计划，或某些原因临时变更部分旅行安排。因此，旅游线路设计时不宜将日程安排得过于紧张，这样在旅游过程中才有机动灵活的余地。

四、旅游线路的设计步骤

不同类型的旅游线路所涉及的旅游时间、空间尺度及旅游内容会有不同，但旅游线路设计基本按照如下步骤进行。

（一）确定旅游线路名称

旅游线路设计首要解决的问题是确定名称。旅游线路名称基本能反映旅游线路的性质、主要内容和设计的基本思路。旅游线路的名称要求简洁，同时应当反映出旅游线路的主题，并具有新意，让人一目了然，印象深刻，过目不忘。

（二）选择旅游线路节点

旅游线路的节点就是构成旅游线路的主要组成部分的景点、景区、城市等。旅游线路节点的选择要从如下方面进行考虑：旅游线路主题、旅游线路的客源市场、通达性、流动效率等。

（三）选择交通线路和方式

连通节点的交通是旅游线路的空间具体表现形式，科学合理的交通线路和交通方式是旅游线路设计的基础。在交通线路现状基础上，一般选择空间距离最短的交通线路和更为方便快捷的交通方式。

（四）选择旅游服务设施

住宿、餐饮、娱乐、购物是旅游过程中的重要内容。在旅游线路规划中选择这些旅游服务设施时，应着重考虑价格、方便性、兼顾线路主题，并根据不同市场需求，进行最佳组合设计。

（五）设计具体方案

根据旅游线路名称，将前述选择的旅游节点、交通线路和方式、旅游服务设施进行恰当地组织，形成旅游线路。为满足多种市场需求及应对市场变化，一般设计多组旅游线路。编排旅游线路要求将不同的旅游节点、旅游活动合理安排在旅游线路中；在旅游线路总时间基础上将方案进一步细化，甚至精确到时点。此外，要求时间编排上既要精确，又要留有一定余地。

本章小结

旅游空间结构对于旅游规划具有重要意义。现有空间布局影响旅游功能区划分。旅游功能分区对未来空间布局、旅游地景观、交通路线组织等均会产生深远影响。

旅游功能分区是依据旅游地资源等级与分布、土地利用、项目与产品设计等状况，对区域空间进行系统划分的过程，是对旅游地自然、经济、人文等要素的统筹布置与安排。旅游功能分区应遵循必要的原则。旅游功能分区可分为功能区、功能亚区和功能小区三个层次，具体功能区类型划分有不同视角，不同类型景区有不同的功能分区方法。

旅游空间布局是旅游规划中的重要环节，其实质是将一个大的旅游空间划小的过程。旅游空间布局是否合理，对于区域旅游活动的顺利开展、旅游产业要素的优化配置、旅游业的增长，均具有重要的作用。旅游空间布局亦应遵循一定原则，同时要考虑资源、区位、市场和社会经济等多种因素的影响和制约。区域旅游空间组织模式一般有中心辐射形、环形、带形和网络形四种类型，典型空间布局模式有同心圆式、环核式、社区-吸引物式及条带状布局。

旅游线路是为旅游者设计、提供各种旅游活动的游览线路空间组合形态。它通过一定的交通线和交通工具将若干个旅游中心城市、旅游景点、旅游活动项目、旅游服务等按某一需要合理地贯穿和组织，成为完整的旅游运作网络和旅游产品线。旅游线路有不同的类型划分。旅游线路设计时应遵循一定的原则和步骤。

思考讨论题

1. 什么是旅游功能分区？试述具体旅游功能分区的方法和步骤。
2. 什么是旅游空间布局？试述旅游空间布局的影响因素。
3. 试述旅游空间组织的模式。
4. 绘图说明四种典型的空间布局模式，并分别结合案例阐释其适用性。
5. 什么是旅游线路？旅游线路可从哪几个方面进行类型划分？

第九章　旅游项目与产品规划

第一节　旅游项目策划

一、旅游项目

（一）旅游项目的定义

旅游规划与开发中，旅游项目通过整合旅游资源，加以开发及利用从而形成旅游者进行旅游活动的吸引源。旅游项目的内涵十分丰富。

对旅游项目的概念有很多界定。苏格兰旅游委员会（1991）认为，旅游项目应该是一个长久性的旅游吸引物，目的是让公众和旅游者得到休闲消遣的机会或受到一定的教育；旅游项目不仅要吸引旅游者，同时对当地居民也要产生一定的吸引力。持“资源符合说”的学者认为，旅游项目是指旅游开发者为达到特定的旅游发展目标而进行的对旅游资源的组合，即由各种现实和潜在的旅游资源转化而来创造价值和财富的旅游资源。马勇等（2018）认为，旅游项目是以旅游资源为基础开发的，以游客和旅游地居民为吸引对象，为其提供休闲服务、具有持续旅游吸引力，以实现经济、社会、生态环境效益为目标的旅游吸引物。王国新（2007）认为，旅游项目通常是指为开展旅游活动或以促进旅游目标实现而投资建设的项目。吴宝昌、郑志伟等也曾对旅游项目进行定义。

综合上述多种定义，发现旅游项目具有如下特征：①旅游项目为旅游者或居民提供娱乐休闲等；②旅游项目具有一定的吸引力并且较为长久；③旅游项目需要创造效益，包括社会、经济、生态等效益；④旅游项目需要进行管理。

由此可见，旅游项目是基于旅游资源或吸引物，为达到获得社会、经济、生态效益的目的，对旅游资源或吸引物进行组合所形成的资源集合。

（二）旅游项目的分类

根据不同观察角度和研究目的，旅游项目可进行如下分类：

1. 主体分类法

主体分类法是从旅游者角度出发，将旅游者的特征作为进行旅游项目分类的标准。

一般以旅游者的职业、年龄、旅游目的、旅游时间、旅游距离等作为不同的分类标准进行项目划分。例如，按旅游者的旅游目的分类，可将旅游项目分为观光型旅游项目、度假型旅游项目、生态旅游项目等；按旅游者的年龄进行划分，可将旅游项目分为中年旅游项目、老年旅游项目等；按旅游者的距离分类，可将旅游项目分为近距离旅游项目、远距离旅游项目、国际旅游项目等。

2. 环境分类法

以旅游项目所依托的环境为分类标准而对旅游项目进行分类，称为环境分类法。一般以自然环境与人文环境进行分类。例如，按照自然环境分类，可将旅游项目分为海滨旅游项目、山岳旅游项目、湖泊旅游项目、荒漠旅游项目、泉瀑旅游项目等多种项目；按人文环境进行分类，可将旅游项目分为乡村旅游项目、城市旅游项目等。

3. 社会内容分类法

社会内容分类法主要是按照所蕴含的社会内容进行分类。一般有自然生态旅游项目、历史类旅游项目、文化类旅游项目、科技类旅游项目等。

此外，旅游项目也可以从旅游六要素角度进行分类。无论以何种标准进行分类，都要以旅游资源为依托，且以旅游资源为物质基础而规划开发，因此旅游项目离不开旅游资源。

二、旅游项目策划的原则、内容与步骤

旅游项目策划的最终目的是通过项目的设计与建设，达到吸引旅游者，从而获取经济、社会与环境效益等。美国学者克莱尔·A. 冈恩（Clare A. Gunn）认为，“尽管旅游系统中各要素都有各自的重要作用，但唯有吸引物才构成其中的驱动力。吸引物不仅是指区域中那些能够为旅游者提供可看或可做的事物的地方，而且为旅游者提供了为什么要出游的磁引力”。因此，旅游项目担负着重要使命，即为旅游业的核心吸引。

（一）旅游项目策划的原则

1. 超前性原则

超前性原则是指旅游项目策划首先要符合时代发展的特征。由于市场需求、旅游者的审美、收入水平、消费方式处在不断变化的过程之中，因此若想长期对旅游者具有吸引力，就需要考虑到项目策划的未来发展问题。例如，休闲度假游、乡村生态游、深度文化游的需求出现强增长态势。任何旅游产品、旅游项目都具有一定的生命周期，而旅游项目策划过程中主要考虑的是如何延长旅游项目的生命周期。因此，旅游项目的策划必须适度地超前于当前的时代发展，但一定注意要把握好度。这是因为过于超前无法吸引旅游者，从而可能出现旅游项目难以为继的情况。而过于落后或适时的旅游项目，则会出现生命周期较短、收益小于投资的情况。

2. 整体性原则

旅游项目策划需要注意整体性原则。由于旅游区的项目功能和类型与旅游区的整体规划息息相关，所有旅游项目都是在不同角度与不同位置强化旅游区的整体形象。因此，在旅游项目策划的过程中，要注意整体规划环境的和谐性与整体性，而不是独立于旅游规划之外。例如，在古镇中建设街头涂鸦式的道路与设计风格，这就打破了古镇的整体意境，也体现不出涂鸦的现代风，两相冲突，达不到与环境融合一体的效果。

3. 因地制宜原则

旅游资源具有一定的地域性，为保持其当地特色，展现出不同于旅游者居住地或其他区域的特色，规划时必须以当地旅游资源与文化环境为基础，尽可能全面、客观地收集资料，再根据地理环境、自然资源、历史文化、民俗风情等状况策划，避免规划过于突兀，与当地环境不相协调。

4. 创新性原则

创新性其实就是开发设计出同类项目所没有的卖点。旅游项目策划的创新性主要包括内容创新、形式创新、整合创新等。内容创新即是"旧瓶装新酒"。例如，浙江舟山一直以海滨旅游为主，但自国际沙雕大赛举办以来，吸引了国际上多个国家的艺术家以及各大艺术中心，同时吸引旅游者 30 多万且每年人数不断上涨。形式创新即"新瓶装旧酒"。例如，桂林的《印象·刘三姐》的成功就是最典型的例子——通过声光电科技与山水实景的结合，创新形式。整合创新是指在原有项目的基础上，整合成新的旅游线路或主题。近年来的乡村旅游、农业旅游就是整合创新的典型代表。

5. 独特性原则

旅游项目开发具有的核心理念即独特性，主要表现为与其他旅游项目具有差异性。富有地方特色与魅力的旅游项目才能在竞争激烈的旅游市场中获得旅游者的青睐。例如，新疆旅游以边疆民俗风情为主线，南方园林以精致典雅为特点，海南以椰林海滩为特色。这就是与其他地区明显区别的独特性。当前我国旅游项目策划存在一定的同质化现象，很多规划未将独特性原则充分展现出来。

6. 市场需求原则

由于旅游项目与旅游者之间具有一定的依赖关系，因此，要考虑到旅游者的爱好及需求。旅游项目作为旅游市场的一部分，应在前期做好市场调查工作，明确目标市场的消费特征及消费偏好，以旅游者的真实需求信息作为旅游项目策划的参考。

7. 效益性原则

旅游项目的规划要遵循效益性原则，主要包括整体效益最大化、三大效益共同体现。整体效益最大化需要从旅游发展的各个方面进行考虑，总体目标是促进旅游地的整体增长。经济效益、社会效益、生态效益三者和谐促进反映出整体效益的发展情况。此外，项目策划时需要考虑个体与整体之间的发展关系，以及对当地社会、生态的影响问题。

8. 发展性原则

旅游项目开发一般规划建设周期时间跨度较长，财力物力投入较大，因此旅游项目策划一定要秉持发展性原则，充分考虑各种因素，要求与项目规划的长远目标保持一致。旅游项目策划不仅要考虑到当下发展也要考虑到未来发展；不仅要考虑经济效益，也要考虑社会效益与环境效益，这样才能延长旅游项目的生命力，从而达到可持续发展。

（二）旅游项目策划的影响因素

1. 旅游资源的影响

作为旅游项目策划的物质基础，旅游资源对于其开发策划的作用尤为明显。当地旅游资源的赋存状况在物质基础上就限制了旅游项目的策划工作。在旅游资源数量较多的地区，旅游业发展速度快，经济效益好，在旅游项目设计题材上选择较广。若是旅游资源相对匮乏，既无自然资源也无人文资源，在项目策划的过程中，就会面临很多旅游发展问题，需要另辟蹊径。因此，旅游项目的策划首先要做好旅游资源的调查。

2. 旅游市场的影响

旅游项目开发的目的在于吸引旅游者，为当地创造效益。旅游市场是对旅游项目进行检验的标准。项目策划时，在市场调查的基础上对旅游者的消费心理和消费行为进行深入分析，并在此基础上进行针对性地项目设计。换言之，旅游项目应以目标市场的需求作为依据，应与市场需求保持一致。

3. 旅游规划者与投资者

旅游项目的策划需要具有一定的创新精神。对于旅游策划的设计者来说，提出一项富有创新性的设计，需要掌握充分的旅游供给与旅游需求信息，并对项目的合理性作出敏锐判断，才能设计出满足旅游者需求的、具有独特性的旅游项目。一个项目的策划与开发，少不了资金支持，旅游项目从设计、建设、经营都需要大量的资金作为支撑，因此，旅游投资者的经济能力的高低影响着旅游项目质量的高低，并产生长远影响。

（三）旅游项目策划的内容

旅游项目策划是一项系统性的工作，贯穿于规划工作的始终，包括整体布局与功能分区、时间跨度与空间布局。总的来说，策划内容主要包括以下几个方面：

1. 项目任务及人员安排

当确定进行旅游项目开发与策划工作的时候，需要成立项目工作组。项目组成员应由产业经济、区域经济、规划设计、环境设计、市场营销、社会学、心理学、统计学等多学科、不同年龄段的专业人员组成，将经验性、创新性与艺术性结合起来。

2. 项目的概念界定

项目概念是规划者与设计者根据旅游规划目的地地形地貌、民俗风情、社会环境等多个因素在脑海中形成的思维雏形，此时对于运行方式、项目类型、项目规模等尚无具体数据与模型。在项目概念形成阶段，需要规划组成员集思广益，利用头脑风暴法、专家讨论等方式将项目概念不断明确。

3. 项目名称

项目名称包含旅游项目的主题、特色、性质等要素。有吸引力的项目名称能够激发旅游者的浓厚兴趣，进而产生出游动机。例如，《印象·刘三姐》、“天涯海角”等对游客有巨大的吸引力。

4. 策划风格

旅游项目需要把握其设计风格，即主要将旅游项目的特色或者风格描述出来，使旅游者们能够感受和把握其蕴含的文化，并以此来激发旅游者的浓厚兴趣。例如，清明上河园以张择端的《清明上河图》为底本，仿古建筑打造北宋时期汴梁景观。具体而言，旅游项目风格展示的载体主要涉及以下几个方面：

①旅游项目主要建筑物的形状、外观、颜色、材料和规模；

②旅游项目建筑物内部装修的风格；

③相关的旅游辅助设施和旅游服务，如路标、垃圾场、停车场、购物商店、洗手间的外观和形状与风格，以及旅游参观所提供服务的标准和方式。

5. 区位因素与项目区划

区位因素对于旅游项目能否取得成功影响较大，交通与可进入性、距离客源地路程、周边旅游竞争，以及目的地的社会、政治、经济、文化，居民对外来旅游者态度等都是项目调查过程中需要掌握的重点问题。此外，旅游项目一般为有形实体，在地域空间上，要明确其占地面积和地理位置；标明旅游项目中建筑整体布局，各个建筑物位置以及建筑物之间距离；旅游项目中开放空间的大小及布局。

6. 项目功能

旅游者所能直接体验的是旅游项目的功能，进而体验深层次的性质与主题。因此，旅游项目的功能设计需明确以下三个方面的内容：

①旅游项目对旅游者能起到何种功效；

②旅游项目对旅游规划区烘托主题形象的作用，或者在旅游要素的布局中承担何种功能；

③旅游项目能为当地社区创造怎样的经济、社会、环境效益。

可见，旅游项目必须要对功能有准确定位，进而对旅游项目的支撑项目或其他子项目进行取舍，达到有效组织的目的，从而为项目的成功打好基础。

7. 项目总体创意及可行性分析

项目的总体创意设计与可行性分析是旅游项目策划的关键阶段。一般旅游地开发过程中，旅游项目都不止一个，而是系列项目。这就要求项目组成员首先明确项目围绕的主题，以及各区域项目的具体计划，从而形成和谐、融洽的旅游项目集合。旅游项目的建成需要投入大量人力与物力，项目可行性论证尤为重要。应从专业角度进行论证是否能达到预期目标，一般包括财务、市场、人力、建设周期、外部环境等多个方面。项目可行性论证是一个项目能否投入建设的重要依据。

8. 项目管理

旅游项目在设计中应考虑到持续性发展的问题，保持或更新项目的吸引力元素与项目的长期发展相契合，项目策划者还应对项目的经营和管理提供相关的建议。旅游项目的创意设计应针对旅游项目的工程建设管理、日常经营管理、服务质量管理以及经营成本控制等问题提供相应的解决方案。

（四）旅游项目策划的步骤

旅游项目策划主要是利用相关知识，对旅游资源等进行分析，将其合成旅游方案的过程，最终的目的则是吸引投资进行开发。旅游项目策划主要分为以下步骤：

1. 资源分析

对旅游资源进行分析是进行旅游项目策划的首要步骤。这一步骤是收集旅游地各种信息和资料的过程，主要对旅游地的内部与外部环境进行调查研究，包括旅游地的资源环境、资源特色、市场环境、经济及社会环境等基本信息。

2. 项目初步构思

这一阶段需在掌握基本资料的基础上进行。在此基础上，与设计人员、市场调查人员、专家意见进行交流沟通，形成初步意见，直到完成项目框架。方法主要有头脑风暴法、专家意见法、创意激励法、时空搜寻法等。

3. 项目成型

经过以上信息的整合，即进入项目设计的实质部分。对可行项目进行深入和全面地设计，包括概念整合、明确功能、赋予内涵、区位选址、形象及品牌设计等多个内容。设计中以人性化理念为指导，变旅游资源为具有地方特色的、吸引旅游者的旅游项目。

4. 撰写策划书

与开发者、投资者等交流过后，就可以着手策划书的编写。项目策划书一般有以下几项：

①封面。封面包括策划组织单位，策划组人员、日期，项目书编号等。

②序文。序文主要阐述此次项目规划的主要目的、构思、策划的主体层次等。

③目录。目录应展现策划书的主体框架与结构，清楚展示策划书全貌。

④内容。内容为正文部分，即创意的具体内容。此部分要求数据准确，反映资源、市场等全貌；方法合理，有一定的科学性。

⑤预算。为更好地保证旅游项目的建设进展，需要对建设经费作出粗略估算。

⑥进度表。包括具体的实施时间及项目活动进展时间线，预留的时间需充足。

⑦相关参考资料。包括资源情况、地图影像等、历史沿革等。

项目策划书的编写需注意逻辑严谨，用词准确、简明扼要，主题鲜明、效果突出，具有可操作性等特点。

第二节　旅游产品规划

一、旅游产品

旅游产品作为旅游活动的主要对象，直接关系到旅游者的旅游需求是否能得到满足。对于旅游产品的概念学界争议较大，主要包括：旅游产品是行业产品还是企业产品，关于旅游产品的类型划分，旅游资源或旅游吸引物是否是旅游产品的一部分，旅游产品是否是游客的经历或体验。

（一）旅游产品的构成要素

旅游产品包含着十分丰富的内容，可以从不同角度对旅游产品的构成进行分析。克莱尔·A. 冈恩等（2005）用旅游供给来概括产品的核心内容，并认为供给者可以归纳为五个主要组成部分，即吸引物、服务、交通、信息、促销。国内学术界习惯按旅游产品的内涵将其划分为旅游资源、旅游设施、旅游服务和可达性四个方面。

1. 按整体与个体的关系划分

米德尔顿（Middleton，1989）认为，旅游产品有整体与具体的层次划分，在具体层面上，旅游产品指某个或某类旅游产品；在整体层面上，则是指旅游者从一次完整的旅游活动中所获得的旅游体验。林南枝、李天元等从个体与整体的关系进行分类，将旅游产品分为整体旅游产品和单项旅游产品。整体旅游产品指旅游业各部门联合提供给游客的一次完整的旅游活动，单项旅游产品指旅游业各部门为满足游客食、住、行、游、购、娱六大方面的具体旅游活动需求而分别提供的实物或服务。

2. 按产品的利益构成划分

根据产品的利益构成，以谢彦君为代表的学者将旅游产品划分为核心旅游产品和组合旅游产品。前者是旅游产品的最初形态，具有满足旅游者愉悦需要的效用和价值；后者是旅游产品的终极形态，是旅游企业或旅游相关企业围绕旅游产品的核心价值而做的多重价值追加。

目前较为流行的是科特勒（Kolter，1994）基于市场学提出的旅游产品三层次说：核心产品、有形产品和延伸产品。核心产品是能够提供满足旅游者生理需要和精神需要效用的旅游产品，一般是无形的，包括气氛、过程、放松及便利等因素。有形旅游产品是指核心产品物化后形成的以旅游设施、旅游服务、旅游线路等综合形态呈现并具有附加价值的实物，包括饮食、住宿、交通、游览等。拓展产品是指提供给旅游者的有形或无形的附加服务和利益。旅游产品的三层次如图 9-1 所示。

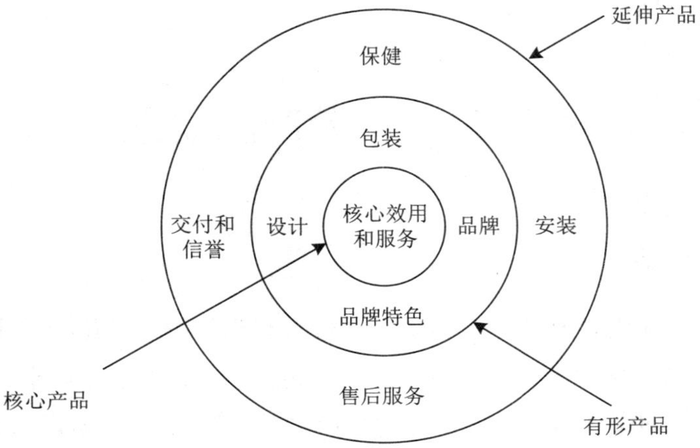

图 9-1　旅游产品的三层次

（二）旅游产品的分类

旅游产品的分类方式较为多样，主要有以下几种。

1. 按旅游产品的性质分类

按旅游产品的性质进行分类，可以分为观光游览型旅游产品、休闲度假型旅游产品、专项旅游产品。观光游览型旅游产品主要包括自然景观、人文景观观光。此类旅游产品是最为基础的产品类型，消费水平相对较低，重游率较低，但市场占有率较高。休闲度假型旅游产品包括生态休闲、温泉康养、海滨度假、城市休闲等，该类旅游产品具有较广阔的市场前景，重游率较高，停留时间高于观光型，消费较高。专项旅游产品是指主题类旅游产品，如冰雪旅游、探险旅游、宗教朝圣旅游等。这类旅游产品位于旅游行为的顶层，是旅游产品发展的高级阶段。马勇、舒伯阳（1999）将专项旅游产品细分为十三大类并对其特点、目的等进行分析。旅游市场细分越来越专业化，专项旅游产品种类也会越来越多，外延也将会不断扩大。

2. 按旅游产品的功能进行分类

按旅游产品的功能进行分类，主要分为康养型旅游产品、探险型旅游产品、享受型旅游产品等类型。康养型旅游产品是指以提高身体素质、改善体能等为目的的旅游产品，主要包括森林康养、温泉康养、中草药疗养、体育旅游、滑雪、潜水、登山等旅游活动。探险型旅游是指旅游者通过前往人迹罕至或奇异自然现象发生的地方，寻求刺激性经历的旅游产品，主要有沙漠旅游、冒险旅游、航海旅行、岩洞旅行等带有冒险性行为的旅游。享受型旅游产品重在满足旅游者对于物质和精神的享受需求，主要有豪华游轮游、豪华列车游、美食旅游等多个类型。

3. 按旅游者的体验程度进行分类

按旅游者的体验程度进行分类，可以分为大众旅游产品、深度旅游产品。大众旅游有两层含义：一是从参加者的范围上看，旅游产品的受众已拓展到普通民众；二是从产品的组织模式来看，以有组织的团体包价旅游为代表的规范化模式——旅游者在旅行社的安排下，借助各类旅游企业提供的产品和服务，按照预定的时间、线路和活动内容，有计划地完成全程旅游活动。因此，大众旅游产品主要是满足大多数旅游者观光体验的目的，尚在浅层次、观赏性的旅游形式。深度旅游产品旨在摒弃大众旅游走马观花式的旅游体验，重视深度、真实的感受，强调旅游者的身心体验，如自驾游、文化游、背包游、徒步游、游学游等多种形式。

4. 按旅游产品的开发程度进行分类

按旅游产品的开发程度进行分类，主要分为改良换代型旅游产品、创新型旅游产品。改良换代型旅游产品包含改进型旅游产品及换代旅游产品。改进型旅游产品是指在原有产品的基础上稍加改动，以此增强旅游产品的吸引力，巩固客源市场，如山水景观加入漂流就是改进型旅游产品。换代型旅游产品主要是对现有旅游产品进行大规模地升级改造。改进型旅游产品与换代型旅游产品的区别就在于，对旅游产品的改造程度不同。创新型旅游产品是指利用新技术、新手段、新方法设计出的原先没有的旅游产品。例如，虚拟旅游就是基于 VR 眼镜等新技术出现的新式旅游产品。

（三）旅游产品的创新

旅游产品不仅包括旅游地的风景名胜，还包括必要的旅游设施、旅游环境、旅游观赏和参与的活动项目等。旅游产品创新是旅游地或旅游企业保持市场竞争力的重要途径。旅游产品创新具体包括以下几种类型。

1. 主题创新

旅游市场正逐渐走向精细化，旅游者对于旅游产品的需求也逐渐走向个性化与定制化。主题创新、保持旅游产品的新颖性，打造具有竞争力的产品尤为重要。旅游主题结构可分为三个层次：以该地历史文化和发展目标为内涵的基础层，以旅游功能和旅游产品或项目为内容的支撑层，以旅游形象为主要内容的表象层。旅游产品的主题可以是自然形成的，也可以是人为塑造的，但都应有一定的文化内涵，要注重和本土文化的结合，这些均是主题创新的源泉。例如，桂林《印象·刘三姐》、登封《禅宗少林·音乐大典》等深入挖掘文化内涵，对传统文化进行主题更新，让旅游者近距离接触，品牌鲜明，独树一帜。我国现有的一些旅游产品，经常由于主题泛化而失去特色。

2. 结构创新

旅游产品结构创新是对现有旅游产品进行补充，即有选择地进行旅游产品的开发，对原有产品的组合状况进行整合，完善产品的结构。我国旅游产品结构目前存在的问题是以观光产品为主，缺乏参与性，重游率较低，难以满足度假和多种旅游的需求。在旅游产品的结构创新方面，主题公园模式值得借鉴。例如，迪斯尼长期坚持采用“三三制”，即每年都要淘汰 1/3 的硬件设备，新建 1/3 的新概念项目，每年更新娱乐内容和设施，不断给游客新鲜感。

3. 功能创新

景区产品按其功能可分为三个层次：基础层次——陈列式观光游览；提高层次——表演式展示；发展层次——参与式娱乐与相关活动。综观国内外旅游产品创新的成功经验，其中节庆、娱乐表演项目的开发是产品功能创新的主要途径。我国旅游产品的开发一般处于基础层次与提高层次，缺乏体验式与参与式的旅游产品。旅游者在旅游活动中并未得到浸入式体验，对旅游产品的主题和内涵体会不深。我国的旅游产品急需功能创新，应开发深层次产品，不断提升旅游文化及附加价值。

4. 形式创新

形式创新实质是对旅游产品的表现形式作出改变。旅游经营者应充分利用互联网科技搜集信息与处理信息，通过表现形式的更新给旅游者带来全新的体验。例如，与现代科技的结合，出现了虚拟展馆、虚拟景点、云旅游等多种旅游形式。未来要开发更多的参与项目，实现旅游产品和旅游者的良性互动。

二、旅游产品谱系

旅游产品谱系是指将所有旅游产品按照某种可变特征分类并系统进行编排而得到的一种系列。旅游产品谱系实质上是旅游产品的一种动态分类，每种单项旅游产品都有自己的产品谱系。丰富旅游产品谱系是当前旅游产品发展的必由之路。

旅游产品谱系可以用产品树的形式加以形象体现（如图 9-2 所示）。若树干代表旅游产品，树根则是形成旅游产品的各要素，包括旅游吸引物、旅游设施和旅游服务；树上分出的五个主枝杈分别代表旅游产品的五种类型：观光益智类旅游产品、休闲度假娱乐产品、商务会展节事旅游产品、专项旅游产品和特殊兴趣旅游产品；主枝分出的细丫则代表具体的旅游产品。此外，树枝的分杈代表了旅游产品的不断发展、变化，树枝在生长的过程中会交互式发展，这也说明了旅游产品在分类过程中的交叉性。旅游产品的类型并不是固定不变的，在将来的发展过程中，很可能出现一个新的旅游产品大类，即在树干上再新生长出一个主枝，同时现在的主枝或枝叶也有可能枯萎或死亡（吴必虎，2010）。

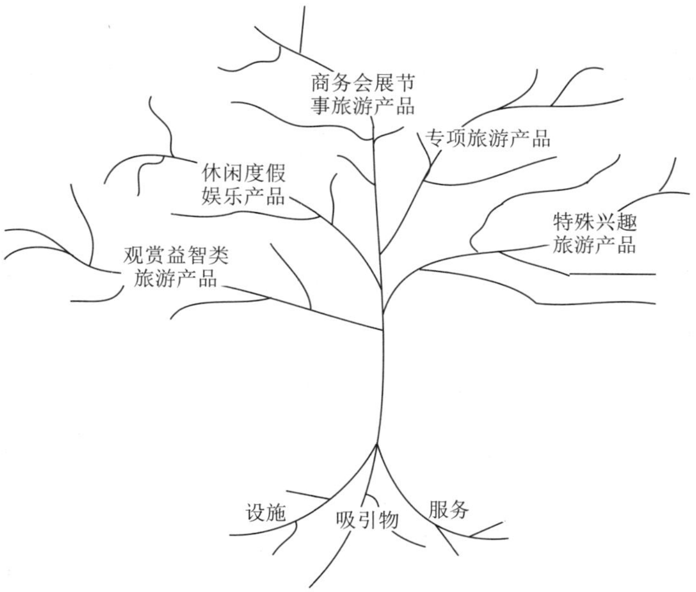

图 9–2　旅游产品树

延伸阅读

图书馆文创旅游项目的发展

文化和旅游部公布的《中国旅游业统计公报》数据显示，近年我国旅游收入总体呈稳步增长态势，旅游群体不断扩大，旅游产值不断上升，而旅游又因具有绿色、生态、环保的特点而日益成为衡量现代生活水平的重要指标。然而，一方面是人们对旅游的需求不断升级，另一方面却是旅游市场不规范现象层出不穷。目前几乎所有的景点周边销售的文创产品大同小异，结合当地和景点自身特点开发出的文创产品少之又少。而且除了造型、质地等相似外，文创产品的质量也参差不齐。为了创造更高质量的旅游经营和消费环境，提升人们的出游体验，图书馆在开展文创旅游时，不仅要注重文创旅游项目的开发，而且应重视配套的旅游纪念品、衍生品的创意设计，提升其文化内涵和附加值，特别应创新旅游形式，大力培育体现地方特色的旅游产品。

2018 年 1 月《中华人民共和国公共图书馆法》正式实施，其中明确规定："公共图书馆应当根据办馆宗旨和服务对象的需求，广泛收集文献信息；政府设立的公共图书馆还应当系统收集地方文献信息，保存和传承地方文化""政府设立的公共图书馆应当加强馆内古籍的保护，根据自身条件采用数字化、影印或者缩微技术等推进古籍的整理、出版和研究利用，并通过巡回展览、公益性讲座、善本再造、创意产品开发等方式，加强古籍宣传，传承发展中华优秀传统文化。"《关于推动文化文物单位文化创意产品开发的若干意见》指出，支持文化资源与创意设计、旅游等相关产业跨界融合，提升旅游商品和纪念品的文化品位。同时，各省、直辖市也相继出台了关于推动文化文物单位文化创意产品开发的实施意见，推进旅游与文化产业的深度融合。

图书馆文创旅游项目是新兴的文创开发项目，也是发掘馆藏文化资源开展跨界融合的有益尝试，目前尚缺少成熟的案例。文创旅游项目的开展能够有效地传播知识，弘扬中华优秀传统文化，达到让文字、文物活起来的目的，开辟文创开发工作的新模式。图书馆应尽快成立专门的文创机构，加强对文创旅游专业人员的培训，提高宣传及经营意识，积极推进文创工作的开展。

资料来源：孙红强．图书馆文化创意旅游项目开发探究［J］．图书馆工作与研究，2018（08）：96–99.

本章小结

旅游项目是基于旅游资源或吸引物，为达到获得社会、经济、生态效益的目的，对旅游资源或吸引物进行组合所形成的资源集合。旅游项目的分类一般采用主体分类法、环境分类法、社会内容分类法。旅游项目策划一般遵循超前性原则、整体性原则、因地制宜原则、创新性原则、独特性原则、市场需求原则、效益性原则、发展性原则。作为一项系统性的工作，旅游项目策划贯穿于策划工作的始终，策划内容一般包括项目任务及人员安排、项目的概念界定、项目名称、策划风格、区位因素与项目区划、项目功能、项目总体创意及可行性分析、项目管理等。

旅游产品的分类方式也较为多样，如旅游产品的性质、功能、体验程度、开发程度等。旅游产品具有一定的特殊性，对其理解应该深入而全面。不能单纯地认为旅游产品是商品，也不能单纯地认为旅游产品是旅游资源，它是自然与社会的双重产物，它既包括旅游设施与服务，也包括旅游资源。旅游产品谱系是指将所有旅游产品按照某种可变特征分类别并系统进行编排而得到的一种系列。旅游产品谱系可以产品树的形式加以形象体现。

思考讨论题

1. 简述旅游项目的概念及特征。
2. 简要说明旅游项目的策划原则。
3. 简述旅游产品的分类。
4. 简述如何对旅游产品进行创新。
5. 试着撰写一份旅游项目策划书。
6. 查找有关旅游产品谱系的相关资料，试说明为什么要采用旅游产品谱系的说法。

第十章　旅游品牌建设与营销规划

第一节　旅游品牌与旅游形象

旅游品牌与旅游形象建设是旅游规划不可或缺的组成部分，旅游品牌与旅游形象相辅相成。

一、旅游品牌

（一）旅游品牌的内涵

与一般产品品牌相比，旅游品牌发展起步较晚。随着旅游企业之间的竞争日益激烈，使得品牌发展战略逐渐成为旅游企业能够赢得市场优势的必由之路。20 世纪 90 年代学术界才开始关注旅游品牌。对于旅游品牌的概念有不同的界定。狭义的旅游品牌是指某一种旅游产品品牌，建立在旅游资源或旅游地域的独特性上，整合旅游产品的品质、特色、名称、标识、个性形象及市场影响力等要素的一个综合性概念，是指能给游客带来独特精神享受的一种利益承诺。广义的旅游品牌具有结构性，包含某一单项产品的品牌、旅游企业品牌、旅游集团品牌或连锁品牌、公共性产品品牌、旅游地品牌等。旅游品牌是旅游消费者识别旅游产品和服务的差异化标志，也是吸引游客进行购买的一个主要因素。对于旅游企业来说，旅游品牌的知名度和美誉度一旦形成，将会在激烈的旅游市场中占据非常有利的地位。

以文化旅游品牌为例，文化旅游品牌是以旅游文化为主要依托，能够彰显其文化内涵和文化特色的旅游品牌。文化旅游品牌也体现着“旅游产品个性及游客的高度认同”，能为游客提供与众不同、高质量的文化旅游产品和服务，从而满足游客的文化旅游需求。总的来说，文化旅游品牌就是旅游品牌中能够体现文化、个性与独特性的品牌类别。《中国文化品牌报告》将文化旅游品牌纳入了文化品牌的范畴，与其他文化产业品牌如演艺、出版、影视、网络、动漫等品牌相并列。所以文化旅游品牌既是一种文化品牌，又是一种旅游品牌。随着文化产业与旅游产业之间的不断融合，未来旅游产业的发展趋势就是要不断创造出具有文化特色的文化旅游品牌。

（二）旅游品牌建设的意义

消费水平的提高对旅游业来说既是机遇也是挑战。机遇在于随着人们生活水平的提高，人们的审美欣赏和精神要求也越来越高，大多数家庭早已脱离了对物质生活的简单追求。因此，打造优质的旅游产业，不仅要满足人民群众的需求，更要保证品牌的良好社会声誉。要为自己的品牌争取更多的市场份额，打造自己的旅游品牌显得尤为重要。

1. 促进旅游业档次升级

提升旅游品质、开展旅游品牌创建是旅游产业发展的重要推动力和催化剂，而旅游品牌的打造尤为重要，要坚持做好如下两个方面：一是旅游地要坚持主题鲜明化、产品特色化、业态多元化、服务优质化、营销专业化；二是标准化，做好旅游品牌建设辅助工作。

2. 促进旅游地经济发展

旅游业属于服务行业，与许多行业都有交叉，旅游品牌建设的完善和升级，能够促进旅游相关产业的发展。旅游产业与交通、住宿、餐饮、娱乐等产业密切相关，旅游业的良性发展，能够促进相关产业的升级发展，促进旅游地经济的发展。

（三）旅游品牌的构建过程

旅游品牌的构建是一个动态过程，需要经历一个个环节才能确立和形成。旅游地品牌构建应以增强旅游地竞争力为目的，以旅游地品牌资产为核心，通过品牌定位、品牌设计、品牌传播、品牌保护、品牌延伸和品牌创新“六位一体”的管理体系，获得竞争优势。一般来说，一个旅游品牌的构建都要经过品牌定位、品牌设计与开发、品牌营销与传播、品牌管理和维护等几个环节。

1. 旅游品牌定位

品牌定位指的是某个特定的品牌确定一个适当的市场位置，使产品在消费者中占据一个有利的位置，并与其建立起一种内在的联系，这样，当某种需要产生时，人们会第一时间想到这一品牌。品牌定位是品牌构建的第一步，只有确定了品牌定位，才能围绕其进行品牌产品的包装、设计与营销。品牌定位以旅游市场调查、游客需求、旅游目的地资源和周边旅游目的地对比分析为依据。

2. 旅游品牌设计与开发

旅游品牌的设计与开发是对旅游品牌形象进行塑造的具体环节，是以品牌定位为基础，利用自然、人文资源进行整合开发，将旅游品牌的核心、竞争力通过各种形式的旅游产品和服务向旅游消费者展示出来。旅游品牌的名称、标识、宣传口号、产品与服务、旅游商品等要围绕品牌定位进行规划和设计，要体现旅游品牌的文化内涵、价值承诺和游客需求。

3. 旅游品牌营销与传播

旅游资源开发和旅游品牌的构建离不开合理的营销和传播。成功的营销传播手段不仅能够促进旅游目的相关产业的发展，而且还能够大大提升品牌知名度和影响力。旅游品牌的营销与传播，指的是要在品牌的营销和传播过程中，综合运用传播渠道如报纸、杂志、广播、电视、网络、新媒体等平台，并结合营销活动如节庆、会展、事件、促销等形式，共同促进对旅游品牌的宣传和推广，使品牌传播的影响力达到最大化。在这里所有能够与旅游消费者接触的点都可成为营销传播的渠道，营销也是一种传播的手段。因此，有人提出了整合营销传播的理论。最早提出这一概念的是美国西北大学教授舒尔兹（D. E. Schultz），他所说的营销传播整合是广义的概念，是指利用一切公司和品牌能接触的信息源去吸引消费者。美国广告公司协会对狭义整合营销传播概念是这样定义的：一个营销传播计划概念，要求充分认识用来制订综合计划时使用的各种带来附加价值的传播手段，普通广告、直接反应广告、销售促进和公共关系等并将之组合，提供具有良好清晰度、连贯性的信息，使传播影响力最大化。

4. 旅游品牌管理与维护

旅游品牌在形成一定知名度和美誉度之后，会产生一种无形资产价值，也是品牌资产。要在激烈的市场竞争中维护品牌的可持续发展，就必须注意对品牌的管理。旅游品牌的管理和维护贯穿于整个旅游品牌的构建过程中，包括品牌确立后品牌商标的保护、产品质量把关、旅游设施服务、员工管理、游客反馈、品牌延伸等。

综上，要构建一个旅游品牌，首先要在挖掘整理现有旅游资源和旅游价值的基础上，结合市场调查，进行品牌定位。然后围绕品牌定位进行旅游产品的设计与创新，运用文化与创意，充分体现旅游产品的文化内涵，塑造具有文化性、体验性和多元化相结合的旅游产品和服务。同时利用现代营销和传播手段进行品牌的传播，并注重对品牌的管理和维护。

（四）旅游品牌建设的 3P-3I 模式

吴必虎等在对多个城市的旅游营销规划项目的实践总结基础上，提出了品牌建设的 3P-3I 模式（吴必虎，2010）。该模式下，3P 是指地格、认知和合作 / 竞争，3I 是指理念识别、视觉识别和行为识别，在此基础上建立旅游形象现实系统，如图 10-1 所示。

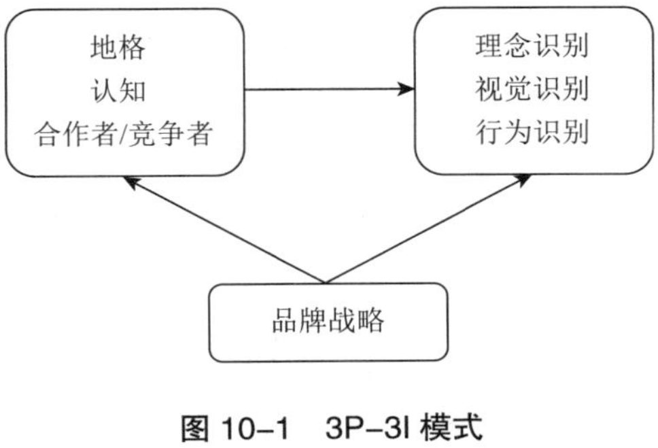

图 10-1　3P-3I 模式

1. 地格

地格是指由一定的区位、空间形态和独特性形成的地理特征，是旅游地独特的地方特性。如民族特色地区旅游，其旅游品牌辨识度高，具有持久性和独特性的特点。黄军（2006）总结了品牌地域因素（如表10-1所示），通过挖掘地域品牌因素来提炼目的地地格。

表10-1　品牌地域因素

特　征	表层元素	深层元素
	具象的、形态的、物质的	抽象的、隐态的、文化的
自然地理特征	山岳、丘陵、峡谷、沙漠、滩地等地貌 地质构造、地质形态 江、河、湖、海、潮汐、冰川等水文形态 野生、特异动植物，古树名木，观赏类动物、花卉等生物，日月云雨、佛光、霞景等天文天象 自然山水中的寺庙观庵、亭台楼阁、磴道古桥、摩崖石刻、诗词联对等隐在文化的显在载体	形象美的雄、险、秀、奇、幽、旷 色彩美、音响美、动态和静态美、朦胧美 对自然景观意境的感情的隐在文化的诗词歌赋画等 人生价值观、知识、态度等神异色彩的文化传说和故事等
历史文化特征	古人类遗址、古建筑、古城遗址、帝王陵寝、古代伟大工程、古园林等 城墙、堡垒、楼阁、殿堂、桥塔、亭榭、石碑、雕刻、水利工程、古都城以及名人活动和重大历史事件的遗址遗迹、神话传说所依托的地点或建筑 佛教的石窟、寺庙、佛塔等，道教的名山大川和道观，伊斯兰教的清真寺，基督教的教堂建筑等	文学艺术、历史文化和艺术知识以及作为人类文化的重要组成部分的文学作品、神话传说、书法绘画、诗词歌赋、楹联、碑文石刻、戏剧、杂技武术等民族风格的历史文化传统古建的深刻的抽象理念和象征主义等
民俗文化特征	各地民族服饰文化、色彩 传统节事、节庆活动气氛和用品，显性的图腾崇拜物、剪纸、皮影戏、菜系、酒、茶等用品，以及刺绣、织锦、雕刻品、陶瓷、工艺画品、笔墨纸砚	地域文化色彩的民间文学，主要包括神话、传说、故事、个人经历故事等散文体民间文学和歌谣、史诗、叙事诗、谚语、谜语等韵文体的民间文学及民间小戏三部分

资料来源：吴必虎，2010。

2. 旅游品牌的认知

旅游品牌建设的主要目的是向潜在的旅游者推广旅游地，使其更清楚方便地了解旅游地的特色和特点，激发旅游动机，使潜在的旅游者转变为现实的旅游者。因此，对品牌形象传播的目标客户进行调查和分析非常重要。受众调查和市场定位是确定目的地整体品牌形象和选择广告语的基础和前提；深入了解游客对目的地的认知是构建目的地品牌的必要过程，受众调查的主要目的是了解游客对目的地形象的认知。

3. 旅游品牌合作-竞争分析

每个旅游地都会面临市场竞争压力。旅游地品牌定位又称目的地差异化，它包括将目的地现有产品与其潜在目标市场进行匹配，并分析目的地产品在产品中的位置以及与其他目的地的显著差异。通过分析旅游地的差异性和独特性，并与其他地区已有的品牌形象进行比较，可以选择合适的定位策略，克服阴影区，突出旅游地的独特性。在众多相似的信息中，只有独特的品牌或形象才能吸引眼球，进而得到大众认可。

4. 3I 分析

3I 引自形象识别系统（Corporate Identity System，CIS），在旅游形象识别系统中称之为 TIS。3I 是传统形象研究的基本要素。在品牌战略研究中，3I 分析的主要目的在于将前述 3P 分析结果加以视觉为中心的传播设计。

MI——理念识别（企业思想系统）是对旅游地开发思想和文化的整合化。

VI——视觉识别（品牌视觉系统）是品牌识别的视觉化，即通过形象标志或品牌标志、标志组合、环境和对外媒体向大众充分展示、传达品牌个性。

BI——行为识别（行为规范系统）是行为规范的文本化，即通过在思想指导下的旅游从业人员的行为以及旅游地的各种生产服务行为，传达旅游地的独特个性。

二、旅游形象

（一）旅游形象的内涵

旅游形象是旅游者进行旅游活动或者通过电视、报纸、杂志、网络以及特定传媒客户端对旅游目的地产生的整体认知。伴随着传播学和旅游学的发展，以及主流传播媒介的变化和丰富，传统旅游形象概念有待进一步充实。一般来说，旅游形象不是一成不变的，而是伴随旅游目的地旅游的发展状况、旅游者感知、旅游业发展社会环境、传播效果等，处于阶段性变化之中。旅游形象不仅要适应时代变化，而且要达到一定时间段内的相对稳定。恒定不变的旅游形象最后会因保守传统而失去游客青睐；如果旅游形象随意变化，也会造成游客对旅游地形象认知的错乱，同样不利于旅游形象的提升与传播。另一方面旅游形象整体是统一的，面向不同受众又是多样的。

（二）旅游形象的演化

从旅游者认知视角，旅游形象可以分为三个阶段。

1. 原生形象阶段

旅游者在决定出游之前，已经通过已有经验在脑海中形成了系列旅游形象，或者说是原型形象。例如，当欧美游客想到中国观光时，首先想到的是“一个位于亚洲东部的古老而神秘的国家”，脑海中浮现的是长城或故宫的形象；而当国内游客想到苏州或杭州时，脑海中浮现的是“江南水乡”的美景。

2. 引致形象阶段

出现旅游动机并决定去旅游时，会有意识地搜集有关备选旅游信息，并对这些信息进行加工、比较和选择，加以提炼，从而形成引致形象。

3. 复合形象阶段

旅游者实地旅游之后，形成自己的旅游经历，并结合以往的旅游知识形成一个综合性更清晰的旅游复合形象。

（三）旅游形象的定位

1. 明确资源本底

旅游形象是一个多要素、多层次的系统，摸清资源本底是形象定位的根本。旅游景区主题形象的设计要选择具有历史连续性的形象，从背景形象和感性形象入手，加强游客感知。

2. 提炼资源特色

形象定位必须以资源特性为基础，充分挖掘本地自然旅游资源特性和人文底蕴（文脉），并提炼加工成为本地区独特的形象推广的立足点。

3. 确定形象定位

在对旅游资源本底和现实感知形象进行分析的前提下，结合旅游地发展目标，通过提炼资源特色而凝练出最符合旅游地的形象定位，经过反复论证，最后决定要向目标市场推出的主题形象。

（四）旅游形象的特征

旅游形象的塑造主要受可接触信息的限制。旅游形象随着人们接受信息的变化而呈现动态改变。旅游形象往往受亲友的口头传播、学习教育与公众传媒的影响。

1. 综合性

旅游形象由多种因素构成，其丰富的内涵表现为旅游形象的综合性。具体体现在以下两个方面：

（1）内容构成的多层次性

旅游形象的内容可分为物质表现和社会表现。物质表现主要是指旅游景点的外观设计、环境氛围的营造、休闲娱乐活动的安排、服务质量、景观、地理位置等。物质表现中的实质性内容是旅游产品的质量，它直接关系到旅游者心中的旅游形象。社会表现主要是指旅游行业的人才基础、技术能力、经济效益、工作效率、福利待遇、宣传力度、管理水平、政策等。在社会表现中，旅游与大众的关系是最重要的因素之一，调整好旅游与大众的关系是树立良好形象的有效途径。

（2）心理感应的多面性

旅游形象是旅游在旅游者心目中的感性反映。由于每个旅游者的观察角度和认知水平不同，决定了旅游形象的心理感受的多面性。例如，旅游从业人员心目中的旅游形象和旅游消费者心目中的旅游形象是有区别的。旅游消费者一般是从对旅游产品的评价来认识旅游形象的；而旅游从业人员则倾向于从工作环境、管理水平、对旅游的态度等方面来认识旅游形象，把旅游作为一种福祉。

2. 稳定性

旅游形象一旦形成便具有一定稳定性，在短期内不容易改变。首先，稳定性受旅游客观物质基础的影响。旅游的资源、气候、建筑、地理位置、人员队伍等在短期内不会发生大的变化。只要旅游的物质基础稳定，旅游所树立的形象就不会轻易改变。其次，稳定性体现在旅游者的心理机制上：旅游形象一旦形成，社会心理更容易产生刻板印象。这就意味着，在一段时间内，公众对既定旅游形象的认知是不易改变的，这也决定了旅游形象的相对稳定性。

旅游形象的稳定性是一把双刃剑：在旅游形象良好的情况下，旅游形象的相对稳定性具有积极作用；在旅游形象不佳的情况下，这种稳定性使不良形象的负面影响难以在短时间内消除，需要长期努力改变公众的认知。

3. 可塑性

旅游形象是相对稳定的，但并不意味着旅游形象一成不变，而是在一个缓慢而渐进的过程中发生变化。人们对旅游的认知是通过信息传递而形成的，这种传递效应既有稳定的一面，又有无形的变化。随着时间推移，旅游形象可能会在旅游者心目中逐渐模糊，最终改变旅游目的地在人们心目中的印象。在这种情况下，就需要不断丰富旅游形象的内涵，强化旅游目的地的良好形象。相反，有些旅游地旅游形象较差，通过努力就有机会扭转人们的认知。

（五）旅游形象的设计程序

1. 形象定位

形象定位是旅游目的地形象设计的前提，为形象设计指明了方向。形象定位建立在实地调研和市场分析的基础上。实地调查揭示了当地的资源特色和文化背景，市场分析揭示了公众对旅游目的地的认知和期望。这两方面结合是旅游形象定位的前提。在此基础上，通过旅游发展的综合表现，提出旅游形象的核心内容，即整体形象定位。

2. 口号设计

旅游形象是一种具有较高传播效率的表现形式，能够体现旅游形象和理念核心的深刻内涵，能够为广大普通游客所接受，包括产品形象及其口号、视觉形象。通过对实地调查和受众问卷的结果分析，进行形象设计，并提出与之相匹配的简洁口号，进行宣传。一个成功的口号可以作为目的地的品牌线索，提高游客对目的地的认知度、兴趣度和喜爱度，引发游客的访问和重游，提高品牌知名度，强化品牌形象，有助于形成和记忆一个积极的、肯定的目的地形象。

3. 视觉符号设计

除旅游宣传口号外，视觉传播符号系统也是旅游目的地形象的重要界面意象。在目的地确定核心形象定位和宣传口号后，需要从视觉上展现出自身的旅游形象，以便传媒对其旅游形象加以传播，因此在规划编制过程中需对目的地旅游形象视觉符号体系的设计提出理念性建议。视觉符号体系包括：旅游地名称设计、旅游地标志及应用设计、旅游地标准色彩系统、旅游地指示系统、旅游地内部交通设备视觉形象、旅游地公共服务设施、旅游地象征性吉祥物、旅游地品牌网站、旅游地户外广告、旅游形象代言人、旅游纪念品、旅游企业视觉形象等。

第二节　旅游营销规划

一、市场细分

（一）市场细分的概念

市场细分由美国营销大师温德尔·史密斯（Wendell Smith）于1956年首次提出。温德尔认为，顾客有不同的需求，希望得到不同的利益。任何一家有实力的企业都不可能拓展全球市场，也不可能满足所有消费者的所有需求。他督促公司根据消费者的不同需求对市场进行细分。

市场细分是指企业进行市场调研时，根据一定的标准将一个大市场划分为若干个需求相近的子市场的过程。每个子市场的需求是不同的，但每个子市场内部的需求是相似的。市场细分的目的是为每个子市场制定差异化的营销策略。因此，消费者需求的差异化是市场细分的基础。即只有异质市场才需要进行市场细分，而同质市场一般不需要细分。

（二）市场细分的标准

1. 地理因素细分

市场细分标准中的地理因素较多，如国家与文化的差异、城市因素与农村因素、自然气候因素与资源分布因素等。通过对这些因素的综合对比分析，不同因素下的市场营销价位水平具有明显的差异性，也就是说经济越是发达，文化因素越是开放，自然资源越是丰富的地区，在市场营销价位水平上则越高。详见表10–2。

表10–2　地理因素细分

地理细分变量	细　分　类　型
所在区域	华东、华中、美国、欧洲等
城市规模	城镇、大城市、特大城市、世界城市等
气候条件	温带、亚热带、热带等

2. 人口细分

人口细分是按照旅游者的年龄、性别、家庭人口、家庭类型、收入、职业、受教育程度、宗教、种族等人口变量对客源市场进行划分。该类因素对旅游者的需求影响较大，并且此类信息较易获得，因此人口细分在旅游市场细分中使用较为频繁。详见表10–3。

表 10-3　人口细分

人口细分变量	细　分　类　型
年　龄	青年市场、中年市场、“黄昏”市场等
性　别	男性旅游市场、女性旅游市场
家庭人口	情侣市场、三口之家市场、四世同堂市场等
收　入	高收入市场、中等收入市场、经济型市场等
职　业	商务旅游市场、公务旅游市场、学生旅游市场等
受教育程度	高学历旅游市场
宗　教	少数民族旅游市场

3. 消费者行为与心理因素市场细分

消费者行为与心理因素市场细分的主体是消费者。对消费者的细分能提升企业对消费人群把握的精准性，促进企业市场营销策略的构建与完善。消费者细分的依据来源于多方面，如消费者的实际年龄、教育程度、职业与性别等。而针对消费者的心理行为方面的细分，主要依据有消费者的生活方式与个人偏好，以及个人性格特点等要素。只有在消费群体细分的指导下，才能增强企业市场营销策略的针对性与实用性，由此确保企业营销目标的顺利实现。详见表 10-4。

表 10-4　消费者行为与心理因素市场细分

心理细分变量	细　分　类　型
社会阶层	社会名流、上层社会人士、普通人士等
生活方式	基本需求满足型、需求拓展型、需求质量提升型等
个　性	安逸型、冒险型等

4. 行为细分

行为细分是指以旅游者选择购买旅游产品的行为方式来进行市场细分。行为细分通常采用的标准有旅游动机、价格敏感度、品牌敏感度、旅游方式、旅游距离、旅游时间等。详见表 10-5。

表 10-5　行为细分

行为细分变量	细　分　类　型
旅游动机	观光旅游市场、度假旅游市场、康体旅游市场、休闲旅游市场、商务会议旅游市场、探亲访友旅游市场等
价格敏感度	豪华型旅游市场、经济型旅游市场等
品牌敏感度	高忠诚度市场、低忠诚度市场等
旅游方式	团队旅游市场、散客旅游市场等
旅游距离	短途旅游市场、中远程旅游市场等
旅游时间	春季旅游市场、夏季旅游市场、秋季旅游市场、冬季旅游市场

（三）市场细分的步骤

1. 列举潜在旅游者的基本需求

可以从地理、人口、行为和心理等几个方面，初步预计潜在旅游者的需求。

2. 分析潜在旅游者的不同需求

在初步了解市场需求的基础上，有针对性地选择市场细分变量，对市场进行整体特征细分。例如，可以选取年龄、性别、收入、婚姻、地区、性格等作为市场细分变量，通过组合各细分变量的不同数值，得出不同的细分市场。旅游地一般很难满足所有子市场的需求，所以市场细分并非越细越好。

3. 细分市场的初步调整与命名

细分市场的特点应该是，两个细分市场之间存在明显的差异，而同一细分市场内的潜在旅行者的购买行为特征又非常相似。在细分市场中，首先应剔除现实中不存在的子市场，其次是无利可图的市场。对于其余部分，应进一步分析各市场的特点，以确定是否需要进一步细分。之后根据到访市场的潜在游客特点来进行细分市场命名。

（四）市场细分的原则

有效的目标市场选择应遵循以下原则。

1. 可测量性

目标市场的可测量性是指市场的规模、市场购买潜力以及市场的未来发展走向可以测量。

2. 可进入性

可进入性是指选定的目标市场应该在经济、政策、文化上都具有可进入性，这是目标市场有效性的重要前提。对于进入门槛较高的细分市场，除非能够肯定从中受益大于所付出的成本，否则不是理想的目标市场。

3. 可营利性

从经济性的角度考虑，营利性无疑是需要关注的重要内容，因此，选择的目标市场应该长期保证经济受益。

4. 可操作性

可操作性是指在所选择的细分市场内，制订的市场营销策略能够付诸实施，有效吸引该市场。例如，某个国外细分市场，虽然具有一定的潜在规模，但是因为距离、文化差异等原因，无法针对其制订营销计划或计划无法实施，那么该细分市场就应被放弃。

（五）市场细分的影响因素

1. 距离因素

旅游者在选择旅游目的地时，距离衰减规律的影响作用较大，即旅游目的地的可达机会会随着两地之间距离的增加而减小。吴必虎对中国城市居民旅游目的地选择行为进行研究并推测：中国城市居民旅游市场集中在距离城市 500 公里以内的范围，在这个范围内旅游者多有能力进行自费旅游，超出该距离后，很多旅游者要积蓄很久。所以对目标市场进行定位时，要依据距离衰减规律，将距离作为重要考虑因素，距离旅游地近的客源地列为核心市场。

2. 交通因素

虽然现代交通和通信手段已经很发达，但距离仍然是影响旅游业的重要因素。距离衰减规律在确定目标市场方面仍然起着重要作用，客源地与目的地之间的距离越远，越不可能成为核心目标市场。因此，旅游目的地的可达性包括客源地与规划区之间的交通条件、所需时间和成本，是旅游客源市场定位时需要考虑的重要因素。例如，如果两个旅游目的地距离规划区很近，其中一个旅游目的地有航空线路、火车直达规划区，而另一个旅游目的地只有火车，那么交通便利的旅游目的地更有可能成为核心目标市场。

3. 经济因素

客源地的经济条件是进行旅游活动的物质保障。经济水平越高，出游潜力越大，反之亦然。除了现有的 GDP 产值等社会经济水平外，旅游目的地的经济水平还可以通过其国民经济总产值增长率、居民可支配收入、恩格尔系数、居民消费习惯等来衡量。一般来说，GDP 产值高、国民经济增长速度快、恩格尔系数小的地方更适合定位为旅游客源市场。

4. 旅游需求因素

旅游需求因素主要考虑目的地与客源地之间的旅游资源或旅游产品的差异性。旅游经济是一种体验经济、旅游动机之一是体验自然、社会、文化上的新奇，寻求与自身的差异；差异性越强，新奇度越大，对游客的吸引力则越大。因此，旅游资源的互补性、差异性是吸引游客、激发其旅游动机、带动市场发展的重要因素。一般而言，若两地之间的旅游资源或旅游产品特色相同或类型相似，则两地之间的需求吸引力比较小；若两地之间旅游资源或旅游产品的性质互补，则两地之间的需求吸引力比较大。该种旅游需求的互补性构成了客源地和旅游目的地之间吸引力的基础。确定旅游客源目标市场时，要充分考虑旅游需求因素，尽量避开同性质旅游产品所在地，选择旅游资源或旅游产品与目的地存在互补的客源地。

5. 客源地与规划区的联系

客源地与规划区之间是否存在某种联系，如政治、历史、文化、宗教联系等，也是进行旅游客源目标市场定位时需要考虑的重要因素。客源地与规划区之间的历史、文化等联系往往会超越地域的限制，将两地人民联系起来。例如，沙特阿拉伯的城市麦加，被誉为伊斯兰教的第一圣地。每年在伊斯兰教历的第 12 个月，数以百万计的穆斯林都会聚集在麦加，参加一年一度的朝觐。这些各种肤色、各个年龄段的穆斯林，来自世界 70 多个国家。所以在定位麦加的旅游客源目标市场时要考虑麦加与客源地之间的宗教联系。中国的四大佛教名山——五台山、峨眉山、九华山、普陀山在定位客源目标市场时也要考虑此种宗教联系。

二、营销渠道

旅游市场的营销渠道是指使旅游者购买和消费某种产品的独立经营实体的集合。因此，营销渠道实质上是旅游部门和其他行业为推销旅游产品而组合的网络集合。营销渠道的存在有效促进了旅游目的地与游客之间的信息交流，通过扩散效应，营销渠道网络可以以较低的成本获得更大的市场认可。旅游市场的营销渠道类型，按其出现的先后顺序大致可以分为两类：传统营销渠道和创新营销渠道。

（一）传统的营销渠道

传统的营销渠道主要有旅游分销商、大众媒体、户外媒体和专业媒体。

1. 旅游分销商

传统的销售渠道是旅行社。在实际操作过程中，通过与旅行社的接触，将旅游产品带入旅行社的采购范围，然后由旅行社对旅游目的地进行包装和销售。在这种营销渠道中，营销必须完全依附于旅行社，由于旅游产品的销售与旅行社的销售直接相关，旅游目的地无法操控，存在一定的不足与风险。

2. 大众媒体

旅游地品牌的外部传播指的是，借助各种大众媒体将旅游地品牌及其所蕴含的自然和人文特色、旅游地的主打产品品牌传播出去的一个过程。主要借助的传统媒体和新兴媒体包括电视、报纸、期刊、互联网、在线旅游平台、其他门户网站、户外广告、车载广告、车站、社交平台等方式实现外部传播，将品牌内涵传达给潜在游客。网络发展使人们接受信息的方式发生极大改变，互联网的快捷、实时、交互性、灵活性、受众广泛性、低成本，使其成为新一代的营销和传播的渠道。通过腾讯官方微博、新浪官方微博、微信公众号，发布旅游地的信息，通过关注率和扩散率来吸引用户群的注意。随着智能手机的普及和网络环境的优化，人们使用移动微信的频率更高，因此旅游地更多地开始通过微信平台进行营销和传播。例如，庙会期间，旅游地每天都会在微信平台推送关于庙会的活动内容、关于旅游地景点的介绍，用户扫描二维码、加关注、转发朋友圈等就可获取优惠打折票。另外，在网络订票平台方面，现在旅游地也已开通线上购票平台，在官方网站、在线旅游平台和官方微信平台都可实现线上购票、线下消费，为自由行的散客提供极大便利。

3. 户外媒体

户外媒体的形式灵活多样，从公共汽车的车体、出租车顶部的车灯、地铁的车门到路牌、霓虹灯等。户外媒体价格相对比较低廉，并且其鲜明的色彩可以吸引大量行人的注意力。根据户外媒体不同的特性，可大致分为两种类型：固定型户外媒体，如大型广告牌、人行道广告牌、枢纽站广告以及霓虹灯等；移动型户外媒体，主要包括公交车身广告、热气球、飞船广告等。

4. 专业媒体

这里的专业媒体是指旅游业内定期或不定期连续出版的读物，它可以是公开出版的，也可以是内部发行的，如行业协会的会刊等。除了具有一般杂志的优点外，专业刊物还有一个明显的特点，即读者阶层更具针对性，因而在其上进行营销宣传往往会收到事半功倍的效果。然而，相对大众化杂志来说，专业刊物的发行范围和读者范围更加有限，因此市场覆盖面较窄。此外，各种自助旅游导游手册以及自驾旅游的指南书等都属于专业媒体的范畴。

（二）创新的营销渠道

创新的营销渠道是近年来发展起来的，主要包括互联网、各种旅游交易会、直邮等。

1. 互联网

网络旅游营销是通过现代网络技术对传统旅游营销进行创新的一种新型旅游营销形式。与传统旅游营销的主要区别在于，互联网旅游营销主要是通过互联网与客户进行沟通，这种沟通形式让双方有更多的时间去思考旅游消费决策。网络营销有很多优势：传播成本低；可以存储大量信息，并能快速发布，实时控制；信息可以以各种形式呈现。因此，网络营销逐渐成为营销拓展的重要媒介。目前，旅游网络营销工具主要包括：旅游企业网站、搜索引擎、电子邮件、BBS、微博、直播等。

目前，网络直播是效果良好的旅游形象的宣传手段。潜在旅游者因时间关系等不能外出旅游，可以通过直播或视频的方式“云旅游”，尤其是在新冠病毒疫情期间，人们会以视频等方式了解各地旅游特色。而直播更能够直观地看到旅游地实时风貌，并从侧面增加旅游地的附加值，如直播带货，带当地旅游产品、旅游特色等。由此可见，营销手段是营销活动成功的关键因素，好的创意为旅游目的地的网络营销活动锦上添花。

2. 旅游交易会

会展经济不断发展为旅游营销渠道作出了巨大贡献。国内各类旅游博览会非常普及，种类繁多，包括国家举办的大中小型各类旅游博览会、交易会。旅游博览会、交易会是向市场推广旅游产品的重要舞台。一般来说，大型旅游交易会吸引包括旅行社、经销商和游客在内的各类人群。由于展销会的参与者目标明确，专业背景较多，借助旅游展销会的平台，往往能以较低的成本获得更多的营销网络和信息。

3. 节事活动

节事是一个组合概念，一般来说是由节日、节庆和事件活动构成。随着节事活动与旅游业的密切发展，节事活动也成为一种吸引游客的旅游资源。同时节事活动营销与旅游品牌营销走向融合，节事活动已成为一种旅游营销方式。通过节庆活动或事件策划，特别是品牌活动的举办可达到营销和传播旅游地旅游产品、带动旅游地品牌发展的目的。

4. 事件营销与传播

事件营销就是通过人为创意策划、组织事件或者是借助、利用正在发生的新闻热点或突发事件来进行符合品牌形象的传播和营销，达到吸引社会媒体和大众的兴趣和关注的目的，从而扩散品牌的影响力，并将产品和服务推销出去。事件营销整合各种媒体传播渠道和公共关系进行企业品牌的传播，能够发挥极强的传播效力，提高企业产品或品牌的知名度、美誉度。对于旅游业来说，注意力就是经济，事件营销会形成一种注意力经济，吸引游客前来。

5. 借助影视剧营销与传播

影视剧拍摄地及影视剧中涉及的历史人物、地点、事件都会成为地方、旅游地、商家挖掘的资源和炒作的卖点。如影视剧《芈月传》播出期间，连续在官网、微信、微博、合作旅游网站上发布关于该剧与旅游地人文历史之间的关联，主推旅游地历史文化旅游产品；相继推出春秋服饰、王室礼仪表演等文化旅游活动，宣传和推广旅游地的历史品牌，加深游客对旅游活动的文化体验。

三、营销战略

旅游规划中制定市场营销战略，目的是为旅游地市场推广运作提供可供选择的模式，以适应市场环境的不断变化和保证市场推广的有效性。旅游地市场推广中使用的营销战略并非一成不变，可以根据具体市场情形加以分析和组合。

（一）品牌支撑战略

随着世界经济一体化进程的加快和信息技术的发展，同类旅游产品在质量、功能、价格等方面的差异越来越小，品牌作为一项无形资产成了旅游地竞争力的一个重要砝码。品牌有助于旅游区宣传自己的产品，树立市场形象，建立顾客忠诚度，进行市场细分，从而形成独特的竞争优势。

1. 提升游客购买行为

成功的营销传播活动，不论是产品、服务，还是整个品牌的营销传播，都需要对消费者需求进行分析，以便能够准确有效地把握市场。在旅游品牌的营销推广中，需要针对旅游者的购买行为进行分析。旅游经营方如果能理解和把握游客的消费心理和购买行为，就能更好地进行服务，从而让游客获得满意的体验及对旅游品牌产生好感，进而通过再次消费或是对亲友的推荐，实现推广旅游品牌的目的，并推动潜在旅游市场。这对旅游品牌的营销具有重要的意义。

游客需求的是一种特殊的产品。游客购买的是一种旅游经历，是他们离开常住地一直到旅游结束归来的整个旅行过程中，对行程期间所接触到的各种事物与所接受的服务的一种综合感受。游客为了获得心理上的感受和精神上的满足而花费一定的货币和时间、精力去选择一次旅游经历，包括餐饮、住宿、交通、景观、购物、娱乐等服务环节，这些因素的体验感受构成了游客对整个旅游产品，同时也是对产品背后的旅游品牌的感受。旅游者购买行为，指旅游者个体在进行旅游决策和购买、消费、评估、处理旅游产品时的种种行为表现。在产生对旅游产品的购买欲望后，游客的购买行为将受到诸多心理因素和社会因素的影响，其心理和行为是极其丰富且复杂的，甚至未必非常理智。

2. 重视体验参与

体验营销突破了以往假定“理智的消费者”这一前置条件，而在营销过程中更多引入情绪、情感、心理状态等感性因素，通过满足消费者这些感性需求，引导包含了服务、环境等无形产品在内的有形产品体验，最终达到营销目的。

旅游业中，体验营销的主体是游客，客体是旅游产品和旅游服务。游客在旅游前、旅游时和旅游后的体验，是旅游行为和旅游品牌经营的关键。体验作为沟通的桥梁，使游客对产品和服务能够获得更加深入的感受，从而进一步让游客将购买欲望付诸行动。针对游客不同的购买意愿和参与体验的不同方式，在充分了解自身不同产品特性的基础上，进行适当地修饰或让产品使用、体验更加方便快捷，都会使营销的品牌给游客留下更深印象。一些旅游品牌的标志性产品或服务甚至宣传口号，都会给人留下独特而深刻的印象。

（二）产品内容升级战略

旅游产品是旅游规划与市场开发活动的基础。一方面，旅游区必须根据市场需求来开发设计适销对路的产品；另一方面，特色鲜明、功能多样的旅游产品能有效地刺激和引导旅游需求。凡是对产品整体概念中任何一部分进行创新，并能给消费者带来新利益的产品，都可称作是新产品。旅游地一般更加强调这种创新。具体而言，旅游产品升级的具体内容包括如下方面。

1. 产品形式创新

旅游产品是以目的地游览活动为基础的有形和无形要素的组合，一般由六方面构成，即目的地形象、目的地景物及环境、目的地设施及服务、目的地的可进入性、具体活动安排和提供给游客的价格。旅游地变换以上任何一种组合要素都能使产品形式发生变化，如改变交通工具、增加旅游景点等。产品形式创新往往不需要额外支出，却能给游客带来耳目一新的感觉。

2. 产品功能提升

从旅游需求角度分析，产品功能提升主要包括两层含义：一是随着专项旅游的发展，旅游产品趋于专业化，以满足专项游客的特定需求；二是现代旅游活动向主题式、参与性方向发展，这要求旅游产品在拥有核心功能的同时，尽可能多地带给游客其他利益。

3. 产品内容扩充

旅游产品内容扩充即指旅游区通过合理安排时间和控制成本，在同样的行程里，以相同的价格为游客提供更多、更好的旅游供给要素。这里的产品内容指的是旅游产品的有形部分，如旅游景点、地方风味、文艺表演等。

（三）网络营销战略

1. 付费渠道

付费营销的渠道主要是电商在投放广告时需要支付费用的营销渠道。付费营销的方式主要是通过 App、公众号等线上的方式进行广告。例如，百度、微博等门户网站的首页广告，付出一定的费用获取一定时间的广告特权，将商品推广到网站的门户主页，对产品进行营销。媒体广告主要是电商利用电视、报纸、广播等传统媒体进行产品的宣传，电商会向电视台付出一定的广告费用，让产品广告在某一时间段播出。

2. 自媒体渠道

自媒体营销渠道主要是通过自媒体平台进行广告投放。这种广告投放针对性较强。例如，在微信公众号上进行广告的推广营销，会针对公众号的种类进行推广：食品类别的广告会在食品相关的公众号下推广；美妆类的产品会在护肤相关的自媒体中出现，如微博的短视频、B 站的各类美妆视频、知乎关于护肤知识、美妆知识等进行产品的推广。这种推广方式受众面较多，而且针对性较强，营销效果良好。

3. 口碑渠道

口碑营销是最有质量的营销方式之一。人们会将自己感觉良好的商品推荐给更多人。互联网背景下，电商之间竞争激烈，产品的种类也存在良莠不齐的状况，商家为了维护自己的品牌和口碑会对店内产品进行优化，如产品质量、商家服务态度、产品的价格等进行优化，获得消费者的好感。商家若是处在发展的前期，会推出各类活动提高产品的好评率，提升店铺的等级。

（四）人员营销战略

1. 人员营销的概念及特点

所谓人员营销，是指通过营销人员与购买者的直接沟通来达成交易，以促进和扩大营销量的活动。这是一种传统的营销方式，也是现代旅游企业一种重要的营销手段。

人员营销有着广告和宣传等其他营销形式无法相比的优势。首先它具有很强的针对性。因为营销人员的目标较为明确，无效劳动少，但对营销人员的营销能力要求很高，且人员营销成本高。其次，它具有较大的灵活性。营销人员在营销过程中可以根据旅游者对产品及营销方法的反应，立即改变营销陈述和营销方法，以最终促成交易。最后，人员营销具有双向沟通、反馈及时的特点，有利于旅游者同营销人员建立良好的关系。

2. 人员营销的作用及方式

旅游人员营销是所有营销手段中唯一利用人员进行的最直接的营销活动，它以其特有的优势成为旅游营销活动的重要组成部分。营销人员通过与客户和潜在客户进行面对面的交谈，向他们介绍自己的产品，并提供咨询服务，以达到将本企业和产品的信息有效传递给客源市场的目的。此外，营销人员最容易获取第一手的市场信息，包括旅游者的需求和竞争对手的策略等。这些信息反馈回来，为企业制定和调整营销策略提供依据。营销人员不仅将产品出售给顾客，还在一定权限范围内处理一些类似于旅行线路、产品价格等技术问题。因此，营销人员被看作是旅游企业的代表。除了与原有客户保持良好的关系以外，营销人员还要随时寻找新客户，以便不断扩大市场面。

旅游人员营销属于直接营销。根据营销的方式不同，旅游人员营销可以分为走访营销、营业营销、会议营销、小组营销、电话营销、导购营销、书面营销等。每种方式都有其各自的优点和缺点，旅游企业应根据自身特点和市场状况加以灵活运用。根据营销的对象不同，旅游人员营销可以分为个人营销和组织营销。个人营销主要是针对旅游消费者；而组织营销针对各种类型的组织，如旅游产品的分销商或代理商。

（五）营销组合战略

市场营销组合是旅游区为达到在目标市场上的销售水平而对可控性营销变量进行优化组合和综合运用的管理活动。正是随着营销组合理论的产生，市场营销活动才富有浓厚的“管理”色彩。通过设计合理的营销组合，旅游区可以充分利用一切资源，发挥整体优势，增强旅游区的市场竞争力。

1. 旅游产品组合

产品是旅游区市场营销组合中最重要的因素，因为产品质量的提高及其组合结构的优化是旅游区提高自身竞争力的基础。旅游区在制定产品组合决策时，应注意以下四点：一是实施产品差异化战略，通过具体设计、宣传促销等行为来突出产品特色；二是旅游产品的开发与组合必须针对细分市场需要来进行；三是确保产品或服务质量，以树立良好的市场口碑和吸引回头客；四是不断推出新的旅游产品，从而赢得更多的顾客。

2. 实施促销方案

旅游促销的实质就是旅游营销者通过合理的方式，将旅游区理念、产品及服务等相关信息传递给旅游产品的潜在购买者及其他公众。旅游促销方式一般有广告宣传、营业推广、人员推销及公共关系四种，其组合策略可分推式策略和拉式策略两类。

3. 分销渠道组合

旅游产品分销渠道即旅游产品使用权在转移过程中所经过的各个环节连接而成的通道，从狭义上讲，就是旅游中间商的构成体系。合理选择分销渠道，有助于旅游区扩大市场范围、节约营销费用和提高营销效率。旅游市场分销渠道组合主要包括分销渠道的选择，渠道成员的协调、激励与评估以及分销渠道的改进等内容。

4. 制定价格策略

合理的价格策略可以提高旅游竞争力，并有利于旅游地凭借现有资源获取更多的利润。旅游区在制定价格策略时应充分考虑五个基本因素，即市场营销目标、产品成本及利润、顾客对产品或服务的认知价值、细分市场差异以及可能的竞争性反应。

常用的定价策略有以下五种：一是当旅游地推出新的产品或服务时，采取渗透价格策略，以尽快收回成本或提高市场占有率；二是针对关键细分市场展开价格促销活动，以提高本旅游区产品在主要细分市场中的份额，并削弱竞争者的地位；三是当旅游地能将产品成本控制到较低水平时，可采取合理的降价，以扩大销售量和阻止竞争者进入；四是以总额较低的价格提供系列产品或给予一定的折扣，以刺激中间商和顾客的购买积极性；五是对某种旅游项目实行亏本销售，但同时又通过高价售出其他配套产品来收回利润。

（六）旅游服务营销战略

1. 旅游服务模式战略

从顾客需要出发提供其所需服务产品，无疑是旅游业服务营销的核心。在旅游实践中，服务产品与顾客需求之间的关系是复合型的、多层面的、差异化的。

（1）同一时间地点，不同的客人有不同的服务需求

如同一餐厅中客人对背景音乐会有不同爱好和选择，即使同一人群中，不同文化、年龄的人服务需求也是不同的。

（2）不同时间地点，同一客人的服务需求侧重点不同

如很多旅游者白天需要新奇刺激的活动项目，夜间则需要舒适安静的环境。即使同一时间在不同的心境下服务需求侧重点也会不同。另外，随着经济技术的发展和时代的演进，服务产品在质和量两个层面都在不断升级换代。旅游服务仅仅靠严格管理、规范操作已不能获得顾客的认同，唯有针对性的服务才能打动顾客。然而，这种个性化的定制服务要花费较大的服务成本，因此需要在顾客满意与企业效益之间寻求一个最佳结合点。这种服务模式就是规范与非规范结合的服务差异化，即以规范服务为主，满足多数顾客的共性需求，确保服务质量的基本稳定；以非规范性服务为辅，满足顾客的个性化需求，从而显示企业具有特殊吸引力的服务特色。

2. 旅游服务传播策略

服务产品所具有的不可感知性特征，虽然在一定程度上妨碍了旅游企业有效地推广服务产品，但顾客仍可通过对服务环境中有形实物的感知，形成对旅游服务企业的印象及服务产品质量的认知和评价。旅游地应善于借助服务过程中可直接传达服务特色及内涵的有形展示手段，这将大大有利于服务产品的营销推广。

3. 旅游服务协调策略

旅游企业的传统营销，实质是针对企业外部顾客的外部营销。外部营销内容包括：

营销调研、产品设计与开发、产品定价、广告促销与人员营销等。其重要功能之一就是通过促销方式向顾客承诺，使其消除对服务产品的风险感并激发其消费期望。

全面意义上的旅游企业服务营销应涵盖外部顾客与内部员工两大方面。员工是服务的核心，在服务接触的过程中员工与顾客的互动直接影响着顾客对服务的评价。针对企业内部员工进行的内部营销，通过内部工作设计去真正满足员工的需求，再通过员工发自内心的真诚服务表现去感染顾客。由此可见，协调的内部营销是外部营销成功的前提。旅游业的内部营销内容包括：员工的招募、培训、服务设计和员工激励及内外部营销沟通与协调制度。

（七）降低成本战略

1. 降低货币成本

降低货币成本的核心方法有两点：

第一，利用淡季折扣。有经验的游客都会尽可能选择在目标景点的非旺季出行。针对这一点，旅游营销传播主体可以合理调整一年之中不同时间段的营销措施。例如，非随季节变动的景观，包括部分自然景观和绝大部分人文景观，可以选择在非常规旺季推出促销手段，如价格折扣等来吸引消费者，让游客在省钱旅游的时候得到满意的旅游体验，同时保证景观的高效利用率。

第二，减少交通费用。交通费用是旅游中一项大的经济支出，旅游品牌营销方可以代替旅客规划更优出行时间和线路，如在官方网站定期更新最省钱的交通方式和最经济旅游线路，包括特价机票、车票的相关信息。

2. 降低时间成本

游客出游除了少花钱，还要在路途上花费更少的时间。针对游客这一需求，应设计“一日游”“二日游”“多日游”不同线路内容安排。

3. 降低精神成本

除了金钱和时间，精神成本也是旅游品牌整合营销时应当注意到的一点。所谓精神成本，是游客在进行旅游产品或服务的购买和消费时，所必须消耗的精力的多少。游客为了放心消费而努力获取有利于自身最后作出决断的信息。在进行各方面资料的搜集整合和筛选思考时必然有一个精神消耗的过程，营销战略中应对此给予更多关注，并提供更多便利，尽量提供广泛而全面地搜集相关旅游资源信息的途径，为游客减少较多精神与体力的付出。

4. 降低体力成本

现阶段旅游者的年龄跨度大，也意味着有不同的身体和精力状况。不同的游客，由于体力不同，所要消耗的时间以及路线相对游客的难易程度是不一样的。这就意味着无论是旅游营销方还是游客本身，在制定旅游路线的时候，都不仅考虑到该路线的货币成本、时间成本，还同时需要考虑到不同的体力状况带来的不同的体力成本。

（八）良性沟通战略

1. 收集反馈信息

及时有效收集游客反馈信息的第一步，就是为游客建立便捷完善的信息反馈渠道；同时，建立一套完善的信息反馈体系，能够让游客在获得不够满意的旅游体验时，通过对不满信息反馈和获得反馈的回复，而在一定程度上弥补心理缺憾。通过信息的收集、筛选和整理，提取到对旅游品牌有用的信息之后，最后便是执行和改进。

2. 增加游客忠诚

忠诚作为一个心理学的范畴，代表了顾客对某一产品或服务的信任和依赖。在忠诚这一心理指导下，游客将对产品或服务保持重复购买的心理倾向、向周边人进行宣传推介的行为和排他性消费的思维。因此，培养游客忠诚对景区的营销和品牌的塑造宣传将起到相当大的作用，有利于形成和扩大旅游品牌的优势，是拓展潜在市场的重要手段。通过口碑树立的旅游品牌将在激烈的客源市场竞争中具有更强的竞争力。

本章小结

旅游品牌与旅游形象建设是旅游规划不可或缺的组成部分，二者相辅相成。

旅游品牌是旅游消费者识别旅游产品和服务的差异化标志，也是吸引游客的一个主要因素。旅游品牌的构建是一个动态过程，一般来说需要经过品牌定位、品牌设计与开发、品牌营销与传播、品牌管理和维护等几个环节。

旅游形象是旅游者进行旅游活动或者通过电视、报纸、杂志、网络以及特定传媒客户端对旅游目的地产生的整体认知。从旅游者认知视角，旅游形象可以分为三个阶段：原生形象阶段、引致形象阶段、复合形象阶段。旅游形象定位过程需要明确资源本底、提炼资源特色，进而确定形象定位。旅游形象特征具有综合性、稳定性及可塑性。旅游形象设计程序包括形象定位、口号设计、视觉符号设计。

市场细分是指企业进行市场调研时，根据一定的标准将一个大市场划分为若干个需求相近的子市场的过程。每个子市场的需求是不同的，但每个子市场内部的需求是相似的。市场细分有不同划分标准，常见的有地理因素细分、人口细分、消费者行为与心理因素市场细分、行为细分等。市场细分应遵循一定的步骤与原则。影响市场细分定位因素主要有距离因素、交通因素、经济因泰、旅游需求因素、客源地与规划区的联系。

旅游市场的营销渠道是指使旅游者购买和消费某种产品的独立经营实体的集合。传统的营销渠道主要有旅游分销商、大众媒体、户外媒体和专业媒体。创新的营销渠道是近年来发展起来的，主要包括互联网、各种旅游交易会、直邮等。

旅游地市场推广中使用的营销战略并非一成不变，可以根据具体市场情形加以分析和组合并进行选择：品牌支撑战略、产品内容升级战略、网络营销战略、人员营销、营销组合战略、旅游服务营销策略、降低成本战略、良性沟通战略等。

思考讨论题

1. 举例说明什么是旅游品牌。
2. 旅游形象设计程序包含哪些？
3. 市场细分有哪些标准？人口细分包含哪些变量和类型？
4. 简述有哪些营销战略。
5. 什么是服务营销？并举例说明。

第十一章　旅游支撑与保障体系规划

第一节　基础设施与服务保障

一、基础设施与服务保障体系规划的意义

随着旅游消费者需求的不断增加，旅游业逐渐从商业服务业中分离出来，形成了以旅游经济活动为基础，多个企业和行业共同合作，为满足旅游者的需求而提供综合性旅游产品和专业化服务的新型产业。特别是旅行社、旅游饭店、旅游运输企业等专门从事旅游产品和服务的企业，构成了现代旅游业的三大支柱。旅游基础设施是指主要由公共部门出资提供的非歧视性公共服务，以保证旅游者公平消费和共同使用。它们是连接不同服务内容的重要纽带，是旅游产品和服务质量的基础。由于公共产品的性质，其投资回报率很低，所以其建设必须完全依靠政府和公共部门。旅游服务是指旅行社提供的综合服务，包括旅游景点、交通、住宿等。由于旅游业是由餐饮、住宿、交通、旅游、购物、娱乐六大基本要素组成的复合型产业，而这六大要素都离不开旅游基础设施及其服务设施，因此，旅游基础设施及其服务设施的建设是旅游业发展的基础和前提条件。只有发展完善的旅游基础设施及其服务，才能保证旅游业的发展。

二、基础设施与服务保障体系规划的内容

（一）基础设施规划

基础设施建设是旅游业发展的一个组成部分。基础设施规划是指在区域现有基础设施的基础上，对道路和交通系统、能源和电力系统、供水和排污系统等进行改造，以适应未来旅游业发展的需要。由于基础设施与城市规划高度相关，因此，应以城市规划为基础，结合交通部、水利部等相关产业部门的发展规划，在总体规划中提出最佳的基础设施设计。由于信息技术在人们日常生活和工作决策中的作用越来越大，所以信息支持也是旅游规划和发展过程中的重要基础设施，如建立区域性大数据分析处理中心。

（二）旅游服务保障设施规划

对于旅游规划中的服务设施，主要从旅游住宿设施、旅游餐饮服务、旅游购物服务、旅游交通、游客咨询中心、旅游环境卫生等方面加以设计和安排。

1. 旅游住宿设施规划

旅游住宿按其等级和规模分为星级宾馆、小型宾馆、家庭旅馆、特殊小木屋和露营类型。规划者应根据旅游地目标客源市场游客的特点设计住宿结构，并在规划期末明确各类住宿的比例，以指导本行业经营发展。例如，商务旅游点应以发展星级酒店住宿为主，而生态旅游点则应增加民宿、特色木屋、露营类住宿的比例。

2. 旅游餐饮服务规划

餐饮服务是旅游者非常感兴趣的一种服务形式，也是挖掘旅游资源潜力、提高旅游收益的重要途径之一。旅游餐饮规划主要有两个方面：一是旅游餐饮典型结构的规划，二是旅游餐饮发展规模的规划。旅游餐饮的典型结构应从餐饮企业的典型结构和餐饮菜品的构成两个方面进行设计和优化。其中，具有地方特色的餐饮形式和特色餐饮应引起足够重视。对于旅游餐饮的发展规模规划，要注意平衡，即根据不同类型餐饮企业的特点和市场规模，确定其总体发展规模。另外，在确定发展规模时要考虑到以大众化为特色的餐饮，必须考虑到游客和当地居民的需求。旅游餐饮规划是旅游建设发展中不可或缺的一部分，能极大提升游客满意度。

3. 旅游购物服务规划

旅游购物服务规划的内容大致包括三项，即旅游购物商品的开发规划、旅游购物点的设置和旅游购物环境的规范。

（1）旅游购物商品的开发规划

目前我国旅游商品开发依托丰富的资源，却缺少足够创新，同质化现象明显，缺乏具有地方特色的旅游商品。应深入挖掘旅游资源，在实用性、纪念性、工艺性、科技性以及质量优先等原则的指导下，不断推进旅游商品的开发。同时为旅游地发展设计一套推进旅游商品设计创新的机制。例如，在规划中安排定期举办全国旅游商品设计大赛等活动。

（2）旅游购物点的设置

旅游购物点一方面指旅游购物企业的分布网络，另一方面指旅游购物企业的形态。

（3）旅游购物环境的规范

旅游购物环境的规范主要是要求规划者提供相应的措施与方案，以规范旅游商品市场的秩序，优化旅游购物的环境，防止不良现象发生，以良好的市场秩序作为发展旅游购物的重要保证。

4. 旅游交通规划

旅游交通是旅游基础设施体系建设和服务的核心内容。例如，集公路、铁路、航空、水运于一体的安全快捷的旅游交通综合网络，通往旅游目的地的高速服务干道网络，旅游目的地的交通设施和设备，旅游目的地集散地的休息设施，旅游目的地的停车设施。

5. 游客咨询中心规划

游客咨询中心是为游客提供信息和咨询，提供购物、休闲、娱乐、商务等综合服务的中心区域。有的地区还设立了游客呼叫中心，游客不用到游客中心，就可以通过电话获得与旅游有关的综合服务。游客咨询中心的规划主要涉及位置、设计、服务质量、服务网络等方面。

游客咨询中心的外观应符合目的地的自然和人文特征。在传统的人文旅游目的地，游客咨询中心的设计应保持古朴的风格，在某些情况下，可以对原有的建筑进行适当地改造。新兴的、科技驱动的旅游目的地，可以运用现代设计手法，使游客咨询中心的设计具有强烈的时代感。

6. 旅游环境卫生服务设施规划

在旅游地规划与开发中，面向旅游者提供的环境卫生服务主要集中在生活垃圾的处理以及旅游厕所的建造两个方面。

（1）不同区位设置垃圾箱要点

在游客的生活垃圾处理方面，旅游地应该充分考虑旅游者的行为模式和诉求，合理设置相关服务设施。例如，旅游者停留时间长的区域相对容易产生垃圾，因此对于垃圾箱的需求量也相应较大。规划时垃圾箱选址应重点考虑以下区域。

①景区出入口及中心服务区。这些区域是旅游者在到达和离开旅游地时聚集的场所。上述区域应设置较多的无盖式垃圾箱，且要加强管理和维护。

②观景休憩区。该区域垃圾箱的设置数量应以旅游承载力的最大容量为标准，通常采取高峰期定点采样的方式进行估算。为避免阻挡旅游者的观景视线，该区域垃圾箱的体量不宜过大，并应设置于主要景观的反方向；但也不要因为过于强调景观保护而将其设置于偏僻之处，观景点与步行道的交接处往往是最佳选择。由于该区域内的垃圾箱无法实行高频率收集，因此适宜采取有盖式设计。

③游憩活动区。对垃圾箱的需求量较大，除了设立固定的垃圾箱外，为了应对游客数量的变化，还应配备一定数量的临时垃圾箱，收集高峰期旅游者活动而产生的垃圾。该区域垃圾箱应设置于活动区周边，并于附近设立垃圾临时集中处理处。为了减少垃圾的回运量，可事先将垃圾分类整理，对于易燃性物品采取就地焚烧、有机物质可以采取填土掩埋等方式处理。焚烧处理要以不影响旅游者的正常活动，尽量避免对环境造成二次污染为原则。

④步行道。在步道设置有休憩设施的地方应设置垃圾箱，因为这些区域是旅游者可能停留的场所。此外，步道中容易减速、驻足的地段，如道路转弯的节点处、视线突然

开阔的地段等都应设置垃圾箱。垃圾箱一般沿步道一侧或两侧交错配置。

除了合理设置垃圾箱之外，旅游目的地也可以选择采取引导旅游者实施垃圾不落地的方案，即采取一定的激励手段和措施，让旅游者自行携带生活垃圾，甚至协助捡拾他人遗留的生活垃圾，实现从源头上处理好旅游目的地环境的问题。

（2）旅游厕所的建造

旅游厕所虽小，却是游客对一个国家和民族的第一印象。为了推进厕所文明，国家旅游局将旅游厕所革命纳入我国旅游发展“515”战略，即紧紧围绕“文明、有序、安全、便利、富民强国”五大目标，推出旅游十大行动，开展52项举措，推进旅游业转型升级、提质增效，加快旅游业现代化、信息化、国际化进程。

第二节　政策保障

切实可行的旅游规划政策是维持和发展旅游业的基础，是国家和区域旅游规划的重要组成部分。制定各种倾斜政策，是政府支持一个行业或部门发展的常用手段。这种手段可以直接有效地解决一个行业或部门发展中遇到的困难和问题。政策保障体系是指以保障旅游规划发展顺利实施、促进旅游业可持续发展为目的，由一系列倾斜性政策组成的体系，起到支持、协调、监督旅游规划发展的作用。

一、旅游政策保障体系规划的必要性

（一）弥补市场失灵

与其他行业相比，旅游业有其独特的特点，如旅游资源的公益性、旅游市场信息的模糊性和不对称性，使得调节经济的市场功能失灵，使市场机制和资源难以发挥作用，难以实现真正地优化配置。在这种情况下，国家通过政策纠正市场失灵，弥补市场的不完善，维护市场的正常秩序，使市场上的资源得到真正地优化配置。

（二）保证旅游业均衡发展

旅游业是一个由各个部门组成的综合性产业，只有各相关部门按照合理的产业结构均衡发展，才能实现资源利用的最大化和旅游产业的优化发展。旅游业在我国是一个新兴产业，为了避免旅游市场的过度竞争，必须制定相应的旅游发展规划，并为每个阶段设定不同的发展阶段和发展目标。政策保障体系旨在通过制定相应的政策，协调各部门的资源配置，使各部门的发展均衡，保证旅游业与国民经济其他部门之间的比例协调。

（三）营造旅游业发展环境

许多地区把旅游业作为新的经济增长点，为实现旅游业快速发展，政府需要创造一个有利于旅游业发展的外部环境。良好的外部环境不仅包括配套服务、基础设施等硬环境，还包括一系列优惠政策。

二、旅游政策保障的特点

旅游政策是国务院、省、直辖市等各级政府及相关部门为规范、引导、促进景区、旅行社、酒店等整个旅游产业体系所制定实施的一类服务于旅游行业的公共政策保障。一方面，公共政策保障具有权威性、公共性等政策保障的一般特征，是国家政策保障的重要构成部分；另一方面，旅游业的广义性涉及政治、经济、社会、文化等多方面错综复杂的关系，使旅游政策保障具备多目标性。

（一）政策保障主体广泛

旅游政策保障主体是在整个旅游政策保障运行的周期内，在政策保障制定、实施与评估等阶段主动施加影响的组织或者个人。旅游业的跨行业性质使各级政府在旅游业的管理增强。整体上而言，旅游政策保障的主体复杂而广泛，涉及多级权力机构与多类相关部门。就横向职能部门而言，旅游政策保障主体涉及文化和旅游部、公安部、外交部、财政部、商务部、住建部、交通部、国家税务总局、海关总署、航空总局等30多个较大的职能部门。就纵向政府层级结构而言，包括《旅游法》《出境入境管理法》《护照法》等国家层面的法律，各省的旅游条例；国务院在法定的权力职责下以条例、办法、实施细则、规定等形式发布的行政法规，各省、直辖市、自治区根据本地区的情况发布的意见、决定、办法等区域性的政策保障文件。政策保障也表现在对上级政策保障的响应方面。

（二）政策保障目标多元

旅游政策保障的多目标性正是广泛政策保障主体的体现，也决定着由复杂的政策保障主体进行政策保障制定、执行的格局。就众多的职能部门视角而言，旅游政策保障存在外交、贸易、财政、税收、文化、生态、环境、人才、教育、就业、公共安全等多个方面的目标诉求，这也是旅游处于多头管理局面的关键原因。这种多元目标的实现必须依赖职能部门间的动态协调机制有效运行。就多层管理的行政体制视角而言，国家层面不仅是对宏观旅游业进行政策保障调控，也有重点地对区域旅游业制定专门政策保障，如在边境游、探亲游、入境游等方面。

（三）政策保障工具形式多样

伴随旅游业的蓬勃发展，旅游的业态复杂化、深入化，旅游业与文化产业、工业、农业等产业日益呈现融合趋势，决定着单一的旅游政策保障工具并不能解决旅游业存在的问题，多部门、多类型的政策保障工具应运而生。从政策保障文件的形式上看，法律、条例、办法、规定、意见等形式的政策保障是常规形式，而在改革开放后旅游业发展的早期则呈现出一定的特色，被批准的“请示”“报告”也是对旅游业的起步影响至关重要的政策保障因素。

就政策保障的内容方面而言，政策保障工具涵盖财政政策保障工具、货币政策保障工具、汇率政策保障工具、环境政策保障工具，单单财政政策保障工具就包括财政支出、税收、预算、公债等多种手段。

三、旅游政策保障的制定与协调

由于旅游业综合性和复杂性特点而导致很多权力分散在众多的国家机构之间。就中国的体制现实而言，文化和旅游部、发改委、财政部、公安部在旅游政策保障的制定上都能起到举足轻重的作用。也正是由于旅游政策保障涉及诸多的行业和部门，新政策保障的制定往往要兼顾其他多方面的政策保障。就政策保障的制定过程及其内容而言，很少有“独立”的旅游政策保障；就实施情况而言，单独推行旅游政策保障的情况也非常少，多数情况下是作为地域政策保障的一环。正是由于旅游现实的多面性，政策保障制定中政府组织间的协调问题便成为关键。

四、旅游政策保障的内容

政策保障体系涉及面很广，支持旅游发展的工具和内容也不尽相同。根据我国旅游业发展的实际情况和西方发达国家的成功经验，我国在制定旅游规划时，应将以下几个方面纳入政策保障体系的内容。

（一）完善旅游产业政策和相关法律法规

旅游发展需要良好的外部环境，而任何一个旅游企业或集团都无法创造这样的环境，也无法对整个行业进行管理，所以必须实施政府的旅游产业发展战略。作为政府部门，应积极有效地发挥其权威性、主动性和协调能力，引导当地旅游业向适度方向发展，推动旅游饭店、景区、车船、购物等专业领域的规范化建设，制定特种旅游、自驾游、探险旅游、生态旅游等专项旅游管理规则。

（二）制定旅游业发展战略

旅游发展战略是对旅游产业长远发展的一系列综合安排。它的制定不仅为旅游产业的发展指明方向和阶段性目标，而且有助于旅游产业的可持续发展。同时，旅游发展战略的制定有助于更好地协调旅游产业发展中长期利益和短期利益的关系，避免只注重短期利益而忽视长期利益的旅游产业滥开发。

除了旅游发展的总体目标和阶段性目标外，旅游发展战略还应该在旅游发展的各个环节进行战略制定，包括全球化战略、跨越式发展战略、旅游产业化战略、区域合作战略和可持续发展战略。旅游业是一个新兴的产业部门，其内容有很多方面和层次。制定旅游发展战略，对促进旅游业的健康发展和在国民经济中的地位具有十分重要的意义。

（三）促进旅游业区域合作的政策

区域合作可以利用各地区旅游资源的互补性，扩大旅游项目的规模和影响。目前，很多国家已经成功开展了区域旅游合作，如欧盟国家之间的免签旅游，甚至已经形成了一个大型的区域旅游合作机构。近年来，我国还积极与世界旅游组织、亚太旅游协会等组织开展合作，形成了中国的珠三角、泛长三角、环渤海等极具影响力的区域旅游合作区。这种区域旅游合作区带来显而易见的效益。很多省市都将旅游合作区的建设作为整体旅游发展规划的重要组成部分，随后出台区域旅游合作政策，整合当地旅游资源，提升区域旅游的竞争力和影响力。

（四）吸引旅游人才的政策

知识经济时代，市场的竞争也表现为知识的载体——人才的竞争，谁拥有高素质的人才，谁就拥有强大的竞争优势。现代旅游业对从业人员的要求越来越高，这就要求加强对旅游人才的教育和培训，培养适合旅游业发展的高素质专业人才，帮助旅游业完善人才库，促进旅游服务和管理水平的提高。应建立旅游院校、培训机构和实习基地，这一系列举措需要政府通过统一规划、出资或社会募捐等方式给予支持。

第三节　市场保障

旅游规划与开发的市场保障体系是从市场的运行机制上提出整顿和管理的措施，为当地旅游业的发展提供一个良好秩序的市场竞争环境。

一、建立市场保障体系的意义

（一）提高市场配置资源的效率

在市场经济中，社会资源的合理配置是通过市场来实现的。因此，如果能够根据旅游市场的发展机制和环境，对旅游发展过程进行规划，就可以防止旅游发展过程中的市场低效和失灵，提高旅游生产要素配置的市场效率。

（二）增强旅游竞争力

在有序、竞争激烈的市场环境下，旅游地或旅游企业应自觉明确所有权，增强创新能力，改进生产经营方式，充分利用资源，提高竞争力。

（三）保障市场机制的稳定运行

旅游市场保护制度要完善市场规则，除了让市场经济来控制经济活动外，还要建立一定的行政力量和法律制度来维护市场秩序。市场保障体系将综合运用经济政策、经济杠杆、法律法规和特殊情况下的行政手段，调节经济发展速度，干预垄断、商业欺诈和不正当竞争，维护市场机制的稳定。

二、市场保障体系规划的内容

旅游市场保障体系规划的内容至少应该包括以下几个方面。

（一）强化和完善行业管理制度

行业管理是企业自愿形成的规范经营的管理手段，在旅游市场保护体系规划中发挥着重要作用。虽然行业管理的手段多种多样，但一般只分为行政手段、经济手段和法律手段三类。

（二）市场规则的制定和执行

市场规则的制定和实施是借助外力对企业的市场行为进行控制和管理，也是国内外比较常用的一种市场管理手段。目前，我国已经有很多旅游标准，相信随着旅游标准和规范的制定，会形成一个完整的国家旅游标准体系。在旅游规划和发展过程中，也可以针对市场运行中存在的问题，为旅游市场规则的制定提供一个方向。除国家标准外，还应结合各地区的实际需求，结合地方特色，制定旅游相关标准。

（三）服务质量监控与价格管理

旅游服务的质量和价格是旅游行业管理的重点。质量监控和价格管理的目的是：一方面维护良性的市场竞争环境，保证竞争的公平、公正；另一方面优化当地旅游业的质量和价格水平，保护游客的切身利益。各地的旅游业发展情况不尽相同，因此不可能采用单一的管理模式。这就需要在编制旅游规划时认真研究，建立服务质量监督和价格监测网络，以及适合当地特色的共同管理制度。

第四节　生态环境保障

一、生态环境保障体系的意义

旅游业大规模发展对旅游环境产生重要影响。很多地方由于旅游的过度开发，以及景观的城市化、古迹的修复、自然环境的蜕变等问题，导致景观破坏、环境恶化。将绿色旅游、责任旅游的理念应用于各旅游区，督促旅游者、旅游从业人员和当地居民承担起保护生态环境的责任，尽量避免在旅游活动中对环境产生负面影响。

二、生态环境保障的原则

旅游业是一个高度依赖资源和环境的产业。旅游资源是旅游业可持续发展的基础，自然生态环境和社会人文环境是旅游业可持续发展的前提。然而，随着旅游业的发展，旅游业的规划和开发对土地、水环境、空气环境、动植物、自然景观和人文景观产生一系列影响，甚至因规划不当而恶化旅游区环境质量，破坏自然生态环境和人文生态环境。因此，旅游规划中要正确处理好开发与保护的关系，通过规划措施将旅游活动对环境的负面影响降到最低。为了在旅游规划中保护生态环境，一般需遵循以下原则。

（一）可持续发展原则

旅游规划和开发既要考虑旅游发展的需要，又要考虑旅游设施建设和旅游活动对自然生态系统的影响，重点是保护和改善生态环境。因此，规划必须坚持可持续发展的原则。首先，要考虑保护与开发的关系，使旅游规划和开发在生态环境容许的范围内进行，尽量减少旅游对生态环境的影响，保持自然环境的再生能力；其次，要处理好地区间、代际间的关系，考虑到不同文化、不同民族在旅游中的关系，保证当地人民能够公平地享受旅游带来的经济效益；最后，要处理好旅游资源保护与人类长远发展的关系。

（二）规范性原则

对生态环境进行保护时应该遵循一定的法律规范，这种规范可以是国家制定的一些法律、法规、条例等，也可以是地方针对本地实际制定的环境保护规范。我国政府在 1979 年颁布了《中华人民共和国环境保护法（试行）》，对环境保护的问题作了全面系统的规定，随后对其进行修改，于 1989 年重新颁布了《中华人民共和国环境保护法》，并于 2014 年进行了修订。此外，我国还颁布了一系列有关自然资源保护方面的法律法规，同样适用于旅游资源及环境生态的保护。例如，《中华人民共和国森林法》《中华人民共和国自然保护区管理条例》《中华人民共和国野生动物保护法》《风景名胜区条例》《旅游资源保护暂行办法》等，这些法律法规都应成为旅游规划者对生态环境进行保护时的重要依据。

（三）大众化原则

环境保护和生态建设要提高广大市民的环保意识，将环保理念落实到游客和旅游地居民的日常生活中。因此，要向广大市民宣传环境保护的重要性，介绍正确的环境保护方法，并通过教育等方式激发市民参与环境保护的积极性和社会责任感，使每个市民和游客都能自觉地加入环保的行列中来。

（四）强制性原则

在市场经济中，资源应该由市场机制平均配置，实现效率最大化。然而，在市场调节失灵时，需要对市场进行调节和干预。在生态环境的保护上，如果放任自流，在市场利益的驱动下，必然导致“重发展，轻保护”。因此，在旅游发展过程中，必须优先建立生态环境的保护监督机构，利用国家颁布的法律法规来监督环境保护措施的实施。

三、生态环境保障体系规划的内容

良好的自然生态环境和社会人文环境是旅游业可持续发展的前提。因此，要把生态环境保护落实到旅游规划开发的全过程，体现在旅游规划开发的各个环节。旅游规划在新的旅游发展理念的指导下，对旅游资源进行保护性开发。

（一）对水体资源及环境的保护

1. 江河水源的保护

以河流水体为主要吸引物的旅游地或景区，其重要条件是河流水体的质量。保护河流水资源的要点是严禁工矿企业和两岸居民向河流排放工业废水和生活污水。对污染严重的小型工业企业应限制其“关、停、并、转”或设置工业废水处理厂；对旅游景区居民和日常生活产生的废水和废弃物进行集约化处理，严禁直接排入河道水域。

2. 湖泊资源的保护

湖泊是陆地上积水的洼地。一般来说，湖泊水面宽阔，水不容易流动，旅游活动容易导致水体质量恶化，甚至严重污染。因此，在规划旅游和湖泊开发时，应保护湖泊水质不受破坏；作为城市居民饮用水源的湖泊、水库，原则上不应开发水上运动和旅游项目。对于开展水上旅游的湖泊，应做好以下工作：首先，妥善消除旅游开发、水面养殖与水质保护之间的矛盾；其次，要特别重视湖泊水体富营养化的防治；再次，配备一定数量的专职环境监测管理人员，专职从事水体保护和监测工作；最后，建立和完善环境保护制度。

3. 海滨资源的保护

海滨旅游的传统资源是大海和沙滩。海岸带即海陆接触带是宝贵的旅游资源，应加强保护。保护的内容主要是保护海滩景观，保护海水质量。滩涂上的永久性建筑物和娱乐设施的建设应统一规划，不能离海岸线太近，建筑风格应与周围环境相协调；滩涂上的各种废弃物应及时清理，保证滩涂上的清洁和秩序。沿海工矿企业和居民设施产生的工矿废水和生活污水，应经处理达到一定程度后再排放；出海船舶应防止溢油污染海洋生态环境，使海水水质满足亲水活动要求。

4. 瀑布资源的保护

对瀑布的保护应从保护水开始。第一，为保证瀑布水质，瀑布上游应大面积种植防护林，不砍伐林木；瀑布周围应加固美化，防止水土流失。第二，严禁在瀑布上游开设工矿企业，以免造成瀑布水质恶化。

5. 泉水资源的保护

地下水的天然露头就是泉，它为人类提供了理想水源且构成许多观赏景观和旅游商品资源。泉水资源是有限的，在对泉水资源进行开发利用时，要注意对它的保护。在开采利用时，应先科学测定泉水的流量，在此基础上进行适度地开发，防止出现过度开发，导致泉水枯竭现象的出现。

（二）对大气资源及环境的保护

大气环境中的污染物主要是工农业生产和生活燃烧所产生的各种碳、硫、氮等氧化物，对大气成分产生影响，甚至影响地球表面的气候条件。因此，要加强对大气资源和环境的保护，调整目前的燃料结构，用清洁能源，如液化石油气、太阳能、水能、电能等取代污染较大的能源。旅游交通也应改为使用无铅汽油和天然气的清洁车辆，提高汽车尾气排放标准，旅游城市空气质量控制在国家二级标准以上，旅游区空气质量应达到国家一级标准。严禁在旅游景区内建设有大气污染的工矿企业，严禁排放废气和噪声的机动车进入主要旅游景区污染环境。

（三）对动物、植物旅游资源的保护

生物是自然地理环境中唯一有形的活的自然元素，是极其生动的景观元素。自然界的生物形成了一个完整的链条（生物链），彼此之间有着千丝万缕的联系，主要共存于森林、草原、沙漠和各种海洋、湖泊、河流之中。在自然繁衍过程中，生物链中一旦某个环节受到影响或中断，就会对整个生物种群产生影响，甚至可能出现“蝴蝶效应”。因此，保护动植物资源，主要是保护它们原有的关系不受外界因素和环境的破坏。在一些特别重要的保护区或生态环境特别脆弱的地区，必须划定核心区、试验区和缓冲区，以保护动植物资源。

（四）对自然、人文景观资源的保护

自然与人文旅游景观是指受自然或人类活动长期影响而形成的独特景观。一个高质量的自然或人文旅游景观往往是在长期的时间内形成的。这样的优质旅游资源，一旦遭到破坏，就无法恢复或再造，失去了应有的价值。而在社会经济发展过程中，往往存在着发展与保护的矛盾。旅游管理部门和旅游工作部门要以保护促发展，以发展优保护。至于自然景观，在开发时应注意保持其原貌，必要时进行维护，但不能留下过多的人工雕塑痕迹。此外，在保护自然景观时，还要注意与周围环境保持一致，对相邻区域的建设项目要严格审批和监督，以免破坏自然景观的整体美。对于人文景观，要加强修缮和维护，严格坚持“修旧如旧”的原则，保持原有风格不变。对于那些难得一见的人文景观，还要采取更严格的保护措施。此外，要严格控制游客数量，避免人为破坏人文景观。

第五节　安全管理保障

一、旅游安全

（一）旅游安全的意义

旅游安全是指旅游现象中的一切安全现象，包括与旅游活动有关的一切物体的安全现象。从严格意义上讲，旅游安全是与旅游活动有关的所有对象的所有安全现象的总称。它既包括一般旅游活动中的安全现象，也包括人、设施、环境等相关旅游活动中的安全现象。旅游属于高层次的精神需求，旅游安全显得尤为重要。旅游目的地要想吸引游客，必须保证游客的安全。

（二）旅游安全的原则

1. 系统性原则

系统性原则是构建游客安全管理体系的一个重要原则。由于安全管理往往涉及诸多层面，不仅需要旅游地内部各个部门的相互作用，同时也需要借助外界的力量进行配合，其安全管理是一个系统工程，具有严密的逻辑性。目前大部分的安全管理体系都比较局部化，因此，需要将与体系构建有关联的所有机构、人员以及各种元素整合为一体，在实际工作的基础上建立一个比较完善的合理的安全管理体系。

2. 灵活性原则

一个管理体系的构建一定要根据特定的具体的对象进行操作，其本身并没有一定的规律性。在特定环境与条件下，安全管理体系的构建一定要具有灵活性，能够应对多方面可预知和不可预知的危机与风险，灵活处理各种棘手的安全问题。固定的安全管理模式和结构不能完全适应旅游安全管理的需要，其体系的运作一定要与旅游景区的实际情况结合，灵活变通，在不同安全问题出现时及时调整并有效应对。

3. 可操作性原则

可操作性即适用性。安全管理体系的构建是为了解决实际的安全问题。游客安全管理体系需要以理论与政策为指导，以市场为导向，以游客为出发点，结合实际情况，给旅游地区提供一个系统有效的安全保障工具。安全管理体系的构建不宜太过宽泛或局限，一定要结合现有的旅游地的管理模式。

4. 可持续性原则

由于各种局限性与多种制约因素的影响，游客安全管理体系的构建不可能一步到位，应该是在原有的基础上逐步完善、逐步发展。因而体系构建必须遵循可持续、可发展的原则。在管理体系构建中，应充分考虑到社会认识的发展与科学技术、管理方法的不断进步与创新，用发展的眼光看问题。

二、旅游安全管理保障的内容

（一）建立旅游安全预防体系

各地要成立旅游安全领导小组，并在主要旅游地和游客集中场所建立专职的安全保卫队伍。旅游经营部门要建立安全检查教育、防范制度。主管部门要对旅游经营企业定期进行指导，不定期进行检查或抽查。

（二）建立旅游经营者安全管理责任制

游览项目应设置边界标志、服务标志和导游标志。对存在一定风险、可能危及旅游者人身、财产安全的旅游和项目，旅游经营者应当向旅游者进行如实说明和明确警示，并安装有效的安全防护设备。对客运索道、缆车、漂流、大型游乐场所等设施设备，必须经国家认可的检测机构检测合格，保持安全运行状态，并提供必要的安全保障措施。同时，要在旅游从业人员中普及安全知识，提高预防方法。

（三）签订旅游安全责任书

根据相关的政策，旅游管理部门和旅游企业要跟各级政府签订安全目标管理责任书，并建立相应的奖惩制度，明确旅游重特大事故控制指标和游客投诉数量控制指标等。

（四）落实旅游地对外开放前的安全验收制度

要求各旅游管理部门和旅游企业在进行旅游区规划和开发时，必须做到安全设施与主体工程同时规划、同时设计、同时建设、同时投入使用。所有新开发的旅游区（点）必须由地方旅游主管部门牵头，会同安全、公安、交通、质监等部门进行综合评估，凡不符合安全要求的，坚决不许试营业或对外开放。

（五）严格事故报告和统计程序

各地要及时、准确地报告各类旅游安全生产事故，做到不瞒报、不漏报。对发生的各类旅游安全责任事故，按规定追究领导的行政责任和责任人的具体责任。要做到重特大旅游事故及时报，一般事故统计报的原则，确保旅游安全网络畅通，以便及时组织救援，使人员伤亡和财产损失降到最低限度。

（六）建立旅游紧急救援和事故应急处理制度

各级政府和旅游地应设立旅游事故应急处理小组，制订不同级别的旅游事故处理预案，以应对各种突发性旅游事故。发生旅游事故时，旅游经营者有责任及时采取救护措施，并向旅游事故应急处理小组报告。旅游事故应急处理小组应按照预案组织旅游、公安、医疗等有关职能部门参与救助。

（七）完善旅游保险体系

积极与各保险公司合作，共同完善旅游保险体系，拓展旅游保险业务。旅游管理部门和旅游企事业单位既要强化相关旅游活动者的安全意识，又要使突发安全事件有明确的利益补偿来源。

（八）广泛开展安全生产宣传教育

各级政府、旅游管理部门和旅游企事业单位一定要强化旅游安全意识，规范全体旅游从业人员的安全生产行为。可开展各种形式的“安全生产年”“安全生产月”等活动，开展各种形式的旅游安全知识竞赛等，使全行业形成人人讲安全、事事注意安全的良好氛围。

三、旅游安全保障体系的措施

（一）提高安全意识，完善组织机构设置

游客自身一方面要提高旅游安全意识，旅游地也要加强对游客的安全宣传与教育，仅公示安全须知与规则是不够的，还应该更生动形象地向游客展示一些专业技能，让游客更容易接受；加强对游客的防火防盗防暴力事件的宣传教育等。旅游地方面也要提高安全意识，对安全问题重视起来。定期对员工进行安全培训和教育，定期进行安全应急演练，使员工把理论知识运用到实践中，在实际操作中更深刻地了解安全知识，增强其安全防范意识与安全服务意识，保障自身与游客的安全。一般旅游地内部的安全组织机构是由各个部门人员组成的，只是发生突发事件时的应急组织机构，而非常设的组织机构，有时会起不到实质的职能作用。应该专门设置一个安全组织机构，完善机构设置，负责制定应急计划与平日定期的应急演练，制定安全管理制度以及日常检查、救援保障等一系列的安全管理措施。

（二）增加安全投入，保障设施设备安全

旅游地应加大对安全设施设备的资金投入、人力投入，加大日常管理力度，完善旅游地内的安全设施建设。定期对基础设施设备进行检查维修，老化的设备要及时淘汰更新。在服务设施方面也要加大安全投资与管理，对旅游地内的服务接待中心以及餐饮、住宿中心进行安全升级，保证游客的接待量，尤其是高峰期游客密度饱和时，能及时采取措施进行控制；增加医疗设施器材，配备必要的设施设备，保障受伤游客在事故发生后最短时间内能得到基本的医疗救助。此外，还要加强信息的投入，引入先进的技术设备，如在旅游地场地进行监控以及发生安全事件时自动报警装置等；完善与外界救援部门的沟通渠道，实现信息快速准确无误地传达。

（三）重视周边环境，做好安全预警监测

提高环境预警工作，对客容量、环境卫生状况等要充分重视。为保证旅游者的安全，加大力度对旅游地客容量的监测预警十分必要，可以采用一些活动宣传手段及电子监测预告来分散客流量，既保证游客满意度也能避免游客因拥挤而导致的安全事故。

（四）完善规章制度，加强管理执行力度

旅游地需要完善各项规章制度，保证各个环节都要有明确的负责人，同时设置专门的监督部门，加强管理执行力度，保障游客安全。从业人员进行定期考核和培训，完善员工考核制度，使员工从根本上提高安全意识；要求员工除掌握基本服务知识以外，还要学习基本的自救与应对突发事件的能力。除了完善对游客与从业人员的规章制度以外，还要对食品卫生、住宿环境、价格问题等进行制度性监管。

本章小结

支撑与保障体系规划在旅游规划中不可或缺，良好的支撑保障体系能够促进旅游规划顺利推进、旅游业稳步发展。支撑与保障体系规划中一般包含基础设施与服务保障、政策保障、市场保障、生态环境保障和安全管理保障等。基础设施与服务保障是整个支撑与保障体系中的基础，对其他相关保障体系起到促进作用；政策保障是维持旅游业发展的基础，政策保障的特点包含主体广泛、目标多元、工具形式多样等；市场保障是为旅游市场竞争提供一个有力的环境，市场保障体系能够提高市场资源配置效率、增强旅游市场竞争力和保障市场稳定运行；生态保障是旅游可持续发展的重要因素，生态保障规划内容包含对水体资源、大气资源、动植物资源以及自然、人文景观资源的保护；安全管理保障是保障体系的重中之重，旅游安全保障体系的措施包括完善组织机构设置、保障设施设备安全、做好安全预警监测、加强管理执行力度等。

思考讨论题

1. 简要概述基础设施与服务保障体系规划的意义。
2. 简述政策保障的必要性。
3. 概括说明市场保障的内容。
4. 举例说明生态保障的内容。
5. 简述安全保障措施包含哪些内容。

第十二章　旅游规划图件及编制

第一节　旅游规划图件概述

旅游规划图件是旅游要素空间关系的表象或抽象，是以视觉、数字或触觉的方式表达信息的工具，被视为“更为生动的规划语言”。在旅游规划中，规划图件是旅游规划思想的重要表达形式，是各类旅游规划的主要成果形式之一，具有重要辅助作用。通过审批的图件具有与文本相同的效力。由于图件表达形象直观，在旅游规划现状调查、分析讨论、规划编制及规划管理监控过程中，具有不可代替的作用。因此，旅游规划图件编制是旅游规划人员需要掌握的基本方法和技术。

一、旅游规划图件的特点

（一）表达方式的直观性

旅游规划图件将规划中不同类别体系、不同等级体系，以及功能分区、旅游项目、服务设施、基础设施的空间布局等，通过不同的图例在地图上清楚地呈现出来，让人能够通过视觉直观感知。在详细规划中，规划图件还包括有建筑景观的外观设计、环境规划的效果图等，这些图件能将规划实施后的景观展现出来，直观逼真。因此，旅游规划图件的表达方式具有显著的直观性。

（二）表达内容的科学性

旅游规划图件的制作都是以准确、详细的底图作为基础，经过严格的空间投影变换，在空间表现上具有较高的精确性，因而其表达内容具有严肃的科学性。

（三）表达要素的丰富性

旅游规划图件包含了规划区域内丰富的空间要素，如道路、河流、行政界线、居民点、旅游资源等的重要内容，要素之间形成的错综复杂的空间关系，使旅游规划图件中蕴含着丰富的信息量。

（四）表现形式的艺术性

旅游规划图件的表现形式多种多样，可以综合运用多种手段，如象形符号、实景照片、图例运用、符号设计、色彩搭配等艺术手段提高其可读性，让人产生美感，进而产生较强的吸引力。

二、旅游规划图件的功能

旅游规划图件作为规划成果，同时还具备规划成果模拟展示、协助研究分析和规划实施监督与管理等功能。

（一）规划成果模拟展示

旅游规划图件最主要的功能就是将旅游规划成果模拟展示出来，以弥补规划文本和说明书在表达上的某些不足，更为直观地展示旅游规划的主要思想与内容。

（二）协助研究分析

旅游规划图件将规划区域的空间要素直观地展现在规划图上，便于规划者分析区域内空间要素的相互关系。编制旅游规划时，一般应预先制作出规划底图，作为旅游规划的研究工作平台。

（三）规划实施监督与管理

旅游规划图件对指导旅游目的地开发建设具有重要意义。如果以旅游规划图件为基础建立相应的信息监控系统，那么在规划实施过程中，旅游规划图件还可以作为监控规划实施效果的媒介。

三、旅游规划图件的构成要素

旅游规划图件的构成要素，一般包括底图要素、专题要素以及图则要素（如图12-1所示）。

（一）底图要素

底图要素是将各种地理要素表现在地图上。底图要素主要包括地貌、水系、土壤、植被、居民点、交通线、境界线、地物、辅助内容等。底图要素是编制旅游规划图件的地理基础，即旅游规划图件所依托的底图。地理基础不仅作为描绘旅游要素的骨架，用来定向和确定相对位置，而且反映旅游要素和周边环境的相互关系，起到衬托主题的作用。各种地图的地理要素不完全相同，应根据规划专题和比例尺的需要予以选择。

（二）专题要素

旅游规划图件的专题要素是指编制旅游规划专题图件时必须表现于规划图之上的要素。旅游规划图件的专题要素除景区的食、住、行、游、购、娱六大要素之外，还涵盖景区内的景观和基础设施等内容。旅游规划图件的专题要素主要包括旅游客体、旅游主体、旅游服务设施、基础设施等。专题要素内容一般用不同图件表达，也可在同一规划图件表达多个专题要素内容。

（三）图则要素

图则要素是旅游规划图件作为附件所必须具备的统一的表达形式，即从规范的角度，任何旅游规划图件都应具备的要素内容。旅游规划图件的图则要素包括图名（规划图的名称，一般有主图名与附图名）、图例、比例尺、指向标、规划期限、规划日期、规划单位和资质图鉴编号及相关文字说明等。

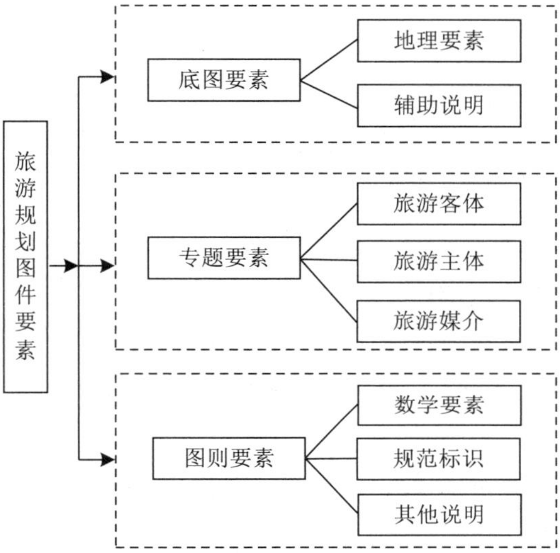

图 12–1　旅游规划图件的构成要素

亦有学者将旅游规划图件要素归纳为如下四类：数学要素、专题要素、底图要素和图外要素。①数学要素是指规划图中的地理坐标、投影、地图比例尺和地图定向等要素；②专题要素是旅游规划内容相关的要素（旅游资源、旅游市场、规划项目设施等），是旅游规划图件的核心；③底图要素是地形、植被、水文、土壤等自然地理要素，以及与旅游发展相关的居民点、交通线、境界线、政治经济和文化中心等社会经济要素等；④图外要素指图名、比例尺、图例、编制单位、编制日期等基本信息。

第二节　旅游规划图件的内容

一、旅游规划图件的种类

不同类型旅游规划对图件的表现内容和尺度要求均不相同，国家标准《旅游规划通则》对此有一定要求和说明。总体来看，旅游规划图件的种类可从如下角度进行划分。

（一）按规划深度分类

1. 旅游区总体规划图件

旅游区总体规划图件的比例要根据规划区域空间范围来确定。一般范围越大，图件比例尺越小。

旅游区总体规划图件一般包括：①旅游区区位图；②综合现状图；③旅游市场分析图；④旅游资源评价图；⑤总体规划图；⑥道路交通规划图；⑦功能分区图；⑧其他专业规划图；⑨近期建设规划图。

2. 旅游区控制性详细规划图件

旅游区控制性详细规划图件一般包括：①旅游区综合现状图；②各地块的控制性详细规划图；③各项工程管线规划图。

旅游区控制性详细规划的图件，比例尺一般为 1∶2000~1∶1000。

3. 旅游区修建性详细规划图件

旅游区修建性详细规划图件主要包括：①综合现状图；②修建性详细规划总图；③道路及绿地系统规划设计图；④工程管网综合规划设计图；⑤竖向规划设计图；⑥鸟瞰或透视等效果图。

旅游区修建性详细规划的图件，比例尺一般为 1∶2000~1∶500。

（二）按比例尺分类

比例尺是旅游规划图件的重要构成要素之一，具体是指规划图上某线段的长度与地面上相应距离的水平长度之比，即：

$$比例尺 = l/L = 1/M$$

其中，l 为规划图上线段长度；L 为地面上相应距离的水平长度；M 为比例尺的分母，表明长度缩小的倍数。

一般根据比例尺大小分为大比例尺规划图件、中比例尺规划图件以及小比例尺规划图件。比例尺大小直接关系到规划图件的规划精度以及规划内容的详细程度。大、中、小比例规划图件的分类是一种相对的概念，具体需要根据要表达的信息而定。一般而言，详细规划对内容的详细程度和精确度要求较高，在详细规划中使用的规划图件多为大比例尺规划图件；而总体规划中使用的规划图件一般为中比例尺或小比例尺规划图件。

规划图件比例尺的确定，一般需要综合考虑规划区的面积和拥有的底图资源。规划图件编制过程中，对于要具体表达的区域可采取变化比例尺来满足要求，但不能简单地将整幅小比例尺地图放大后作为大比例尺地图使用，而是需要对相关要素进行合理筛选和补充。

（三）按绘制方式分类

旅游规划图件按照绘制的方式分为手工绘制和计算机辅助绘制两种。计算机绘制地图技术使用之前，多为手工绘制，现已经很少使用，仅在景观效果图、建筑外观效果图以及景区鸟瞰图制作必要时使用。计算机辅助绘制的图件是指利用 ArcGIS、MapInfo、MapGIS、SuperMap、AutoCAD 以及 CorelDraw 等计算机辅助设计软件制作的图件。

（四）按承载媒介分类

随着计算机技术的迅猛发展，旅游规划图件的承载媒介也发生了多元化的变化。传统的旅游规划图件要通过出图仪依托纸质媒介来表现，而信息技术和多媒体技术的发展使得旅游规划图件不限于传统形式，新型规划图件通常以计算机、互联网以及多媒体技术等作为载体呈现在人们面前。从服务终端来看，能够展现服务的客户端也不再局限于浏览器，多终端的类型包括浏览器、富客户端、移动终端以及胖客户端。从表达形式来看，更加多样化，仿真化也成为一种趋向，如通过 3DMax 等软件制作的景观效果模拟、地理信息系统制作的动态更新的规划图等。

二、旅游规划图件的主要内容

《旅游规划通则》（GB/T18971—2003）中对旅游规划图件的内容有明确说明。

（1）旅游区总体规划的图件主要包括旅游区区位图、综合现状图、旅游市场分析图、旅游资源评价图、总体规划图、道路交通规划图、功能分区图、近期建设规划图以及其他专业规划图等。

（2）旅游区控制性详细规划的图件主要包括旅游区综合现状图、各地块的控制性详细规划图、各项工程管线规划图等。

（3）旅游区修建性详细规划的图件包括综合现状图、修建性详细规划总图、道路及绿地系统规划图、工程管网综合规划图、竖向规划图、鸟瞰或透视效果图等。

此外，《旅游规划通则》中对每一种旅游规划图件的比例都有相应的规定。

下面是旅游区总体规划一般需要绘制的图件内容。

（一）区位分析图

区位分析图是旅游区总体规划和旅游发展规划中的规定图幅。区位分析图主要表现旅游开发地所处地理区位、旅游市场区位、交通区位等位置要素。绘制时一般以区域地图为底图。规划图中的要素包括行政界线、主要城市、交通线、旅游区范围。此外，还用圈层和动线表现客源市场的分布以及主要客源的流向等内容。

旅游区区位图可以用若干个子图来表现。一般来说，至少应该包括两个空间尺度（或行政尺度）的子图。

（二）旅游业发展现状图

旅游业发展现状图主要表现旅游规划编制之前规划区旅游业发展的整体情况。可以通过产业要素分布、经营规模等来体现。包括星级旅游饭店的数量、规模、分布及营业水平；旅行社数量、分布、规模及营业水平；现有景区（点）的分类分级表达，如世界遗产地、不同等级的风景名胜区、国家地质公园、森林公园、文物保护单位等；旅游车船公司的位置、规模、营业水平等。

（三）旅游资源评价图

旅游资源评价图是旅游规划图中不可缺少的图件。旅游资源评价图主要表现旅游区旅游资源的数量、类型、分布与等级。

旅游资源分布图通常以区域地形图作为底图，图中的要素主要有边界线、内部道路、河流、旅游资源、地貌等。旅游资源通常用点或象形标志表示。在规划文本中，旅游资源经过多种评价方法之后会划分出不同的等级。旅游资源分布图需要将不同等级划分结果体现出来。

（四）客源市场分析图

旅游规划文本中一般将旅游客源市场分为不同级别或类型，且有国内市场和国际市场之分，应能清晰将其表达在客源市场分析图中。该图的基本要素主要包括规划区的位置、不同等级目标市场的范围、目标市场与规划区的大体距离，以及不同等级目标市场中主要的客源地等。

（五）功能分区图

规划图件能清晰地体现与空间分布相关的信息，这也是地图最强大的功能体现。旅游功能分区图要将旅游规划文本中有关旅游功能分区的主要信息体现在图上，包括旅游功能分区的大体界限和各区旅游功能划分。结合功能区内部主要景点，使读图者可以充分了解整个规划区的功能安排及各要素与功能区的关系。

（六）交通规划图

交通规划图是对区域内外部交通组织的直观表现。包括旅游交通线路（包括区内交通和区间交通）的等级、疏密程度和起止地点，停车场的位置和容纳量大小，交通港站位置和交通集散能力。交通规划图体现内容要求全面和立体：全面是指交通线路的表现既要有大交通，即联系规划区与外界的区间交通，也要有小交通，即联系区内景区、景点的区内交通；立体是指包括航空运输、铁路运输、公路运输、水路运输等多种运输方式的立体体现。交通线路用不同的线型和颜色来表示。

（七）游线组织规划图

游线组织规划图是在项目布局的基础上，对游览线路的系统安排，包括区内旅游线路组织、区间旅游线路组织等。

游线组织规划图一般以大比例尺地形图为底图。游线组织规划图的要素为：各级交通道和游览道、主要景点、不同主题的游线、道路主要节点、主要及次级出入口等。

（八）旅游环境保护图

旅游规划文本中，一般将规划区按照环境保护的重要程度划分成特级保护区、一级保护区、二级保护区、缓冲区、旅游设施建设区等，或者按照生态保护的划分方法，将规划区划分成核心区、缓冲区、试验区。在旅游环境保护图上可以将这些分区的范围清晰表达出来。

（九）项目规划布局图

项目规划布局图是对主要项目的空间表达分析。主要表现要素为内部功能分区、主要项目、各级交通道和游览道、主要及次级出入口。项目规划布局图可以辅以项目的效果图作为装饰和参考。

（十）旅游规划总图

旅游规划总图可以说是体现旅游规划设计思想的总平面图。旅游规划总图不是简单叠加，而是对每一张专题图的信息进行筛选，综合将重要信息放到规划总图中。旅游规划总图的内容一般包括主要旅游资源的分布、旅游功能分区的划分结果、主要交通线路的规划、旅游线路的组织和环境保护的界限等。

第三节　旅游规划图件编制

一、编制步骤与方法

从操作过程来看，旅游规划图件编制可分解为以下步骤。

（一）拟定规划图件

通常在制作规划图前，对整体图件需要进行基本的筹划，拟定规划图件。一般根据规划类型、内容和规划要求制订规划图件大纲或图件编制计划书。后续以此为基础搜集资料信息，对拟定的数张规划图件进行绘制和不断完善。

（二）收集整理图件资料

收集与旅游规划相关的图像资料、文字资料和数据资料等。图像资料包括规划区域相关的地图、地形图、旅游地图、影像地图、航摄像片、卫星图片，野外调查获得的地理及相关信息，以及有关景区（点）和相关设施的照片、画册资料等。数字资料包括高程、面积、道路里程、交通班次、气象数据、旅游统计资料等。对收集到的相关资料按编绘旅游规划图的需要进行逐项整理，为绘制旅游规划图做基础准备。

（三）准备基础底图

制作规划底图是规划图件制作的基础，规划图件要在统一的底图上进行编制。规划底图制作应首先选定合适的区域地图，然后在制图系统中矢量数字化地图，最后在数字化底图上进行专题内容的编辑制作，形成多幅专题图件。

地图矢量化是重要的地理数据获取方式之一。所谓地图矢量化，就是把栅格数据转换成矢量数据的处理过程。当纸质地图经过计算机图形、图像系统光－电转换量化为点阵数字图像，经图像处理和曲线矢量化，或者直接进行手扶跟踪数字化后，生成可以为地理信息系统所用的矢量地图数据文件，这种与纸质地图相对应的计算机数据文件称为矢量化电子地图。

对地图进行矢量数字化的方式，比较常用的是通过数字化仪数字化和屏幕数字化。数字化仪是将地图图形转换为数字，以点的 X、Y、Z 的坐标值形式记录下来的仪器。数字化仪的类型有手扶跟踪数字化仪、自动跟踪数字化仪、扫描数字化仪等。屏幕数字化是普遍使用的方法，即将纸质地图先通过扫描仪扫描为图像，并导入地图制图系统中，经过配准后再在计算机屏幕上用鼠标手动跟踪进行数字化。

地图矢量数字化后，可根据需要选择底图要素，按照所需规划图的主题内容设计不同的图层，作为规划底图备用。

（四）编辑图件要素

在规划底图上，根据规划内容需要制作总体规划图和专题规划图。首先分析对应图件需要表现的内容与要素，然后根据要素类型选择具体表现形式，并制定规划图例，最后按照一定的分层规则在规划底图上进行科学表达，制作成为各种专题规划图件。

（五）修饰图件

在地图制图系统中对专题要素进行专业处理与表达后，为使图件有更丰富的表现性，达到更完美的视觉效果，通常将制作的规划图件导入到专业图片编辑处理软件中，如 Photoshop，按技术要求进行整体加工，进行修饰、美化和渲染，包括标绘封面、封底、规划图件的颜色、效果以及说明文字、图框、选配边饰花纹等。

（六）打印输出图件

规划图件修饰之后即可打印输出。规划图件打印输出设备主要有两种：绘图仪和打印机。二者功能基本相同，使用时根据规划具体需要选择适当的图件输出设备。

绘图仪可将计算机的输出信息以图形的形式输出，是一种输出图形的硬拷贝设备，用于打印输出幅面较大的图形信息的专用仪器。绘图仪在绘图软件的支持下可绘制出复杂、精确的图形，是各种计算机辅助设计不可缺少的工具。现代的绘图仪已具有智能化的功能，自身带有微处理器，可以使用绘图命令。打印机一般只能用于打印幅面较窄、尺寸不大的图件。

二、常用图件编制系统

制图软件日新月异，目前可用于编绘旅游规划图件的制图系统比较多，常用的如 ArcGIS、MapGIS、MapInfo、MapCAD、AutoCAD、SuperMap、CorelDraw，以及后期处理软件 Photoshop、三维立体效果图 3D max 等。

总的来看，可以分为两大类：一是基于通用图形图像设计制作的软件，二是基于 GIS 的制图软件。绘图者应根据比例尺精度要求、成图效果来选择不同的软件。

面对市场上越来越多的制图软件，如何选择合适的软件来制图，前提是对各种制图软件有所了解。

（一）GIS 制图软件

GIS 专业软件包含了处理地理信息的各种高级功能，可作为其他应用系统的建设平台。常用的 GIS 制图软件有：美国 ESRI 公司的 ArcGIS、Intergraph 公司的 MGE、MapInfo 公司的 MapInfo、北京超图公司的 SurperMap、武汉中地公司的 MapGIS、武汉测绘大学的 Geostar 等。虽然每个软件都有自己的文件格式且功能的强弱不一，但基本上都能实现 GIS 的核心功能。

GIS 制图软件的核心功能如下：

（1）在强大的数据库支持下，同时对空间数据和属性数据进行管理，在数据的存储、检索、管理、分析等方面为用户提供极大方便。

（2）可以完成对空间坐标的处理、投影转换、空间数据的自动匹配等，这也是 GIS 软件的优势所在。

（3）具有强大的空间分析功能，包括空间位置分析、空间分布分析、空间形态分析、空间关系分析和空间相关分析等，能为相关部门提供数据分析和决策支持。

（4）GIS 的几何形状由扫描数字化或测量方法得到。着重处理图形数据的拓扑关系，如实体间关系的连续性、闭合性、一致性等。

（5）GIS 软件一般具有专业的地图符号库，提供大量的点状、线状及面状符号。

（6）能自动生成比例尺、图例及指北针等图件辅助要素及地图整饰。

下面分别对 ArcGIS、MapInfo、MapGIS、SuperMap 进行简要介绍。

1. ArcGIS

ArcGIS 是美国环境系统研究所（Environment System Research Instute，ESRI）研制的基于窗口的集成地理信息系统和桌面制图系统软件，是世界上使用最为广泛的 GIS 软件之一。自 1978 年以来，ESRI 相继推出多个版本系列产品。ArecGIS 是 ESRI 在全面整合了 GIS 与数据库、软件工程、人工智能、网络技术及其他多方面的计算机主流技术之后，成功推出的代表 GIS 最高技术水平的全系列 GIS 产品。它支持多种类型的数据和多种数据库系统，具有强大的空间分析、统计分析功能，并且附带许多扩展模块。AreGIS 的软件产品已在国土、旅游、水利、城市管线、林业、电力、通信等行业得到广泛应用。

ArcGIS 是一个统一的地理信息平台，由数据服务器及四个基础框架（桌面软件 Desktop、服务器 GIS、嵌入式 GIS 和移动 GIS）组成。ArcGIS 软件功能有以下特点：

①制图编辑的高度一体化——在 ArcGIS 中，ArcMap 提供了一体化的完整地图绘制、显示、编辑和输出的集成环境；②便捷的元数据管理；③灵活的定制与开发；④较强的三维可视化功能；⑤具有栅格数据的存储、管理、查询和可视化能力，允许其有属性，并可与矢量数据一起存储，成为空间数据库的重要组成部分。

2. MapInfo

MapInfo 是美国 MapInfo 公司的桌面地理信息系统软件，是一种数据可视化、信息地图化的桌面解决方案，提供一种崭新的决策支持方法。它依据地图及其应用的概念、采用办公自动化的操作、集成多种数据库数据、融合计算机地图方法、使用地理数据库技术、加入了地理信息系统分析功能，形成了具有实用价值的、可为各行业所用的大众化小型软件系统。MapInfo 含义是“Mapping + Information（地图 + 信息）”，即地图对象 + 属性数据。

MapInfo 桌面地图信息系统功能强大，操作简便，具有图形的输入与编辑、图形的查询与显示、数据库操作、空间分析和图形的输出等基本操作（如图 12-2 所示）。系统采用菜单驱动图形用户界面的方式，为用户提供 5 种工具条（主工具条、绘图工具条、常用工具条、ODBC 工具条和 MapBasic 工具条）。用户通过菜单条上的命令或工具条上的按钮进入对话状态。系统提供的查看表窗口为：地图窗口、浏览窗口、统计窗口，以及帮助输出设计的布局窗口，并可将输出结果方便地输出到打印机或绘图仪。

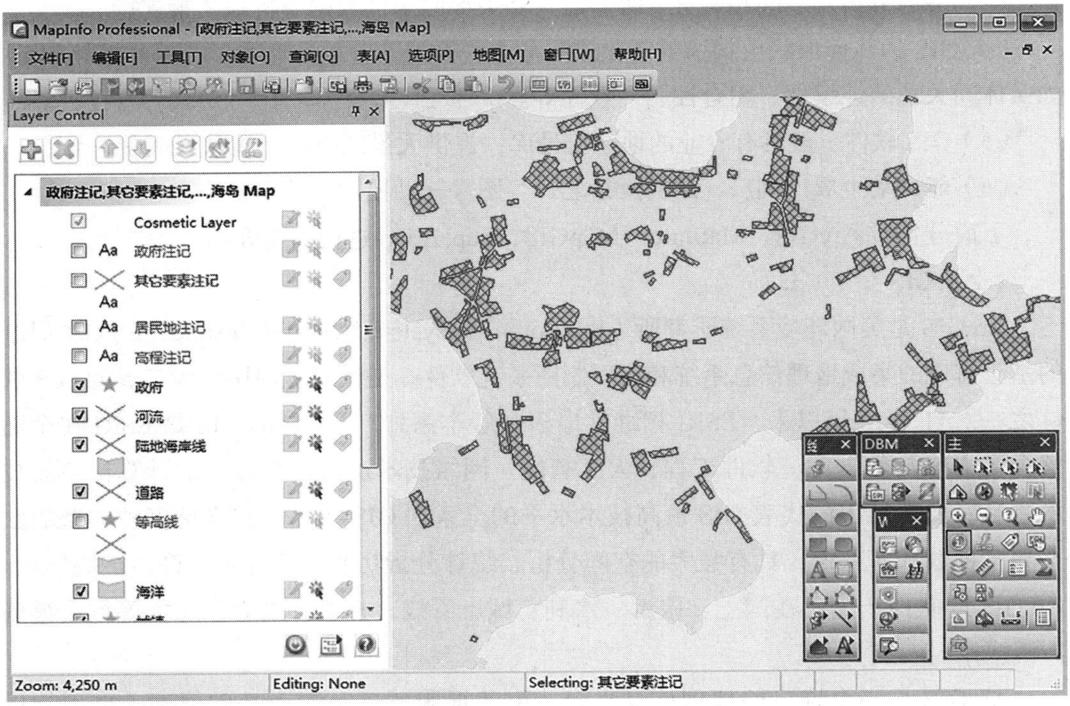

图 12-2　MapInfo 地理信息系统界面

MapInfo 利用点、线、区域等多种图形元素，以及丰富的地图符号、文本类型、线型、填充模式和颜色等表现形式，详尽、直观、形象地完成电子地图数据的显示。同时，MapInfo 对位图文件和航片、照片等栅格图像，也可以进行屏幕显示，根据实际需要还可以对其进行矢量化。在图形处理方面，MapInfo 提供了强大的图形编辑工具，用户可以对各种图形元素任意进行增加、删除、修改等基本编辑操作。

近年来，美国 MapInfo 公司推出系列 MapInfo 产品线。通过信息可视化平台多维地显示数据、揭示数据之间的关联性以及隐藏在数据后面的信息，能够使数据为人们提供更多、更有价值的信息，这为 MIS（管理信息系统）及 GIS 系统带来了更多的生机并形成一种信息分析处理的新发展趋势。

3. MapGIS

MapGIS 是由中国地质大学（武汉）中地信息工程公司研制开发的国产 GIS 软件，是在地图编辑出版系统的 MapCAD 基础上发展起来的。它集图形、图像、地质、地理、遥感、测绘、人工智能、计算机科学于一体，可对空间数据进行采集、存储、检索、分析和图形表示。

MapGIS 系统以地理空间数据库为基础，以地球表面空间位置为参照，描述自然、社会和人文经济景观的数据。这些数据可以是数字、文字、表格、图像和图形等。MapGIS 系统中的数据包括两大类型：空间数据和非空间的属性数据。空间数据用来确定图形和制图特征的位置，其中包括两方面的信息：一是在某个已知坐标系中的位置（几何坐标），二是实体间的空间相关性（拓扑关系）。非空间的属性数据用来反映与几何位置无关的属性，它是与地理实体相联系的地理变量或地理意义，是空间数据的重要数据成分，它同空间数据相结合才能表达空间实体的全貌。

MapGIS系统功能模块包括：数据输入模块、数据处理模块、数据输出、数据转换、数据库管理、空间分析、图像处理、电子沙盘系统、数字高程模型。

4. SuperMap

SuperMap 是由北京超图软件股份有限公司开发的，面向各行业应用开发、二三维制图与可视化、决策分析的大型地理信息系统软件平台。目前 SuperMap 软件已经在国土、规划、房产、城建、环保、水利、林业、电力、电信、公安、国防军事等多个行业中广泛应用。

SuperMap 软件体系结构如图 12-3 所示，主要包括云 GIS 平台、组件 GIS 开发平台、移动 GIS 开发平台、桌面 GIS 平台、浏览器端 SDK、轻量移动端 SDK 等全系列产品，在跨平台、二三维一体化、云端一体化、全国产化支持和大数据等方面具有领先技术优势。

SuperMap 的主要技术特点：具备良好的开放和集成能力；高性能栅格数据处理能力；支持国内外主流数据库；海量数据高效存储管理能力和海量数据发布能力；拥有强

大的拓扑处理能力，完善的空间分析功能，包括三维建模与分析、网络分析、缓冲区分析、叠加分析、栅格分析、水文分析等功能。

基于 SuperMap 实施项目，一般首先要通过 SuperMap iDesktop 进行数据组织。SuperMap iDesktop 是一个桌面 GIS 软件，功能完备，可用于处理地理数据，可以导入卫星影像、地形、BIM、3Dmax 等丰富的数据进行二三维场景构建，可以进行二维地图制作，可以绘制点、线、面数据；能更好地实现 GIS 与业务系统的融合。

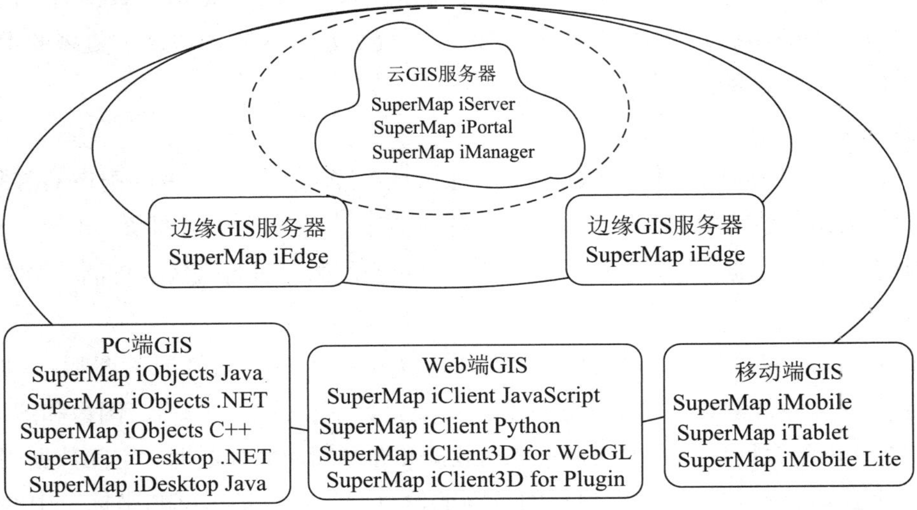

图 12-3 SuperMap 软件体系结构

（二）AutoCAD 软件

AutoCAD（Autodesk Computer Aided Design）是美国 Autodesk 公司 1982 年开发的一个交互式绘图软件，是目前世界上应用最广的 CAD 软件。

AutoCAD 具有完善的图形绘制功能和强大的图形编辑功能，可以绘制任意二维和三维图形，同传统的绘图相比，绘图速度更快、精确度更高，而且便于个性化；具有良好的用户界面，通过交互菜单或命令行方式便可以进行各种操作；可以采用多种方式进行二次开发或用户定制；可以进行多种图形格式的转换，具有较强的数据交换能力；支持多种硬件设备，支持多种操作平台，具有通用性、易用性，适用于各类用户。用户可以使用 AutoCAD 来创建、浏览、管理、打印、输出、共享及准确应用富含信息的设计图形。该软件在城市规划、建筑、测绘、机械、电子、汽车、服装设计等诸多行业广泛应用。

在旅游规划图件的制作中，AutoCAD 主要用来进行规划布局处理，并且多用来绘制比例尺较大的旅游区控制性详细规划、旅游区修建性详细规划的图件。此外，该软件市场认可度高，打印输出比较方便。

（三）Photoshop 软件

Photoshop 软件由 Adobe 公司开发，是目前公认的最好的通用平面美术设计软件，在平面设计、修复照片、影像创意等方面应用相当广泛。其用户界面简单易学，功能完善，性能稳定。Photoshop 是平面设计、网页设计及建筑装修设计等领域必备的图像处理软件之一。通过 Photoshop 软件可以对图像进行修饰，对图形进行编辑，对图像的色彩进行处理；Photoshop 还有绘制和输出功能。如果将 Photoshop 软件与其他工具软件配合使用，还可以进行高质量的广告设计、美术创意和三维动画制作。

Photoshop 软件的主要功能如下：

（1）图像编辑。图像编辑是图像处理的基础，可以对图像作各种变换，如放大、缩小、旋转、倾斜、镜像、透视等，也可以进行复制、去除斑点、修补、修饰图像的残损等。

（2）图像合成。图像合成是将几幅图像通过图层操作、工具应用合成完整的、传达明确意义的图像。Photoshop 提供的绘图工具能让外来图像与创意很好地融合。

（3）校色调色。校色调色是 Photoshop 软件的又一重要功能，可以方便快捷地对图像的颜色进行明暗、色偏的调整和校正，也可在不同颜色间进行切换，以满足图像在不同领域如网页设计、印刷、多媒体等方面的应用。

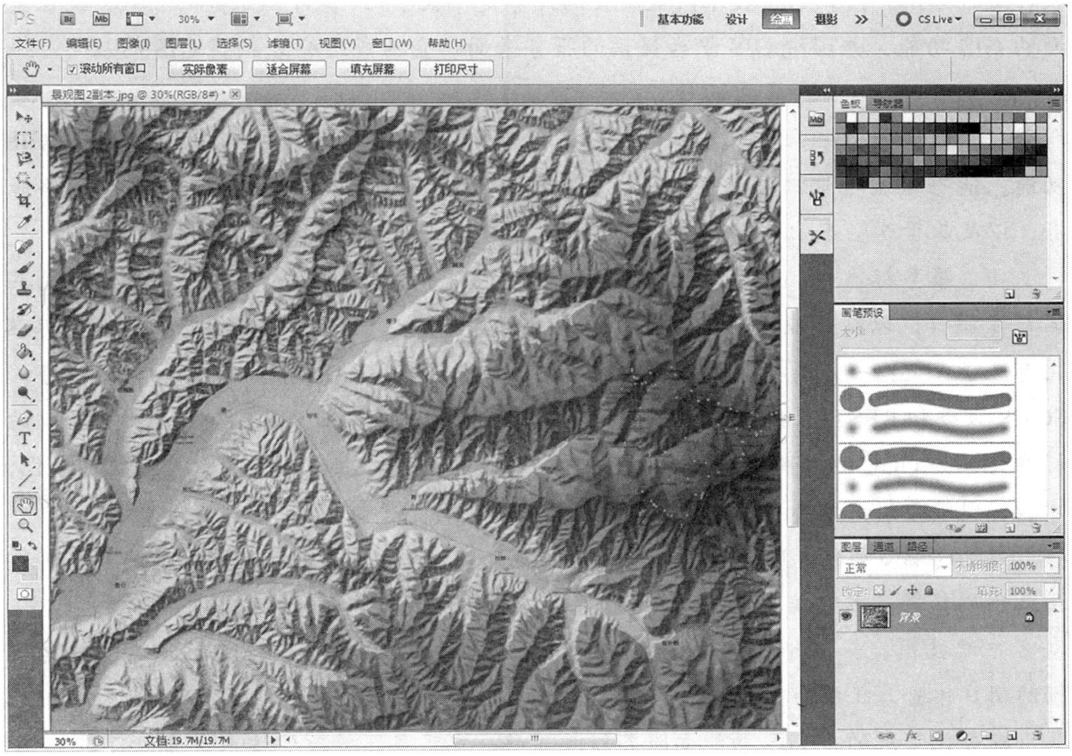

图 12-4　Photoshop 软件图像编辑窗口

（4）特效制作。主要由滤镜、通道及工具综合应用完成，包括图像的特效创意和特效字的制作，如油画、浮雕、石膏画、素描等常用的传统美术技巧都可以借助 Photoshop 软件的特效完成。

旅游规划图件导出之后可以在 Photoshop 里完成图件的细节修复、美化等工作。细节修复主要是指根据图件的背景及色彩要求，为图件修改一些细微内容，主要用到的工具有套索工具、修复画笔工具、仿制图章工具、橡皮擦工具等。美化主要体现在对颜色对比度、亮度、色调等方面的调整和改善。旅游图件色彩一般要清新明快，富于变化，主要通过图像的调整菜单栏来实现。当然，这些调整应注意地图内容层次的划分、颜色的象征性和对比性以及借色与叠色，以满足图件设计最基本的原则。

同时，Photoshop 还为使用者提供自由选择图像大小、图片分辨率、图像品质大小等不同选项，可以最大限度地提高图件的清晰度，满足制图者对图件制作的多重需求。

延伸阅读

GIS 技术的发展趋势

IT 技术的发展是 GIS 软件技术的强大驱动力。面向服务架构已经成为当前主要的软件工程方法，因此 GIS 技术的最重要的趋势是“服务化”，即以服务的方式，提供全面的 GIS 功能，并围绕 GIS 平台提供的服务来面向企业或者公众构建 GIS 的应用。服务化的 GIS 有以下三个重要的趋势：

（1）服务全面化。能够通过服务提供基本的查询、浏览等传统 WebGIS 实现的 GIS 功能，能够通过地址编码、空间分析、数据编辑处理、网络分析、公交换乘等网络服务，以及基于这些基础服务开发专业的服务，如空间分析模型、位置服务等。

（2）服务标准化。为了实现各种服务的集成应用，也为了实现异构平台服务的共享与互操作，以满足应用系统开发的需求，服务标准化已经越来越受重视。服务标准化有两层含义：一是服务开发技术的标准化，如原生服务的 RMI 和 WCF，Web 服务的 SOAP 服务和 RESTful 服务等。服务开发技术的标准化是基础。另外一层是服务协议的标准化，如 OGC 的相关服务标准，W3C 和 ISO 的相关标准等。只有服务协议标准化，才能实现服务的共享和互操作。

（3）终端多样化。服务只有通过终端才能展现出来。能够展现服务的客户端也不再局限于浏览器，多终端的类型包括浏览器、富客户端、移动终端以及胖客户端。其中，富客户端技术，如 Ajax、微软的 Silverlight、Adobe 的 Flex，以及 JavaFX 等，以其流畅的用户体验，正成为更多应用开发的选择。

服务化带来的是 GIS 功能向服务器端迁移。在服务器软硬件技术方面，目前 IT 业界也正发生重要而深刻的变化。首先是 CPU 的主频逼近了 4G Hz 大关。主频的提高不再像摩尔定律揭示的那样快速和频繁，而转向多核、多 CPU 的方向发展，这意味着通过硬件提高软件性能的“免费午餐”的终结。提高软件系统的性能，需要软件能够支持多进程、多线程、并行计算等来充分发挥多核、多 CPU 的计算能力。其次是 64 位的时代已经来临，尤其在服务器端。64 位技术使系统内存寻址空间扩大了 232 倍（32 位系统不能超过 4GB），磁盘 IO 性能大幅提升。寄存器位宽增加，使 CPU 在同一时钟周期之内可以处理更多的指令，意味着系统性能的整体提升。此外随着虚拟化技术、网格计算、云计算等新型基础计算模型的出现，使得充分利用计算资源来解决大规模计算的问题成为现实。共相式 GIS 通过对内核的重构，强调建立稳定和高效的 GIS 内核，从而实现对各种计算环境和硬件的适应，并能够充分发挥计算技术带来的价值。共相式 GIS 内核真正地满足了对跨平台高性能的要求，并能够在快速变化的 IT 潮流中始终适应技术的发展。

三维化是当前 GIS 技术发展的另外一个重要趋势。三维化将现实世界数字化搬到计算机中，给了现代人无限的想象空间。基于现代计算机图形学的重要成果而形成的三维和虚拟现实技术，已经可以完成很多以前绝无可能做到的事情。近年来，三维的软硬件技术都发展迅猛，软硬件的成本持续降低，显卡的计算能力甚至出现了富余，显卡厂商考虑利用强大的处理能力为通用计算发挥作用，提出并实现了 GPU（Graphic Processor Unit）。地理信息是关于空间的信息，使用三维手段是自然而然的事情，所以三维技术的发展为地理信息技术的发展注入了强大的活力。当前三维 GIS 的发展也正处于一个重要时刻。三维技术的发展已经较好地解决全球尺度的“三维可视化”的问题，但随着应用的深入，必然要求三维 GIS 能够用于管理，即能够用于对地理空间内置规律的探索和实际业务系统的决策支持，这就需要更广的视角和新的思路来考虑三维 GIS 的发展。

资料来源：https://www.supermap.com/cn/xhtml/SuperMap-GIS.html

本章小结

在旅游规划中，规划图件是旅游规划思想的重要表达形式，是各类旅游规划的主要成果形式之一，具有重要辅助作用。在旅游规划现状调查、分析讨论、规划编制及规划管理监控过程中，具有不可代替的作用。

旅游规划图件具有表达方式的直观性、表达内容的科学性、表达要素的丰富性、表现形式的艺术性等特点。旅游规划图件作为规划成果，同时还具备规划成果模拟展示、协助研究分析和规划实施监督与管理等功能。旅游规划图件按照其构成要素，可以大体分为以下三类：底图要素、专题要素以及图则要素。

不同类型旅游规划对图件的表现内容和尺度要求均不相同。总体来看，旅游规划图件的种类可从规划深度、比例尺、绘制方式、承载媒介等角度进行划分。《旅游规划通则》中对不同深度旅游规划图件的内容有明确说明。

从操作过程来看，旅游规划图件编制可分解为以下步骤：拟定规划图件、收集整理图件资料、准备基础底图、编辑图件要素、修饰图件、打印输出图件。

目前可用于编绘旅游规划图件的制图系统比较多，总的来看可以分为两大类：一是基于通用图形图像设计制作的软件，二是基于 GIS 的制图软件。绘图者应根据比例尺精度要求及成图效果来选择不同的软件。

思考讨论题

1. 简述旅游规划图件的特点和功能。
2. 简述旅游规划图件的构成要素。
3. 简述旅游总体规划图件的主要内容。
4. 简述旅游规划图件编制的一般步骤与方法。
5. 常用的图件编制系统软件有哪些？ GIS 制图软件的核心功能有哪些？

主要参考文献

（一）专著

[1] Douglas G Pearce. Tourism Development [M] . Longman，1983.

[2] Eagles P F J，McCool S F，Haynes C D. Sustainable Tourism in Protected Areas：Guidelines for Planning and Management [M] . Cambridge：Thanet Press，2002.

[3] Freeman R E. Strategic Management：A stakeholder approach [M] . Boston：pitman Publishing Inc，1984.

[4] Gilpin A. Dictionary of Environment and Sustainable Development [M] . Chichester：John Wiley & Sons，1996.

[5] Graefe A，Kuss F R，Vaske J J. Visitor Impact Management：The Planning Framework [M] . Washington D. C.：National Parks and Conservation Association，1990.

[6] Holloway C J. The Business of Tourism [M] . Beijing：China Encyclopedia Publishing House，1997.

[7] Inskeep E. Tourism Planing：An Integrated and Sustainable Development Approach [M] . New York：Van Nostrand Reinhold，1991.

[8] Kadt E. Tourism：Passport to Development?Perspective on Social and Cultural Effects of Tourism in Developing Countries [M] . New York：Oxford University Press，1979.

[9] Kaiser Jr C，Helber L E. Tourism Planning and Development [M] . Boston：CBI Publishing Company，1978.

[10] Mathieson A，Wall G. Tourism：Economic，Physical and Social Impacts [M] . Harlow：longman，1982.

[11] Middleton VTC. Marketing in Travel and and Tourism [M] . Oxford：Heinemann，1988.

[12] Mieczkowski Z. Environmental Issues of Tourism and Recreation [M] . Lanham：University Press of America，1995.

[13] Murphy P E. Tourism：A Community Approach [M] . New York：Routledge，1985.

[14] Ponting J. Managing the Mentawais：An Examination of Sustainable Tourism

Management and the Surfing Tourism Industry in the Mentawai Archipelago，Indonesia ［D］. Sidney：University of Technology，2001.

［15］Ryan C. Recreational Tourism：A Social Science Perspective［M］. London：Routledge，1991.

［16］Tourism Research and Marketing. Volunteer Tourism：A Global Analysis［M］. Barcelona：Atlas，2008.

［17］WTO（World Tourism Organization）. National and Regional Tourism Planning：Methodologies and Case Studies［M］. London：Routledge，1994.

［18］Elliott D Kaplan，Christopher J Hegarty. GPS 原理及应用［M］. 寇艳红，译 . 2 版 . 北京：电子工业出版社，2007：15-20.

［19］Harrison L C，Husbands W. 国际旅游规划案例分析［M］. 周常春，苗雪玲，戴光全，译 . 天津：南开大学出版社，2004.

［20］保继刚，楚义芳，等 . 旅游地理学［M］. 北京：高等教育出版社，1993.

［21］保继刚 . 城市旅游：原理・案例［M］. 天津：南开大学出版社，2005.

［22］邓观利 . 旅游概论［M］. 天津：天津人民出版社，1983.

［23］邓明新 . 体验营销技能案例训练手册［M］. 北京：北京工业大学出版社，2008.

［24］丁桂兰 . 品牌管理［M］. 武汉：华中科技大学出版社，2008.

［25］董亮 . 格式塔心理学在旅游规划中的运用［D］. 成都：四川大学，2006.

［26］冯学钢 . 旅游管理容量理论、方法与实证研究［D］. 南京：南京大学，1999.

［27］傅尔林，白国强 . 区域经济学［M］. 广州：广东人民出版社，2004.

［28］龚绍芳 . 旅游规划与开发［M］. 郑州：郑州大学出版社，2007.

［29］郭来喜 . 旅游规划问题初探［M］// 中科院地理所旅游地理组编 . 旅游地理文集 . 北京：科学出版社，1982.

［30］国家旅游局人事教育司 . 旅游规划原理［M］. 北京：旅游教育出版社，1999.

［31］韩勇，丛庆 . 旅游市场营销学［M］. 北京：北京大学出版社，2006.

［32］何莽 . 康养蓝皮书：中国康养产业发展报告（2017）［M］. 北京：社会科学文献出版社，2018.

［33］黄军 . 旅游地品牌形象视觉设计地域性研究［D］. 无锡：江南大学，2006.

［34］黄杏元，汤勤 . 地理信息系统概论［M］. 北京：高等教育出版社，1990.

［35］克莱尔・A. 冈恩，特格特・瓦尔 . 旅游规划：理论与案例［M］. 大连：东北财经大学出版社，2005.

［36］李佳 . 旅游扶贫理论与实践［M］. 北京：首都经济贸易大学出版社，2010.

［37］李天元 . 旅游学［M］. 北京：高等教育出版社，2002.

［38］梁明珠 . 城市旅游开发与品牌建设研究［M］. 广州：暨南大学出版社，2009.

[39] 刘利宁 . 智慧旅游因子分析评价与对策研究 [D]. 太原：太原理工大学，2013.
[40] 刘柳，周雅 . 现代农业园区发展中的管理问题和对策研究 [D]. 扬州：扬州大学，2017.
[41] 刘思萌 . 基于利益相关者视角的舟山乡村旅游可持续发展研究 [D]. 舟山：浙江海洋大学，2016.
[42] 刘向畔 . 网络营销巧论 [M]. 北京：清华大学出版社，2014.
[43] 马耀峰 . 旅游规划 [M]. 北京：中国人民大学出版社，2011.
[44] 马勇 . 旅游规划与开发 [M]. 4 版 . 北京：高等教育出版社，2018.
[45] 马勇，毕斗斗 . 旅游市场营销 [M]. 汕头：汕头大学出版社 . 2003.
[46] 迈克尔·波特（Michael Porter）. 国家竞争优势 [M]. 李明轩，译 . 北京：华夏出版社，2002.
[47] 迈克尔·波特（Michael Porter）. 竞争优势 [M]. 陈小悦，译 . 北京：华夏出版社，1997.
[48] 美国都市与土地协会（The Urban Land Institute）. 游憩区开发：度假休闲社区 [M]. 刘丽卿，译 . 台北：创兴出版社，1992.
[49] 美国都市与土地协会 . 游憩区开发：度假休闲社区 [M]. 刘雨卿，译 . 台北：创行出版社，1992.
[50] 石培华，等 . 全域旅游规划理论与典型案例 [M]. 北京：中国旅游出版社，2020.
[51] 史文中，吴立新，李清泉，等 . 三维空间信息系统模型与算法 [M]. 北京：电子工业出版社，2007 .
[52] 苏文才 . 旅游资源学 [M]. 北京：高等教育出版社，1998.
[53] 瓦伦·L. 史密斯 . 东道主与游客 [M]. 张晓萍，等，译 . 昆明：云南大学出版社，2002.
[54] 王德刚 . 旅游规划与开发 [M]. 北京：中国旅游出版社，2017.
[55] 王德刚 . 旅游学概论 [M]. 北京：清华大学出版社，2021.
[56] 王国新 . 旅游规划系统理论与实践专题研究 [M]. 杭州：杭州出版社，2007.
[57] 吴必虎 . 旅游规划原理 [M]. 北京：中国旅游出版社，2010.
[58] 吴国清 . 旅游规划原理 [M]. 北京：旅游教育出版社，2010.
[59] 谢彦君 . 基础旅游学 [M]. 北京：中国旅游出版社，1999.
[60] 闫红珍，陈映雄 . 市场营销学 [M]. 武汉：武汉大学出版社，2016.
[61] 杨劲祥 . 节事活动巧销 [M]. 济南：山东大学出版社 . 2015.
[62] 杨吾扬，梁进社 . 高等经济地理学 [M]. 北京：北京大学出版社，1997.
[63] 杨吾扬 . 区位论原理 [M]. 北京：商务印书馆，1989.
[64] 杨晓霞 . 旅游规划原理 [M]. 北京：科学出版社，2019.

[65] 袁健 . 旅游设计技术教程 [M]. 北京：中国旅游出版社，2014.
[66] 原群 . 旅游规划与策划：创新与思辨 [M]. 北京：旅游教育出版社，2019.
[67] 张建萍 . 生态旅游 [M]. 北京：中国旅游出版社，2008.
[68] 张凌云 . 旅游景区景点管理 [M]. 北京：旅游教育出版社，2003.
[69] 赵黎明，黄安民，张立民 . 旅游景区管理学 [M]. 天津：南开大学出版社，2002.
[70] 郑向敏 . 旅游安全学 [M]. 北京：中国旅游出版社，2003.
[71] 中国旅游研究院 . 中国研学旅行发展报告 2017 [M]. 北京：旅游教育出版社，2018.

（二）期刊论文

[1] Basanta Dhakal. Using Factor Analysis for Residents' Attitudes towards Economic Impact of Tourism in Nepal [J]. International Journal of Statistics and Applications，2017，7（5）.
[2] Benxiang Zeng，Chris Ryan. Assisting the Poor in China through Tourism Development：a Review of Research，Tourism Management [J]. 2012（33），239–248.
[3] Bongkosh Ngamsom Rittichainuwat，Goutam Chakraborty. Perceived Travel Risks Regarding Terrorism And Disease：The Case Of Thailand [J]. Tourism management，2009，30（3）：410–418.
[4] Butler R W. The Concept of A Tourist Area Cycle of Evolution：Implications For Management of Resources [J]. Canadian Geographer，1980（24）：5–12.
[5] C Michael Hall，Stephen Page. The Contribution of Neil Leiper to Tourism Studies [J]. Current Issues in Tourism，2010，13（4）：299–309.
[6] Dhakal Basanta. Using Factor Analysis for Residents' Attitudes towards Economic Impact of Tourism in Nepal [J]. International Journal of Statistics and Applications，2017，7（5）.
[7] Doxey G V. A Causation Theory of Visitor-resident Irritants：Methodology and Research Inferences [C]. Proceedings of the Travel Reseach Association 6th Annual Conference（San Diego California 1975），1976.
[8] Elliott Frisby. Communicating in a Crisis：The British Tourist Authority's Responses to the foot-and-mouth Outbreak and 11th September，2001 [J]. Journal of Vacation Marketing，2003，9（1）.
[9] Elochukwu A Nwankwo，Matthias U Agboeze. Community Development and Tourism：A Socio-economic Analysis of Tourism Impacts in Bauchi [J]. Journal of Economics and Sustainable Development，2013，4（10）.

［10］Elochukwu A Nwankwo，Matthias U Agboeze. Community Development and Tourism：A Socio-economic Analysis of Tourism Impacts in Bauchi［J］. Journal of Economics and Sustainable Development，2013，4（10）.

［11］Holder J. Pattern and Impact of Tourism on the Environment of the Caribbean［J］. Tourism Management，1988，9（2）：119-127.

［12］Jamal T B，Getz D. Collaboration Theory and Community Tourism Planning［J］. Annals of Tourism Research，1995，22（1）：189-204.

［13］Ko T G，Stewart W P. A Structural Equation Model of Residents' Attitudes for Tourism Development［J］. Tourism Management，2002，23（5）：521-530.

［14］Korchagina E V，Shvetsova O A. Analysis of Environmental Consequences of Tourism Activity in Baikal Lake Area：Regional Practice of Solid Waste Management［C］// IEEE International Conference on Management of Municipal Waste as an Important Factor of Sustainable Urban Development. 2018.

［15］Lapage W. Some Sociological Aspects of Forest Recreation.［J］. Journal of Forestry，1963，61：32-36.

［16］Mary L G S Senna，Veruska C Dutra，Keity L F Oliveira，Patrícia A Santos，Alana C M Santana. Diagnosis on Environmental Impacts of Tourism at Caju Beach in Palmas，Tocantins，Brazil［J］. International Journal of Information Technology，2019，13（5）.

［17］Nikolaos V Pappas. The Influence of Terrorism on Traveling and Destination Selection［C］//Annual world conference of the Air Transport Research Society（ATRS）. 2008.

［18］Piper J M. Cumulative Effects Assessment on the Middle Humber：Barriers Overcome，Benefits Derived［J］. Journal of Environmental Planning and Management，2000. 43（3）：369-387.

［19］Stannley C Plog. Why Destination Rise and Fall in Popularity［J］. The Cornell Hoteland Restaurant Administration Quarterly，1973（11）：13-16.

［20］Zunigo X. Visit the Poor［J］. Actes de la Recherche en Sciences Sociales，2007，170：102-109，115-119.

［21］2005 年中国科学院地理信息技术与产业发展论坛暨 SuperMap GIS 新产品发布会隆重举行［J］. 中国图象图形学报，2005（10）：1330.

［22］包富华，杨尚英 . 2000 年以来国内旅游的社会文化影响的研究回顾［J］. 世界地理研究，2016，25（5）：142-152.

［23］陈品宇，刘俊 . 旅游发展背景下政治不信任的形成因素及其影响［J］. 旅游学刊，2020，35（2）：93-107.

［24］陈跃中，张毅，唐艳红 . 风景旅游区规划设计新模式——“大区小镇”呀诺达热

带雨林生态旅游区［J］. 中国园林，2012，28（3）：49-53.
［25］崔凤军，刘家明，李巧玲 . 旅游承载力指数及其应用研究［J］. 旅游学刊，1998（3）：41-44+63.
［26］邓昭明，王甫园，王开泳，王诚庆 . 生态文明建设视域下的区域旅游规划：理念、功能与发展趋向［J］. 生态经济，2018，34（10）：125-130.
［27］董培海，李伟 . 旅游、现代性与怀旧——旅游社会学的理论探索［J］. 旅游学刊，2013，28（4）：111-120.
［28］范周 . 文旅融合的理论与实践［J］. 人民论坛・学术前沿，2019（11）：43-49.
［29］高艳利，雷春 . 国内公益旅游发展研究综述［J］. 新乡学院学报：社会科学版，2011（4）：59-62.
［30］顾朝林，等 . 旅游规划理论与方法的初步探讨［J］. 地理科学，2003（1）：52-59.
［31］郭胜 . 旅游基础设施体系构成及建设［J］. 无锡商业职业技术学院学报，2008（5）：22-24.
［32］郝芳 . 城乡居民恩格尔系数与旅游消费水平关系分析［J］. 商业时代，2014（20）：12-13.
［33］洪开荣 . 空间经济学的理论发展［J］. 经济地理，2002，22（1）：1-5.
［34］黄燕玲，汪菁菁，秦雨 . 产业转型背景下中国邮轮游客感知研究——基于 27126 条网络文本数据分析［J］. 西北师范大学学报：自然科学版，2021，57（2）：110-117+126.
［35］贾剑青，王宏图，胡国忠，吴再生，李开学，庞成 . 利用 MapGis 进行区县矿产资源规划图件绘制的探讨［J］. 中国矿业，2005（6）：76-78.
［36］蒋斌，蒲蕾 . 论旅游的社会功能与实质：现代性危机的应对方式［J］. 湖北社会科学，2009（9）：51-53.
［37］金碚 . 人与自然和谐发展——评《生态康养论》［J］. 社会科学研究，2016（2）.
［38］金云峰，梁骏，彭灼 . 旅游发展规划编制技术——旅游业发展与旅游目标的规划研究［J］. 中国城市林业，2016，14（4）：41-45.
［39］阚如良，李肇荣，郑宇飞 . 旅游产业规划理论体系及实证分析［J］. 商业时代，2007（9）：89-90.
［40］黎兴强 . 中国旅游规划体系新框架的探讨［J］. 旅游学刊，2011，26（11）：12-19.
［41］李鹏，王英杰，虞虎，武文波，马楠 . 基于 GIS 格网化分析支撑的旅游空间规划技术方法研究——以青岛市为例［J］. 自然资源学报，2018，33（5）：813-827.
［42］李秋云，韩国圣，张爱平，徐虹 . 1979~2012 年中国旅游地理学文献计量与内容分

析［J］．旅游学刊，2014，29（9）：110-119.
［43］李洋，王辉．利益相关者理论的动态发展与启示［J］．现代财经，2004，24（7）：32-35
［44］梁振然，程道品，任爽．“反规划”理论在旅游规划中的应用［J］．林业调查规划，2008（1）：103-106.
［45］林璧属．试析旅游规划中的客源市场分析［J］．旅游学刊，2001（6）：54-56.
［46］林翠生，王雅君，马建峰．国内外旅游地社会文化影响的研究回顾与展望［J］．乐山师范学院学报，2013，28（12）：80-86.
［47］刘斌，方晓敏，陈信旺，夏咛，崔永红，黄培森，肖海苏．武夷山国家森林步道总体规划图件创意设计［J］．林业勘察设计，2020，40（2）：63-67.
［48］刘德谦．旅游规划需要新理念——旅游规划三议［J］．旅游学刊，2003（5）：41-46.
［49］刘峰．旅游系统规划——一种旅游规划新思路［J］．地理学与国土研究，1999（1）：57-61.
［50］刘化，潘玉君，韩磊，杨文正．旅游需求与供给耦合发展的空间差异研究——基于中国31个省级面板数据分析［J］．重庆师范大学学报：自然科学版，2020，37（5）：129-140.
［51］刘家明．从规划实践看旅游资源开发评价［J］．旅游学刊，2006（1）：9-11.
［52］刘琴．旅游项目规划的理论与方法研究进展［J］．安徽农业科学，2011，39（8）：4836-4841.
［53］刘新宇，王晓俊．19世纪美国史视角下的奥姆斯特德及其设计思想［J］．中国园林，2021，37（2）：106-111.
［54］刘益曦，许先升，刘培蕾．热带雨林景区景观规划设计——以三亚呀诺达雨林景区为例［J］．安徽农业科学，2009，37（14）：6700-6703+6713.
［55］柳云龙，严愉愉，晏祥宏．GIS在东平国家森林公园旅游规划与管理中的应用研究［J］．生态经济，2007（10）：110-113.
［56］龙江智，朱鹤．国土空间规划新时代旅游规划的定位与转型［J］．自然资源学报，2020，35（7）：1541-1555.
［57］陆林．旅游规划实践的若干思考［J］．旅游学刊，2014，29（6）：6-7.
［58］罗杰·格里芬，刘伟强．创造市场营销与旅游规划的统一［J］．旅游学刊，1993（1）：27-29.
［59］骆高远．旅游的空间布局研究［J］．经济地理，2011（11）：1912-1917.
［60］玛娜．市场细分理论在企业市场营销中的应用［J］．内蒙古科技与经济，2001，（10）：8-32.

[61] 牟红，程乙昕．旅游发展动力机制理论在走马镇旅游规划中的实践［J］．重庆工学院学报，2003（6）：54-56.
[62] 那守海，徐兆敏，赵希勇．“反规划”视角下的湿地旅游规划控制指标体系研究［J］．中国农业资源与区划，2018，39（11）：219-224.
[63] 欧阳丽．信息图形在城市旅游品牌形象设计中的应用研究［J］．美与时代，2016（8）：68-69.
[64] 钱岐君．市场细分背景下营销策略分析［J］．现代经济信息，2017（6）：104.
[65] 任唤麟，马小桐．培根旅游观及其对研学旅游的启示［J］．旅游学刊，2018，33（9）：145-150
[66] 石强．加强旅游地的环境监测［J］．旅游学刊，1999，14（6）：8.
[67] 石垚，张微，任景明，张建平．生态敏感区旅游开发适宜性评价及生态制图方法［J］．生态学报，2015，35（23）：7887-7898.
[68] 史本林．旅游概念规划理论探讨［J］．河南师范大学学报：哲学社会科学版，2006（5）：121-124.
[69] 孙九霞，马涛．旅游对目的地社会文化影响研究新进展与框架［J］．求索，2009（6）：72-74.
[70] 谭红日，刘沛林，李伯华．基于网络文本分析的大连市旅游目的地形象感知［J］．经济地理，2021，41（3）：231-239.
[71] 谭妙洁．试论旅游规划与景观规划［J］．知识经济，2012（10）：122.
[72] 唐建兵．“反规划”理论视域下的森林公园旅游规划探讨——以自贡市飞龙峡森林公园旅游规划为例［J］．林业资源管理，2014（2）：26-30+34.
[73] 唐留雄．中国旅游产业转型与旅游产业政策保障选择［J］．财贸经济，2006（12）：101-103.
[74] 唐晓云，叶琴．国内旅游地社会文化影响量化研究述评［J］．人民论坛，2012（26）：234-235.
[75] 唐晓云．中国旅游发展政策保障的历史演进（1949~2013）——一个量化研究的视角［J］．旅游学刊，2014（8）：15-27.
[76] 田定湘．旅游规划的发展趋势［J］．学术界，2006（3）：139-146.
[77] 王东健．基于旅游系统理论的旅游规划——以陈家沟太极拳文化旅游为例［J］．商丘职业技术学院学报，2020，19（4）：22-26.
[78] 王建军．对概念性旅游规划的认识［J］．旅游学刊，2001（3）：53-56.
[79] 王志东．间娜．山东文化旅游品牌战略研巧［J］．理论学刊，2011（6）：22.
[80] 文连阳，吕勇，曾毅，熊鹰．湘西丘陵山地森林生态功能价值的旅游经济贡献［J］．经济地理，2019，39（12）：230-240.

［81］吴必虎，旅游系统：对旅游活动与旅游科学的一种解释［J］. 旅游学刊，1998（1）：20-24.
［82］吴承照 . 城市旅游的空间单元与空间结构［J］. 城市规划学刊，2005（3）：82-87.
［83］吴承照 . 旅游规划的性质与方法［J］. 城市规划汇刊，1994（3）：52-56+65.
［84］吴传清 . 陈振汉的工业区位经济思想研究［J］. 贵州财经学院学报，2010，（6）：13-18.
［85］吴晋峰 . 旅游吸引物、旅游资源、旅游产品和旅游体验概念辨析［J］. 经济管理，2014，36（8）：126-136.
［86］武红，苗泽华，张葳 . 旅游目的地营销系统创新功能研究［J］. 商业时代，2009（1）：30-31.
［87］谢慧明，沈满洪，李中海 . 中国城市居民旅游需求函数的实证研究［J］. 旅游学刊，2014，29（9）：24-34.
［88］邢道隆，王玫 . 关于旅游资源评价的几个基本问题［J］. 旅游学刊，1987（3）：38-43.
［89］徐德宽 . 中国古城镇旅游资源的市场化［N］. 中国旅游报，2004-11-15（T00）.
［90］徐宁，宋竹芳 . 新型冠状病毒事件下我国旅游危机管理机制研究［J］. 延安大学学报：社会科学版，2020，42（2）：30-34.
［91］许冰 . 唐贵瑶 . 旅游市场营销的涵义与发展对策分析［J］. 现代商业 . 2007（16）：332-334.
［92］颜敏 . 基于旅游行为意象图研究的夫子庙开发规划设想［J］. 江苏商论，2016（3）：44-47.
［93］杨红英，杨舒然 . 融合与跨界：康养旅游产业赋能模式研究［J］. 思想战线，2020，46（6）：158-168.
［94］杨建梅，杨静：评价企业集群竞争力的 GEM 模型及其应用［J］. 科学学与科学技术管理，2003（9）.
［95］杨小玲 . 旅游规划的系统规划理论与创新分析［J］. 当代旅游，2010（2）：110-112.
［96］杨艳 . 市场细分理论下营销策略的搭建分析［J］. 商业经济，2017（2）：31-33.
［97］杨勇 . 社会交往、旅游情境对旅游需求的影响研究——基于春节“黄金周”的实证分析［J］. 旅游学刊，2016，31（10）：56-69.
［98］杨振之 . 全域旅游的发展内涵及其发展阶段［J］. 旅游学刊，2016，31（12）：1-2.
［99］叶俊 . 基于社区的旅游规划方法［J］. 热带地理，2009，29（02）：161-166.
［100］尹泽生，陈田，牛亚菲，李宝田 . 旅游资源调查需要注意的若干问题［J］. 旅游

学刊，2006，4（1）：14–18.

[101] 俞孔坚，李迪华，韩西丽 . 论“反规划”[J]. 城市规划，2005（9）：64–69.

[102] 俞孔坚，乔青，袁弘，闫斌，李迪华，刘柯 . 科学发展观下的土地利用规划方法——北京市东三乡之“反规划”案例[J]. 中国土地科学，2009，23（3）：24–31.

[103] 袁健 . 旅游设计的体系标准与规范[J]. 旅游学刊，2014，29（6）：7–10.

[104] 张建萍，吴亚东，于玲玲 . 基于环境教育功能的生态旅游区环境解说系统构建研究[J]. 经济地理，2010，30（8）：1389–1394.

[105] 张杰夫 . ArcGIS 在乡村景观规划图件制作中的应用[J]. 安徽农业科学，2011，39（18）：11165–11166.

[106] 张捷 . 旅游规划理论的传统与更新的若干问题[J]. 旅游学刊，2013，28（9）：3–5.

[107] 张金宝 . 经济条件、人口特征和风险偏好与城市家庭的旅游消费——基于国内 24 个城市的家庭调查[J]. 旅游学刊，2014，29（5）：31–39.

[108] 张述林，宋增伟，胡科翔，左太安 . 概念性旅游规划综述[J]. 重庆师范大学学报：自然科学版，2009，26（1）：102–106.

[109] 张树宏，李金龙，马俊峰 . 北斗中长基线静态测量精度初步评估[J]. 测绘工程，2017，26（4）：27–32.

[110] 张序强，李华，董雪旺 . 旅游地阻力面理论初探——五大连池风景名胜区为例[J]. 地理科学，2003（2）：240–244.

[111] 张奕伟，李璐 . 从视觉符号谈中国旅游城市品牌形象设计[J]. 科技视界，2015：209.

[112] 张勇 . 旅游资源、旅游吸引物、旅游产品、旅游商品的概念及关系辨析[J]. 重庆文理学院学报：社会科学版，2010，29（4）：155–159.

[113] 张子昂，黄震方，谈志娟，章露 . 基于 IPA 方法的旅游地形象定位分析——以南京市为例[J]. 南京师大学报：自然科学版，2014，37（2）：134–139.

[114] 章牧，骆培聪，颜志森，程炯，朱鹤健 . 城市土地集约利用评价——以福建省福州市为例[J]. 福建师范大学学报：自然科学版，2001（4）：105–109.

[115] 赵俊兰，赵洪岩 . 数字旅游规划管理信息系统研究[J]. 测绘科学，2011，36（1）：187–189.

[116] 郑群明，吴海珍 . 对旅游规划管理的几点思考[J]. 社会科学家，2003（3）：84–87.

[117] 郑向敏，卢昌崇 . 论我国旅游安全保障体系的构建[J]. 东北财经大学学报，2003（6）：16–20.

［118］周波，周玲强．政策导向型的旅游规划问题剖析［J］．旅游学刊，2015，30（8）：6-8

［119］朱强华，张振超．旅游景区品牌管理模型研究［J］．桂林旅游高等专科学校学报，2004（6）：36-40.

（三）其他资源

［1］MRC（Manidis Roberts Consultants）. Determining an Environmental and Social Carrying Capacity for Jenolan Caves Reserve. Surrey Hills，Sydney：MRC，1995.

［2］Giongo F，Bosco-Nizeye J，Wallace G N. A Study of Visitor Management in the World's National Parks and Protected Areas. College of Natural Resources，Colorado State University，Ecotourism Society，and International Union for the Conservation of Nature. 1994.

［3］NPS（National Park Service）. The Visitor Experience and Resource Protection（VERP）Framework：A Handbook for Planners and Managers. United States Department of the Interior，1998.

［4］Jack L. Development and Application of the Kangaroo Island TOMM（Tourism Optimization Management Model）. Read on First National Conference on the Future of Australia's Coutry Towns. Bendigo，2000.

［5］国家统计局．中华人民共和国 2020 年国民经济和社会发展统计公报［Z］. 2021.

［6］王晓慧．中央文件首提康养为区域重要支柱产业［EB/OL］．新华网．

［7］温暖．第二届世界旅游推广峰会在京召开［EB/OL］.（2007-10-31）. http://www.chuguo. cn.

［8］中华人民共和国文化和旅游部．文化和旅游部关于印发《文化和旅游规划管理办法》的通知［Z］．

［9］习近平．决胜全面建成小康社会　夺取新时代中国特色社会主义伟大胜利——在中国共产党第十九次全国代表大会上的报告［EB/OL］.（2017-10-27）. http://www.xinhuanet. com/politics/19cpcnc/2017-10/27/c_1121867529. htm.

附　录

一、文化和旅游规划管理办法

第一章　总则

第一条　为推进文化和旅游规划工作科学化、规范化、制度化，充分发挥规划在文化和旅游发展中的重要作用，依据《中共中央国务院关于统一规划体系更好发挥国家发展规划战略导向作用的意见》《国家级专项规划管理暂行办法》，结合文化和旅游工作实际，制定本办法。

第二条　本办法所称文化和旅游规划，是指文化和旅游行政部门编制的中长期规划，主要包括：文化和旅游部相关司局或单位编制的以文化和旅游部名义发布的总体规划、专项规划、区域规划，地方文化和旅游行政部门编制的地方文化和旅游发展规划。

总体规划是指导全国文化和旅游工作的中长期发展规划，是其他各类规划的重要依据，规划期与国家发展规划相一致，落实国家发展规划提出的战略安排；专项规划是以文化和旅游发展的特定领域为对象编制的规划；区域规划是以特定区域的文化和旅游发展为对象编制的规划；地方文化和旅游发展规划是指导本地区文化和旅游工作的中长期发展规划；总体规划、专项规划、区域规划以及地方文化和旅游发展规划构成统一的规划体系，专项规划、区域规划、地方文化和旅游发展规划须依据总体规划编制。

第三条　规划编制要坚持以下原则：

（一）围绕中心，服务大局，以习近平新时代中国特色社会主义思想为指导，体现关于文化和旅游发展的总体要求；

（二）突出功能，找准定位，明确政府职责的边界和范围；

（三）实事求是，改革创新，适应时代要求和符合发展规律；

（四）远近结合，务实管用，突出约束力、可操作，使规划可检查、易评估。

第四条　规划文本一般包括指导思想、基本原则、发展目标、重点任务、工程项目、保障措施等以及法律法规规定的其他内容。具体要求如下：

（一）符合国家发展规划；

（二）发展目标尽可能量化；

（三）发展任务具体明确、重点突出；

（四）工程项目和政策举措具有必要性、可行性；

（五）对需要国家安排投资的规划，应事先征求发展改革、财政等相关部门意见。

第五条 文化和旅游部规划工作由政策法规司归口管理。政策法规司负责组织编制和实施总体规划，统筹协调专项规划、区域规划的编制和实施工作。文化和旅游部各司局和单位根据职责分工，配合政策法规司做好总体规划的编制和实施工作，依据相关法律法规组织开展本业务领域的专项规划、区域规划的编制和实施工作。

第六条 地方文化和旅游行政部门依据相关法律法规的规定或本地人民政府赋予的职责和要求，开展规划编制和实施工作。文化和旅游部应加强对地方文化和旅游行政部门规划工作的指导。

第二章 立项和编制

第七条 规划编制单位应对规划立项的必要性进行充分论证。属日常工作或任务实施期限少于 3 年的，原则上不编制规划。

第八条 规划编制单位应制定相应工作方案，对规划期、论证情况、编制方式、进度安排、人员保障、经费需求等进行必要说明。

第九条 规划编制单位应深化重大问题研究论证，深入研究前瞻性、关键性、深层次重大问题，充分考虑要素支撑条件、资源环境约束和重大风险防范。

第十条 文化和旅游部规划立项须报经部长和分管部领导批准。文化和旅游部建立五年规划编制目录清单管理制度，政策法规司会同各司局研究规划编制需求后制定五年规划编制目录清单，报部批准后实施。未列入目录清单的规划，如因工作需要确需编制的，立项须报部长和分管部领导批准，报批时应会签政策法规司。

第十一条 拟报请国务院批准的国家级专项规划，由文化和旅游部政策法规司会同相关司局，与国家发展改革部门进行立项衔接。

第十二条 规划立项后，规划编制单位要认真做好基础调查、资料搜集、课题研究等前期工作，科学测算目标指标，对需要纳入规划的工程和项目进行充分论证。坚持开门编制规划，提高规划编制的透明度和社会参与度。

第十三条 编制规划应当符合国家相关标准和技术规范要求，保证规划的科学性、规范性和可操作性。

第三章　衔接和论证

第十四条　各级文化和旅游行政部门应当建立健全规划衔接协调机制。总体规划要与国家发展规划进行统筹衔接，落实国家发展规划的要求。地方文化和旅游发展规划要与上级文化和旅游发展规划、本地区经济社会发展规划相衔接。专项规划、区域规划、地方文化和旅游发展规划的目标、任务、布局等要与总体规划保持一致，各类规划的重要目标指标及工程、项目、政策要相互衔接。

第十五条　文化和旅游规划应当与土地利用总体规划、城乡规划、环境保护规划以及其他相关规划相衔接。

第十六条　以文化和旅游部名义发布的规划应充分征求相关单位意见。总体规划草案由政策法规司征求各司局和单位意见。各业务领域的专项规划和区域规划草案应征求政策法规司意见。涉及其他司局和单位职能的，规划编制单位应将规划草案征求相关司局和单位意见，相关司局和单位应及时反馈意见。

第十七条　规划编制单位应当采取多种形式广泛听取基层群众、基层文化和旅游单位、相关部门、专家学者的意见，必要时公开征询社会公众意见。

第十八条　规划编制单位应在规划报批前，委托研究机构或组织专家组对规划进行论证，形成论证报告。参与论证的机构和专家，应严格遵守相关保密规定。

第四章　报批和发布

第十九条　文化和旅游行政部门应严格履行规划报批程序。以文化和旅游部名义发布的规划原则上须经部党组会议审定，规划报批前应充分征求文化和旅游部各相关司局和单位意见并达成一致，各业务领域的专项规划和区域规划报批时须会签政策法规司。

第二十条　需报国务院审批的国家级专项规划，经文化和旅游部党组会议审定后，由规划编制单位送国家发展改革部门会签后上报。

第二十一条　规划报批时，除规划文本外还应附下列材料：

（一）编制说明，包括编制依据、编制程序、未采纳相关意见的理由等；

（二）论证报告；

（三）法律法规规定需要报送的其他相关材料。

第二十二条　除法律法规另有规定以及涉及国家秘密的内容外，各类规划应在批准后一个月内向社会公开发布相关内容。

第二十三条　文化和旅游部建立规划信息库。省级文化和旅游行政部门应在省级文化和旅游发展规划印发一个月内，将规划纸质文件和电子文档报送文化和旅游部备案。

文化和旅游部各司局和单位在专项规划、区域规划印发后，应及时将规划纸质文件和电子文档送政策法规司入库。

第五章 实施和责任

第二十四条 文化和旅游行政部门要健全规划实施机制，加强规划实施评估，提升规划实施效能。

第二十五条 按照谁牵头编制谁组织实施的基本原则，规划编制单位应及时对规划确定的任务进行分解，制定任务分工方案，落实规划实施责任。

第二十六条 规划编制单位应制定年度执行计划，组织开展规划实施年度监测分析，强化监测评估结果应用。文化和旅游行政部门在制定政策、安排项目时，要优先对规划确定的发展重点予以支持。

第二十七条 上级文化和旅游行政部门应加强对下级文化和旅游行政部门规划实施工作的指导和监督。

第二十八条 规划编制单位应组织开展规划实施中期评估和总结评估，积极引入第三方评估。

第二十九条 规划经评估或因其他原因确需要修订的，规划编制单位应按照新形势新要求调整完善规划内容，将修订后的规划履行原编制审批程序。

第三十条 文化和旅游行政部门要把规划工作列入重要日程，纳入领导班子、领导干部考核评价体系，切实加强组织领导、监督检查和队伍建设。

第三十一条 规划工作所需经费应在本单位预算中予以保障。

第六章 附则

第三十二条 本办法由文化和旅游部政策法规司负责解释。

第三十三条 本办法自 2019 年 6 月 1 日起施行。

文化和旅游部

2019 年 5 月 7 日

二、旅游规划设计单位等级划分与评定条件（LB/T 076—2019）

前　言

本标准按照 GB/T1.1—2009 给出的规则起草。

本标准由全国旅游标准化技术委员会（SAC/TC 210）提出并归口。

本标准起草单位：文化和旅游部资源开发司、北京第二外国语学院。

本标准主要起草人：张凌云、厉新建、吕宁、朱莉蓉、冯凌、张丹。

1　范围

本标准规定了旅游规划设计单位的等级划分及基本条件和评定条件。

本标准适用于从事 GB/T 18971 所规定的相关旅游规划设计单位和负责旅游规划设计单位资质评定工作的相关单位。

2　规范性文件

下列文件对于本文件的应用是必不可少的。凡是注日期的引用文件，仅注日期的版本适用于本文件。凡是不注日期的引用文件，其最新版本（包括所有的修改单）适用于本文件。

GB/T 18971　旅游规划通则

3　等级划分及基本条件

3.1　旅游规划设计单位分为 3 个等级：由高到低依次为甲级、乙级、丙级。

3.2　旅游规划设计单位应是独立法人。

3.2　旅游规划设计单位应有固定的办公场所，并具备符合业务发展需要的设施设备。

3.4　旅游规划设计单位应有健全的人力资源管理、技术质量控制、经营管理制度，且行之有效。

3.5　旅游规划设计单位应有独立域名的网站或微信公众号等信息公开平台，能够查找单位员工资历、已完成项目情况、单位承担的相关课题和项目信息。

3.6 旅游规划设计单位应有良好的从业记录，信誉评价优良，无重大质量事故。

4 甲级旅游规划设计单位评定条件

4.1 注册资本宜大于或等于 100 万元。

4.2 已经获得乙级旅游规划设计单位等级评定 2 年以上或对服务国家战略作出突出贡献者。

4.3 宜有地理定位测量设备、无人机航拍器等规划设计专有设施设备。

4.4 员工人数应大于或等于 30 人，具有专业齐全、搭配合理的专业技术人员，其中：

a）高级技术职称或博士学位的专职人员比例宜大于或等于 10%，且在旅游规划及相关行业从业经历大于或等于 5 年，其中具有旅游专业背景或相关专业转岗 3 年以上的专职人员大于或等于 2 人，具有相关专业背景的专职人员大于或等于 2 人。

b）中级技术职称以上（含中级或硕士学位）的人员中，旅游专业背景人员大于或等于 6 人，相关专业背景人员大于或等于 6 人。

注：相关专业包括地理学、风景园林、城乡规划、建筑学、景观设计、艺术设计、经济管理、市场营销、文化历史、资源与环境、道路交通等。

4.5 旅游规划编制、咨询等相关业务工作业绩优异，且应满足以下条件之一：

a）近 3 年完成过国家级或省部级旅游规划。

b）近 3 年完成过 5A 级旅游景区总体规划。

c）近 3 年获得过省部级以上旅游规划奖励。

5 乙级旅游规划设计单位评定条件

5.1 注册资本宜大于或等于 50 万元，经营旅游规划设计业务应在 2 年以上。

5.2 员工人数应大于或等于 20 人，且具有一定比例的专业技术人员，其中：

a）高级技术职称（或博士学位）的专职人员比例宜大于或等于 5%，且在旅游规划行业从业经历大于或等于 3 年。高级技术职称人员中具有旅游专业背景或相关专业转岗 3 年以上的专职人员大于或等于 1 人，具有相关专业背景人员大于或等于 1 人。

b）中级技术职称以上（含中级或硕士学位）的人员中，旅游专业和其他规划专业背景人员大于或等于 3 人，相关专业背景人员大于或等于 3 人。

注：相关专业包括地理学、风景园林、城乡规划、建筑学、景观设计、艺术设计、经济管理、市场营销、文化历史、资源与环境、道路交通等。

5.3 旅游规划编制、咨询等规划相关业务业绩良好，且应满足以下条件之一的：

a）近 3 年完成过地市级以上旅游规划。

b）近 3 年完成过 4A 级以上旅游景区总体规划。

c）近 3 年完成过 3 项县级以上旅游发展规划。

6　丙级旅游规划设计单位评定条件

6.1　注册资本宜大于或等于 30 万元，经营旅游规划设计业务应在 1 年以上。

6.2　员工人数应大于或等于 10 人，其中中级技术职称以上（含中级或硕士学位）的人员比例大于或等于 20%。

6.3　旅游规划编制、咨询等规划相关业务业绩良好，且应满足以下条件之一：

a）近 3 年完成过县级以上旅游规划或 3A 级以上旅游景区规划。

b）近 3 年完成过 3 项旅游区规划。

c）近 3 年完成过 3 项乡镇级以上旅游发展规划。

文化和旅游部

2019 年 5 月 31 日

三、旅游资源保护暂行办法

第一条　为了加强对旅游资源和生态环境的保护，促进旅游业的健康协调可持续发展，建设资源节约型和环境友好型社会，特制定本办法。

第二条　本办法所称旅游资源是指自然界和人类社会凡能对旅游者产生吸引力，可以为旅游业合理利用，并可产生经济效益、社会效益和生态效益的各种事物和因素。

包括已开发的各类自然遗产、文化遗产、地质、森林、风景名胜、水利、文物、城市公园、科教、工农业、湿地、海岛、海洋等各类旅游资源，也包括未开发的具有旅游利用价值的各种物质和非物质资源。

第三条　旅游资源保护坚持严格保护、开发服从保护的原则，实现协调监管、合理利用、科学发展的目标。

第四条　国务院旅游行政管理部门负责全国旅游资源的普查、分类、定级、公告及相关保护工作，各地旅游行政管理部门负责本地区的旅游资源的普查、分类、定级、公告及相关保护工作。

第五条　旅游资源普查是旅游资源保护的基础，县级以上旅游行政管理部门应依据本办法和《旅游资源分类、调查与评价》等国家标准做好本地区的旅游资源普查工作，向社会公布，并适时补充、更新相关信息，作为开展旅游资源保护、制定旅游产业发展规划的基础数据库。

第六条　各级旅游行政管理部门应与同级人民政府的环保、建设、土地、林业、文化、水利等部门密切合作，承担推进本地区旅游资源保护工作的责任。

第七条　各级旅游行政管理部门应加强对旅游资源保护的宣传工作，不断增强旅游经营者、民众和游客的旅游资源保护意识。

旅行社、旅游景区、导游人员应担负起教育游客在旅游活动中保护旅游资源的职责。

第八条　任何社会团体和个人都有权利和义务依法从事旅游资源保护工作。

对于发现的旅游资源破坏事件，任何团体和个人都有义务及时向当地旅游部门举报。

第九条　各级旅游行政管理部门应确保旅游资源普查工作的资金。

第十条　鼓励社会团体、个人通过捐赠等方式依法设立旅游资源保护基金，专门用于旅游资源保护，任何单位和个人不得侵占、挪用。

海外社会团体、个人通过捐赠等方式在我国设立旅游资源保护基金，依照我国相关法律、法规等规定办理。

第十一条 各级旅游行政管理部门可以根据需要设立本地的“旅游资源保护监督员”和“旅游资源保护公益宣传大使”。监督员和公益宣传大使名单应向社会公布，并报相应旅游行政管理部门备案。若有变动，及时向社会公布并报告备案。

第十二条 各级旅游行政管理部门应对在本地旅游资源保护工作中作出突出贡献的集体和个人进行大力宣传和鼓励。

第十三条 设立旅游资源保护咨询专家组，建立旅游资源保护专家咨询报告制度。

专家组由各级旅游行政管理部门负责组建，并向社会公布。所聘专家应包括涉及旅游资源各种类型各方面的专家。

专家组为旅游资源保护工作提供咨询、建议、发表评论。并在每个五年规划的末期，提交本时期的《旅游资源保护报告》，由各级旅游行政管理部门向社会发布。

第十四条 各级旅游行政管理部门应协调处理好旅游资源保护和旅游发展之间的关系。单独编制旅游资源保护规划，并将旅游资源保护规划的主要内容纳入本地的旅游业发展规划。

旅游资源保护规划的编制应选择具有相应资质的旅游规划编制单位承担。

第十五条 依据国家有关法律法规的规定，依法从事旅游资源开发活动的单位或个人，在取得有关部门的立项和建设许可后，应及时到旅游资源所在地的旅游行政管理部门备案。

当地旅游行政管理部门有责任向备案的旅游资源开发单位或个人，提供本地的旅游业发展基本情况、发展预期等相关信息，并做好企业发展的有关业务指导工作。

第十六条 各级旅游行政管理部门应建立辖区内的旅游资源开发情况资料库，收集、登记旅游资源开发建设单位、建设规模、运营情况等信息，并将可以公开的信息及时向社会公布。

第十七条 开展旅游资源的招商开发活动，应提供全面和可信的项目立项、土地审批、资源保护等方面的信息，严禁虚假宣传，旅游行政管理部门应加强相关监督检查。

第十八条 依法从事旅游资源开发活动的单位和个人，应提前制定专项的旅游资源开发保护方案。方案包括旅游资源开发过程中的保护措施和建成后景区的旅游资源保护措施。并报当地旅游行政管理部门备案。

第十九条 旅游景区从事旅游接待活动，应在旅游资源保护允许容量范围内开展，并制定相应的旅游高峰安全运行预案，及时向社会公布游客流量占景区最大接待容量的信息，合理疏导游客。

第二十条 严禁任何单位和个人在未经开发的旅游资源区域开展旅游经营活动。

在以上区域开展科学研究、体育运动、探险等非赢利活动，应提前向所在地旅游行政管理部门报告备案，包括活动目的、人数、停留天数、相应联系方式及预采取的旅游资源保护措施等内容。

第二十一条　建立旅游资源保护情况通报制度。各级旅游行政管理部门对于本地区发生的重大破坏旅游资源事件应及时报告同级人民政府和上级旅游行政管理部门。经过批准后，及时向社会通报旅游资源破坏事件的相关情况，正确引导舆论，接受社会各界监督。

第二十二条　对于破坏旅游资源的行为，由资源所在地旅游行政管理部门对行为主体予以教育、批评、责令其停止违法行为，并根据法律、法规，协同有关部门作出相应处罚。

第二十三条　对于各级旅游行政管理部门对辖区内旅游资源保护未履行监督职责或监督不力，造成严重后果的，由上一级旅游行政管理部门予以通报批评。

第二十四条　本办法由国家旅游局负责解释。

第二十五条　本办法自发布之日起实施。

国家旅游局

2007 年 9 月 4 日